中國索引

任继愈题

（第六辑）

中国索引学会　主办
《中国索引》编辑部　编

復旦大學出版社

目　录

北京印刷学院索引编纂研究所成果选登

学 术 论 坛

汉 字 排 检 法

索引与数据库事业

索引与数据库技术

索引史话与史料

专 题 索 引

Contents

Selected Papers from the Institute of Indexing and Compilation of Beijing Institute of Graphic Communication

Academic Forum

Sequential and Retrieval of Chinese Characters

Index and Database

Technologies for Index and Database

Indexing Historical Materials and Narratives

Subject Index

北京印刷学院索引编纂研究所成果选萃

新世纪中国索引编纂与研究述评(下)

——基于2000—2017年索引成果的定性研究

王彦祥

(北京印刷学院新闻出版学院　102600)

摘　要　本文承袭上篇之定量分析研究,针对新世纪以来(2000～2017年)中国索引编纂和研究进行具体而翔实的定性分析研究。在结构布局上,从索引理论、索引编纂、索引技术和索引软件、索引历史与文化、索引评价与利用、索引标准与索引国际化等六大索引研究领域进行成果分析和概括。在具体内容铺陈上,索引理论研究涉及索引理论发展创新、索引理论研究与社会服务、张琪玉索引理论研究梳理、索引理论代表性观点总结等内容;索引编纂研究从文献类型角度分别探究年鉴索引、地方志索引、古籍索引、图书索引、期刊索引的研究成果,并就专题和主题索引研究与索引编纂数量相背离、标引技术研究成果偏少亟需加强、索引编纂流程归纳成为研究薄弱点等方面,指出索引编纂研究的特点和不足;索引技术和索引软件研究方面总结出新技术研究成果明显增多,多途径探讨索引编纂新技术新方法,探索利用相关软件进行索引辅助编制,多方面长时间开展中文索引软件开发,中国索引软件研发跟进时代发展等若干成果和特性;索引历史与文化研究包括对第一次索引运动梳理和讨论、对中国索引发端和索引之乡的研讨与争论、对平保兴索引历史与文化研究的回顾、对中国索引学会引领索引事业进行归纳总结;索引评价与利用研究概括出该领域的聚焦点、引文索引研制及其评价应用、国外索引系统推介与科学评价应用等几个方面;索引标准与索引国际化研究则梳理了中国索引标准研究与制订历程、索引国际化讨论与践行、中国索引界努力步入世界索引舞台中心等问题。在最后结论中,通过五大标志性特征阐明中国索引研究已全面走向世界,研究水平和质量稳定提升,索引编纂和研究已形成核心力量,并列举出中国索引编纂和研究的十大标志性成果、十大索引编纂核心作者、十大索引领域核心研究者,以及中国索引研究核心载体和核心出版机构,以供研究者参考借鉴。

关键词 中国索引 索引编纂 索引研究 索引成果 定性分析

一、索引定性研究的数据基础

承接本论文的上半部分,新世纪以来2000~2017年的18年间,我国在索引编纂和索引研究方面成绩斐然。经搜索、筛选和统计,独立出版的索引著作为587部,跟随被索引文献出版的卷后索引(书后索引)则不计其数,索引编纂比例达到学术著作总数的7%左右。

2003年创刊的《中国索引》期刊,甫一问世便成为我国索引研究的第一传播平台,至2017年年底《中国索引》共刊文1 000篇以上,经过筛选和复查确定为索引专业论文的数量是411篇。与此同时,索引研究论文还分散发表于编辑出版学、图书馆学情报学等专业期刊,以及大学学报和一般期刊上,经过全面搜集和甄别筛选,最终获得在以上期刊上发表的索引研究论文数量为323篇。

回顾新世纪中国索引研究成果,不能不提到一本书和一本刊,那就是《中国索引学论文集(1991~2011)》和*THE INDEXER*(英国《索引家》杂志)2009年第3期。因为这部论文集和这一期外刊所刊登的几十篇论文,被认为是我国索引研究的最新和最权威的代表性成果。

《中国索引学论文集(1991~2011)》是为纪念中国索引学会成立20周年专门汇编成册的索引学重要研究成果。《论文集》选取了20年间具有代表性的论文44篇,按索引理论与方法、索引事业与索引史、索引语言与索引软件、索引评介与研究综述等四大专题排序。[①] 通过甄别原文刊发年代和论述内容,实际上《论文集》中有33篇论文是21世纪撰写和发表的,可以说是展现了中国索引学研究的最新成果和整体面貌。

THE INDEXER(英国《索引家》杂志)2009年第3期相当于"中国索引学研究

① 中国索引编辑部.《中国索引学论文集1991—2011》隆重出版[J].中国索引,2012(4):5.

专刊”。该期登载了中国索引学家撰写的6篇代表性论文,展示出中国索引学研究的国际实力和重要成果。具体刊载论文的中英文题名兹列于下,以供参考:

1. Term selection: the key to successful indexing(Zhang Qiyu)

张琪玉:术语选择:索引成功的关键

2. GB/T 22466 -2008—Guidelines for indexing: China's new national indexing standard(Wen guoqing and Guo lifang)

温国强,郭丽芳:GB/T 22466 -2008《索引编制规则(总则)》:中国索引新标准

3. Wan guoding (1897 - 1963), indexing pioneer (Wang Yage and Hou Hanqing)

王雅戈,侯汉清:近代索引先驱万国鼎

4. Republic of China(1911 -1949): retrieving the past(Wu Peijuan)

吴佩娟:查找民国文献的索引工具

5. Example-based text categorization(EBTC);the key to automatic indexing and classification? (Xue Chunxiang and Hou Hanqing)

薛春香,侯汉清:基于文本分类(EBTC):索引自动化和分类的关键

6. Indexing software in China: past, present and future(Wan Yanxiang)

王彦祥:中国索引软件的过去、现在和未来

以上列举的2000 ~2017年中国索引编纂和索引研究的整体数据和代表性论文成果,构成了本文以内容分析法进行新世纪我国索引成果定性评述的基础。以下笔者将分六个专题分别予以论述。

二、索引理论研究成果分析

通过检索和统计得知,自创刊到2017年的15年间,《中国索引》刊发了索引理论类研究论文84篇,约占论文总数的五分之一(20.44%),在分类排名中位居第二。巧合的是,新世纪以来非索引类期刊登载的索引理论研究类论文为65篇,同样是占论文总数的五分之一(20.12%),只不过在六大研究领域的论文数量排名中位列第三。

阅读和分析这些论文,总体印象是新世纪以来的索引理论研究触角较长,研究范围很广,几乎涵盖了索引理论的方方面面,笔者用“成绩斐然”来定性应该是

较为恰当的。这是因为,近十几年在中国索引学会指导下,索引研究者发挥各自的聪明才智,潜心开展索引理论研究,取得了一批研究成果;索引理论研究层次有所上升,成果显示度明显提高;索引理论研究成果的专业影响和实际应用也有不俗表现,具体而言可归纳为下列几个方面:

1. *索引理论研究关注发展创新,成果丰富*

曲静涛先生曾撰文指出,索引理论即是对索引的现象、规律的理解和论述,纵观30多年索引理论研究可划分为三个阶段。第一阶段从1978年至1985年,是索引理论研究的恢复期;第二个阶段从1986年至1999年,是索引理论研究的成熟期;第三个阶段从2000年至今,传统的索引理论研究走向衰落,新的索引研究与编制高潮正在形成。①

按照此一提法,我国索引理论研究正处于第三阶段,即新的索引研究与编制高潮期。通过论文主题梳理发现,近年来《中国索引》撰写和讨论"信息时代索引功用和发展创新"方面的论文最多,论文数量高达44篇。非索引类专业期刊上刊发的有关论文有18篇,占索引理论类论文的27.69%,也成为研究最多的主题。

其中,武汉大学邱均平、李艳红撰文提出,索引具有工具书作用、审视作用、增值效应的观点颇具新意。② 上海金融学院龚小青则提出,索引是揭示和检索相关信息,引导经济社会多项事业协调发展的指示器;索引能够协调和交流繁杂信息,及时反映信息需求的协调作用,这一见解较为独到和深刻。③

一些学者关注索引理论和索引功用对社会的促进发展,认为索引作为二次文献,具有检索功能,起着指南和工具的作用。进入信息时代,索引还被赋予了更多、更丰富的功用,索引可以应用于知识管理,如档案管理、期刊管理、企业或个人知识管理等,人们可借助索引对信息和知识实行有序整理。④ 索引还是资源开发与利用的有力工具,如利用索引进行信息资源开发利用等。张琪玉先生刊文提出的"21世纪的索引就是数据库"这一著名论断,已被我国索引界广泛认同并大量引用。⑤

---

① 曲静涛. 我国索引传统研究一个周期的回顾[J]. 图书与情报,2005(4):27—32.

② 邱均平,李艳红. 国内外内容索引研究进展与趋势分析[J]. 中国索引,2012(4):21—28.

③ 龚小青. 市场经济需要索引信息化建设[J]. 中国索引,2003(1):11—13.

④ 张琪玉. 关于学术性专著深度标引的设想[J]. 中国索引,2009(2):51—52.

⑤ 张琪玉. 现代索引就是数据库[J]. 中国索引,2003(1):4—6.

2. 索引理论研究与时代发展契合度高,强调服务

索引是一种实学,通常是理论来自于实践,反过来又将形成的新理论反哺索引实践,指导索引的具体编纂。在此方面,我国索引界的研究具有鲜明特点,很多索引理论研究成果都与索引实践相契合,收到了较好的效果。

索引理论研究的先行者和集大成者应首推张琪玉先生。张先生身体力行,积极探索索引理论与索引技术在新时代的有效衔接,发表了系列小论文来阐述新观点。如他在担任《中国索引》主编期间,主持“索引与数据库漫笔”栏目,就索引与数据库广泛结合、创新应用等,不断撰文并提出鲜明的学术观点,迸发出很多新的索引思想火花。像《索引的生命力》《索引法也是一种研究方法》《吸引志愿者的力量发展索引事业》《索引工作者需要懂一点情报语言学》《谁来编图书内容索引》《专题索引仍有价值》《编制教材索引为大学生服务》《索引与地图的结合》《索引版面中的心理学和美学现象》《索引员署名的意义》《图书内容索引的稿酬》……从这些标题中,我们可以感知张先生的宽广视野,以及对我国索引理论发展孜孜不倦的追求。

在研究索引与服务实践相结合方面,学会会刊《中国索引》力主新世纪索引研究和索引工作要加强社会服务功能。学会曾以编辑部的名义刊发评论文章指出,开展索引服务,是学会走向社会,融入信息服务业,促进我国索引事业前进的主要道路。① 为此,张翠霞撰文重点讨论了索引的社会功能,指出索引是检索文献的重要工具,是人们打开知识宝库的钥匙,是科学研究的前期劳动,是现代社会不可缺少的工具,是家族生活中不可缺少的助手。②

还有学会会员撰文指出,索引乃至一切检索工具,本质上都是揭示人类知识内在关联的某种方式,而且完全符合人类的认识习惯,其性质正是数字图书馆所应具备的特性,研究索引的知识扩展和知识管理功能,能给我们带来极大的启示。传统索引仍然具有不可替代的知识管理特性,能与最前沿的数字图书馆技术结合,我们要将索引的优势与数字图书馆的新媒体特性结合,把古籍的索引式整理工作做得更加深入、更加出色。③

---

① 中国索引编辑部.索引服务是中国索引学会走向社会的主要道路[J].中国索引,2004(1):2—3.

② 张翠霞.谈索引的产生、发展及社会功能[J].昭乌达蒙族师专学报(汉文哲学社会科学版),2001(3):95—96.

③ 史睿.索引与知识发现[J].中国索引,2006(1):2—9.

王知津、王璇、马婧从作者索引、关键词索引、引文索引三种不同类型的索引出发,探讨了它们的文献计量学分析功能,并指出这三种索引用作文献计量学分析工具的科学性与局限性,最后得出结论,应充分发挥索引的分析功能,以利于科研工作的进行。[①]

在探索索引事业与时代同步发展问题上,张琪玉发文指出,索引事业包括文献数据库事业和书目事业。索引事业繁荣的标志,可概括为各种索引对现存文献的覆盖率,各类文献所配备的索引类型是否符合专业和社会需要,索引是否易于获得,索引的质量,索引的现代化水平,索引人员的培养和索引知识的普及。[②] 还有学者认为,我们必须正确认识加快索引信息化建设的必要性,采取有效措施,提高索引信息化水平,充分发挥索引信息化在我国市场经济中的重要作用。[③]

中国索引学会创办者之一的葛永庆先生也撰文指出,要推进我国的索引建设,就应充分发挥索引专业机构的作用;建立一支高素质的现代化索引工作者队伍;正确处理索引传统与创新的关系;继续呼吁出版行政管理部门加强索引意识,采取有效措施,重视推广索引工作;坚持开展国内外索引学术交流,及时做好国外先进信息技术引进工作。[④]

何绍华、朱红涛从索引观念、索引质量、索引创新和索引人才培养四个方面,探讨了知识时代推动我国索引事业可持续发展的战略对策。作者认为,索引事业的可持续发展研究是新世纪自身发展的需要,也是适应当前社会经济、文化、技术等发展形势的需要。正确的索引认识观念是索引事业快速发展的前提,高质量的索引是索引事业生存和发展的根本,创新是推动索引事业发展的动力,高素质的专业人才是索引事业生存与发展的基础。[⑤]

邱均平、马力回顾了索引和数据库事业的发展现状,分析了大数据时代索引与数据库事业面临的挑战,指出索引和数据库事业的发展和创新既离不开技术的发展,又需要理念的转变,方式的创新和人才的培养。[⑥] 方燕虹则认为,电子版索

---

① 王知津,王璇,马婧. 索引作为文献计量学分析工具的科学性与局限性[J]. 中国索引,2011(4):33—41.

② 张琪玉. 索引事业繁荣的标志[J]. 中国索引,2003(4):21—22.

③ 龚小青. 市场经济需要索引信息化建设[J]. 中国索引,2003(1):11—13.

④ 葛永庆. 索引,与时代同行——关于索引发展沿革的宏观思考[J]. 中国索引,2004(4):11—12.

⑤ 何绍华,朱红涛. 知识时代我国索引事业可持续发展战略探讨[J]. 中国索引,2009(3):3—6.

⑥ 邱均平,马力. 大数据时代索引与数据库事业的发展与创新[J]. 中国索引,2013(4):27—32.

引是数据库和索引的结合;索引的未来是与网络结合,揭示更加广阔的资源;也是与数字图书馆结合,达到与一次文献的无缝对接。①

刘炜在《"数字索引学"要旨》一文中指出,数字索引起源于传统索引,互联网时代为数字索引提供了一个更为广阔的数字资源和技术应用环境。数字索引学如果能够依托语义技术,立足领域应用,不断为各类数据库、信息库、知识库提供组织、整序和查检工具,一定会有光明的前景。②

李海明论述了索引学研究的重要性,提出要拓宽索引学研究领域,应重在为学科建设打下坚实的基础。索引作为科研成果,应与论文同等对待;索引学研究领域的拓宽,重在发挥主题索引、专名索引的作用,以此扩大索引学研究的影响。③朱晓霄的论文则揭示了大数据时代索引员在应对数据类型的扩展、数据库技术的发展、个性化知识需求等诸多方面面临的挑战,指出索引员应加强编纂能力、沟通能力和分析能力的素质培养,以期更好地为索引用户服务。④

3. 张琪玉索引理论研究成为一大亮点,梳理全面

张琪玉先生作为中国索引学研究的领军人物,晚年尚发少年狂,坚持研究,笔耕不辍,因此成为15年间在《中国索引》上发表研究论文数量最多的作者。正如张琪玉回忆所说:"我统计了一下,到2014年6月,我在《中国索引》上共发表了56篇论文,后来又写了一篇重要文章。其中,为'索引与数据库漫笔'栏目分期连载文章有36篇,坚持了整整9年。"⑤新世纪以来张先生在非索引类期刊上还发表了7篇索引研究论文,这些文献无疑给我们留下了一笔珍贵的精神财富。

不幸的是,张先生于2017年年中驾鹤西去。张先生丰富的索引研究成果和独具智慧的索引学学术思想,已经成为近年来我国索引学研究的一大热点,总结张琪玉索引学研究和理论贡献的论文不断刊发出来,也把我国个人索引学思想理论研究推向一个高潮。

其中具有代表性的研究论文有:曹树金、姚瑶撰写的《中国当代索引学的精

① 方燕虹.面向未来的索引与数据库:与网络结合、与数字图书馆结合[J].中国索引,2006(3):27—29.

② 刘炜."数字索引学"要旨[J].中国索引,2010(4):8—13.

③ 李海明.加强学科建设 拓宽索引学研究领域[J].情报资料工作,2004(S1):129—130.

④ 朱晓霄.大数据时代索引员能力研究[J].图书馆工作与研究,2016(3):25—27.

⑤ 张琪玉,王兰成.当代中国索引学的开拓者和引路人[M]//中国索引学会编.中国索引(第三辑).上海:复旦大学出版社,2017:2—9.

髓——张琪玉教授的索引学思想研究》(《图书馆论坛》,2009年第6期),王崇良、韩爱萍撰写的《张琪玉索引学思想研究》(《中国索引》,2012年第4期),戴维民撰写的《张琪玉情报语言学思想十论》(《图书馆杂志》,2014年第6期),郭丽芳、温国强撰写的《张琪玉教授对中国索引学会和中国索引事业的贡献》(《图书馆杂志》,2014年第9期),汪东波、卜书庆撰写的《源于实践 指导实践的理论——从应用的视角评析张琪玉情报语言学理论》(《图书馆杂志》,2014年第9),黄如花、李白杨、夏立新撰写的《试论张琪玉先生情报语言学研究的特点》(《数字图书馆论坛》,2014年第9期),等。

郭丽芳、温国强撰写的《张琪玉教授对中国索引学会和中国索引事业的贡献》[①]一文,从六个方面系统阐述了张先生对中国索引学会和中国索引事业的贡献,以此表达中国索引人对张先生的崇高敬意:创立中国索引学会,提高学会学术水平;创办《中国索引》杂志,制定办刊方针;推动中国索引事业标准化进程;指明中国索引学会转型与发展之路;倡导索引走向社会、走向大众、走向生活;重视各类型索引知识和技术的研究与实践。

4. *索引理论研究代表性观点鲜明,影响深远*

通过梳理新世纪以来索引理论各方面研究观点和研究成果,再考察十几年来索引界对于索引新观点的认可程度,笔者总结出下列五个有代表性的索引理论研究新观点,供专家和同行参考:

现代索引就是数据库:张琪玉先生早在2001年于《图书馆杂志》上发表同名论文,《中国索引》2003年第1期(创刊号)上又进行转载。该文旗帜鲜明地指出:现代索引就是数据库,现代索引工作者就是数据库建造者。实践证明这一著名论断不仅是正确的,而且影响深远,目前已被我国索引界广泛认同并大量引用。

培育国民索引思维:杨光辉先生自担任中国索引学会常务副理事长兼学会秘书长以来,不遗余力推动中国索引事业发展和索引知识普及,在学会年会和研讨会、工作会、中外索引交流等多种场合阐发鲜明观点,那就是要用索引改变国人的生活、工作、研究等习惯,培育起国民的索引思维。

开创中国第二次索引运动:中国索引学会副理事长王彦祥教授,身体力行编制各类索引,潜心研究索引新理论、新技术,并有感于20世纪20~40年代我国开

① 郭丽芳,温国强.张琪玉教授对中国索引学会和中国索引事业的贡献[J].图书馆杂志,2014(9):18—24,65.

展的“第一次索引运动”,提出以制订索引国家标准为契机,努力建设中国索引标准体系,构建中国索引学派,以此开创中国第二次索引运动。

万事万物皆可索引:中国索引学会副理事长叶继元教授,根据张琪玉先生的索引学思想进一步阐释并形成这一理论观点,并以此为题,在中国索引学会2017年会上做主旨报告,引起广泛共鸣,这也契合了在信息社会、网络化生活、大数据开发中的索引发展和应用规律。

中国现代索引起源及上海是中国索引之乡说:南京师范大学平保兴先生发表了一系列索引历史文化研究论文,深度挖掘,广征博引,观点鲜明,并打破成见,他认为王国维才是最先从英文中引入“索引”这一术语之人,上海是中国的“索引之乡”,也是中国现代索引的发祥地。

三、索引编纂研究成果分析

在本文划分的六大类索引研究领域中,索引编纂研究是发表论文数量最多的一类。其中,《中国索引》刊载论文数量152篇,约占总数的36.98%;非索引类期刊发表论文103篇,占总数的31.89%。这从数据上充分说明,索引编纂研究成为近年来我国索引研究的重中之重。通过浏览这些论文发现,与这些亮丽的论文刊发数据不相符的是,十几年来索引编纂研究的突破性不够,研究成果的主题聚合度也不够,折射出标志性成果并不多,没有形成明确的研究热点,高水平的有索引编纂指导意义的论文属于凤毛麟角,这些应该引起索引研究者深思。

当然,在计算机科学、地理信息科学、测绘科学领域,还有另一类的“索引研究”。该领域研究技术性强,与信息技术、大数据技术联系紧密,刊发的论文数量也比传统索引研究要多。这类索引研究不针对文献进行索引编纂,重点探讨空间索引、xml索引、时态索引、时空数据库等编制和应用,感兴趣的读者可以检索相关论文进行了解,也可参看王兰成等人发表的论文《近十年国内索引成果信息分析及技术热点研究》。①

1. 以文献类型探讨索引编纂成为常态

(1) 年鉴索引编纂研究

从论文数量和研究内容上考察,两类期刊排名前10的索引编纂研究高频词

① 余遵成,高宾,王兰成.近十年国内索引成果信息分析及技术热点研究[M]//中国索引学会编.中国索引(第三辑).上海:复旦大学出版社,2017:46—60.

中,“年鉴索引”一词都是排名最靠前的、代表具体索引编纂类型的高频词,说明很多研究者重点聚焦了年鉴索引的编纂研究问题。

索引是年鉴的必备部分,发挥着检索年鉴内容的重要作用。我国年鉴界重视年鉴索引编纂也是不争的事实,在全国年鉴编校质量评比中,没有编纂索引扣除5分的规定也执行了很多年。但作为重点研究分支的年鉴索引编纂也存在较多的问题,北京印刷学院王彦祥教授在世纪之初撰文指出,年鉴索引编纂存在着索引种类单一、索引标引范围广度不够、索引缺乏深度、索引翻版目录现象严重等10大问题,由此提出应提高年鉴索引重要性的认识,由年鉴编辑部自己编纂或委托索引编纂专业人员和相关机构进行年鉴索引编纂,还要大力普及索引知识,促进年鉴索引的编纂和应用。① 《中国索引》编辑部对此文做出了高度评价,称这可能是中国索引学会会员走向社会,进行索引服务的第一条消息。②

最新刊出的年鉴索引编纂研究论文,由云南年鉴社王世伟副编审撰写。该文指出年鉴索引是极重要的检索工具,在国内大多采用主题分析法编制,因此要提高年鉴索引质量,必须把好主题词关。只有精准且多角度选择主题词,并进行合理编排,才能提高年鉴索引的易检性、全面性,并增加年鉴索引的深度。③ 这说明经过十几年努力推动,我国的年鉴索引编纂研究大有长进,已经在探讨主题标引规范和索引款目编排等前沿问题,走在了文献类型索引研究的最前列。

年鉴索引编纂研究论文在非索引类期刊上刊载的也较多,一共有10篇。这主要有两个原因:一是《年鉴信息与研究》期刊发文量和贡献率很高,有9篇论文发表于该刊,使得以年鉴索引为研究对象的论文聚类现象明显,证实了索引对于年鉴编辑出版的重要性。二是年鉴作为综合性工具书,编纂索引能够有效提高年鉴内容的应用价值,这些论文皆围绕提高年鉴索引编纂效率和索引工作规范展开,佐证了我国年鉴索引编纂还有很大的提升空间,要走的路还很长。

(2) 地方志索引编纂研究

地方志索引编纂研究是近年来索引界和方志界共同探讨的一个重点,论文发表数量虽不多,但观点新颖,学术水平较高。如上海大学鲍国海先生分析了地方志信

---

① 王彦祥. 年鉴索引编纂问题及解决方案[J]. 中国索引,2003(4):23—27.

② 中国索引编辑部.《年鉴索引编纂问题及其解决方案》一文的启示[J]. 中国索引,2003(4):12.

③ 王世伟. 试论年鉴索引的制作原则[M]//中国索引学会编. 中国索引(第三辑). 上海:复旦大学出版社,2017:90—94.

息与作用、地方志索引质量控制问题,并提出推动我国地方志索引普查,普及地方志索引编制工作,提高地方志索引编制质量,开展地方志索引评选等四项建议。①

在具体研究地方志索引编纂时,分为新方志和旧方志两大类别。在旧方志索引编纂研究方面,主要是回顾旧方志索引的编纂历程,从中吸取经验并得到启示,如周保明发表的两篇论文:《旧方志索引概说》②和《20 世纪以来旧方志索引编制述略》③。在新方志索引编纂研究方面,则侧重于探讨新志书索引编纂的科学性和实用性,以及新方志索引的具体编纂方式方法。如康伟宏认为,新方志索引是志书的一个有机整体,是读志用志的工具,转化修志成果的桥梁,传递方志信息的窗口,也是检验志书质量的标尺。要编好方志索引必须提高编制志书索引意义的认识,定好志书索引凡例,确定好志书范围、索引类型,认真搞好标引,科学合理编排,编制方法还要实现计算机化。④

在新志书索引编纂策略上,夏侯炳指出,改革开放以来的首轮修志,绝大多数不设置索引,方志界对索引也比较陌生,因此要强调新地方志编制索引的必要性和紧迫性,将索引当作志书体裁之一,从第二轮志书编纂起实行述、记、志、传、图、表、录、索引八体并用,以志为主的编纂体例,在续修地方志中普及索引。该文还以王彦祥索引编纂团队为例,说明新志书索引在编制时间和费用保障方面是现实可行的,并建议利用“索引之星”等计算机辅助编制模式,促进新志书索引的编纂。⑤

随着最近几年《地方志索引编制规则》国家标准的制订和颁布实施,对新地方志索引编纂的规范化、标准化探讨也形成了一个小的研究热点。索引界元老张琪玉先生晚年仍然关心着地方志索引国家标准的制订工作,当获知地方志索引标准编制申请获得批准,遂致信学会秘书处,就标准的起草方案(征求意见稿)贡献自己最后的智慧,令我辈钦佩至极。该信提出,地方志索引标准的适用范围要明确,依据标准编制的索引具体成果应清晰表达;从建立数据库(计算机检索系统)的必要性看,该标准必须增加分类检索功能,为此就必须编制地方文献分类表。⑥ 至于

---

① 鲍国海.地方志索引编制若干问题探讨[J].中国索引,2015(3):11—15.

② 周保明.旧方志索引概述[J].中国索引,2010(2):28—32.

③ 周保明.20 世纪以来旧方志索引编制述略[J].图书馆研究与工作,2010(10):95—97.

④ 康伟宏.编制方志索引刍议[J].图书馆建设,2004(4):109—111.

⑤ 夏侯炳.论续修志书推广索引体裁的历史必然性[J].图书馆工作与研究,2010(6):4—9.

⑥ 张琪玉.关于《地方志索引编制规则起草方案(征求意见稿)》的几点意见[M]//中国索引学会编.中国索引(第一辑).上海:复旦大学出版社,2016:2—5.

地方文献分类表的编制方法,张先生则另有专文进行阐释。①

(3)古籍索引编纂研究

在《中国索引》的高频词表中,“古籍”一词是仅次于“年鉴”的排序靠前的热词,说明古籍索引编纂研究成为《中国索引》近15年刊发论文和编纂研究的另一个重点。近年来我国已编纂出80余种各类型古籍索引,积累了丰富的理论和实践经验,也给相关研究者提供了研究素材和发挥余地。但研究古籍索引的论文居然较少在《中国索引》上刊发,反倒是非索引类期刊发表的相关论文,从数量到内容质量都超过了《中国索引》,这一现象值得进一步探究。

复旦大学冯先思撰文阐述了古籍索引和古籍整理的关系问题,指出古籍索引的编制和古籍整理是密不可分的,但索引的编制必须依托一部书的固定版本,这个版本需要同时具备完善、易得两个条件。索引的目标不单单是对应页码,还应该对应文本内部的层次。基于文章内部层次的称引方式于古有征,如果将这种方式推而广之,在索引编制过程中充分利用文本内容的层次结构,就可以事半功倍。但是要编制这样的索引,需要和古籍整理相配合,即对古籍的分层、编号尽可能简单、统一,新整理古籍最好能给文本内容分层编号,一来方便称引检索,二来有助于索引编制。②

黄建年、侯汉清认为古籍索引编制与一般索引编制有所不同,古籍版本选择是需要处理的首要技术问题,而款目内容的选择是索引编制的重点所在。因人名、地名、职官名、书名等实体名称在不同时期有所不同,因此人名、书名、物产名称的选择及其限定词的使用,在古籍索引编制中各具特色,参照系统的编制也应占有相当大的分量;古籍索引排序方法及出处表达,同样值得进一步探讨和规范。③

故宫博物院朱赛虹研究员以《清代御制诗文篇目通检》编纂实践为例,从古文体裁和题材的丰富性和多样性,论证古籍索引“因书而异”的传统,及其所具有的个性化、灵活性和适用性,古籍索引编纂要在继承传统的基础上,加强古籍索引编纂的“定制”与创新。④

---

① 张琪玉.《地方文献分类表》的编制方法[M]//中国索引学会编.中国索引(第一辑).上海:复旦大学出版社,2016:6—9.

② 冯先思.古籍索引与古籍整理遐思[J].中国索引,2014(4):23—25.

③ 黄建年,侯汉清.基于GB/T 22466-2008的古籍索引编制技术要点[J].图书馆建设,2011(6):45—48.

④ 朱赛虹.论古籍索引的定制——以《清代御制诗文篇目通检》为例[M]//中国索引学会编.中国索引(第一辑).上海:复旦大学出版社,2016:28—37.

浙江大学陈东辉先生潜心于中国古籍索引在国外的编纂研究,分别发表《试论日本所编的中国古籍索引》[①]和《欧美的中国古籍索引编制概观》[②],详细介绍和分析了日本和欧美各国所编纂的中国古籍索引,论文篇幅大、价值高,值得细细研读学习。

对于古籍索引电子化和数据库建设问题,毛建军撰文指出,计算机与古籍索引编制的结合,开创了古籍索引研究的新领域,带来了古籍索引电子化的时代。古籍索引电子化经历了计算机与古籍索引编纂的早期实践、古籍索引编纂电子化的全新阶段,目前已步入古籍索引与古籍全文检索数据库建设阶段。[③] 在作者的另一篇论文中,从分析古籍索引电子化概念入手,详细介绍了大陆和港澳台地区古籍索引编制的电子化实践,以及代表性古籍索引编纂成果,探讨了古籍图谱数据库的开发与建设问题。[④]

张琪玉先生在介绍和分析《古今图书集成》电子版索引数据库时,重点评介了该古籍索引数据库的"经纬目录"和"索引目录",进而指出古籍电子版是继承、普及祖国优秀文化遗产的重要形式,为古籍电子版和印刷版编制索引数据库,是我国索引事业中一个有开拓前景的领域。[⑤]

(4)图书索引编纂研究

据本文上篇所述,我国的图书索引从2012年前的编纂比率不到3%,五年后上升到7%,说明图书索引编纂的确有了长足进步,也折射出图书索引编纂研究处在同步上升发展阶段。毋庸置疑,这也和新闻出版总署2012年9月发布《关于进一步加强学术著作出版规范的通知》,要求规范学术专著出版工作,有条件的出版单位应该编纂各类图书的书后索引有直接关联。通过盘点研究学术著作索引编纂的相关论文,新世纪以来取得的重要成果如下:

世纪之初,《中国索引》编辑部连续发文强调,《索引服务是中国索引学会走向社会的主要道路》《推广实用性较大的文献索引与数据库》……从中不难看出,编制索引、服务社会是中国索引学会引领的重要方向,这也的确带动了学术著作索

---

① 陈东辉.试论日本所编的中国古籍索引[J].文献,2005(2):74—91.

② 陈东辉.欧美的中国古籍索引编制概观[J].中国史研究动态,2005(11),26—29.

③ 毛建军.古籍索引的电子化实践[J].中国索引,2006(4):37—40.

④ 毛建军.古籍索引电子化与古籍图谱数据库的建设[J].档案与建设,2009(2):13—14+18.

⑤ 张琪玉.古籍索引的一个范例——介绍《古今图书集成》电子版的索引数据库[J].图书馆杂志,2000(5):48—49.

引的编纂和研究。

周柏康早在 2005 年就撰文指出,书后索引的作用及其重要性从来就是非常明晰的。书后索引普及不足,社会需求不足是主因,这里有传统文化习惯的因素,也有学术行为规范的因素。现代技术和市场经济的发展将促进书后索引的发达,网络检索和索引走向生活会促进索引普及,培养人们的索引习惯,政府文化出版部门的助推至关重要。[①] 经过十几年的发展,回顾作者的判断和观点还是非常正确和有借鉴意义的。此外,周柏康先生热心关注图书内容索引的编纂和推广,特意起草了"关于制订并实施《推广图书内容索引行动计划》的提案(草稿)",具体包含八点行动建议,值得我们学习和参考。[②]

2012 年 9 月国家新闻出版总署发布《关于进一步加强学术著作出版规范的通知》后,作为老索引人,周祖达学习阅读此文件后感触良多,遂撰文回顾多年来从事索引工作的历程,提出自己的设想与建议:学术著作必须有合格的索引才能出版发行;排除一切干扰,把当年不明不白被误"杀"的书后索引重见天日,从速合理解决被长期积压的索引书稿;要合理提高索引稿酬,索引不宜简单按字数计酬,应按索引繁简工作量的不同制定付酬标准;学术著作须进一步加强规范,提高书后索引的认识,必须从源头上、法规体制上予以保证。[③]

年轻人同样对图书索引编纂和研究有着自己的看法和追求,王瑾、陈春霞、侯利娟等复旦大学研究生,花费很大气力对我国图书内容索引的现状、成因和趋势进行调查,指出书后索引是衡量一部学术著作的重要标志,其意义深远内容广博,学术意义影响甚大。但我国学术著作书后索引编制情况并不乐观,其中原因众多,值得探究。他们也提出了若干改进措施,如索引软件的成熟普及、数据库商编制索引等,都是基于调查而得出的实用且具体的应对举措。[④]

张琪玉先生认为,专著索引还是应该随书刊印,以方便使用,从而更好地发挥索引的作用。对于专著索引上网,建议集中在一个网站发表,以便大家容易找到,中国索引学会网站也可以开辟一个供存放专著索引的网站栏目。[⑤] 有关图书索引

---

① 周柏康.关于书后索引现状的几点思考[J].中国索引,2005(2):3—4.

② 周柏康.关于图书内容索引的一段对话[J].中国索引,2007(4):19—20.

③ 周祖达.关于学术著作书后索引的往事[J].中国索引,2015(2):21—24.

④ 王瑾,陈春霞,侯利娟.中国学术著作书后索引的现状、成因与趋势——基于专家调查法的微调查[J].中国索引,2015(2):7—20.

⑤ 张琪玉.关于专著索引上网[J].中国索引,2003(4):44.

编纂更专业的问题探讨,张先生撰文阐释过标引深度概念对图书内容索引的影响,标引深度估算法,合适标引深度的确定和掌握等问题。① 张先生还首次提出了一种"带附加信息的图书内容索引",并用实例介绍了"两种文字对照"和"附有摘要"的此类型索引。②

张琪玉先生还提出,用"直接检索事实情报的索引"来概括以某一部文献的内容为摘录对象的索引,另一类索引则是"检索情报源的索引"。现在看来,张先生所述"直接检索事实情报的索引",实质上就是目前广泛编纂和使用的图书内容索引。这类索引收录范围仅是一种图书(专著、文集),且以图书中的某一局部内容作为一个索引对象,检索结果是图书中符合检索要求的某一段或长或短的原文,不适合于宏观的搜寻。索引内容是图书局部主题 + 主题因素,索引结构简单,检索途径和检索方法少,往往只有一种,最多二三种检索途径,在编制过程中没有收集和选择文献的环节。索引款目的成分较少,一般是检索标识 + 出处(页码,必要时加图书代号或书名缩写)。③

至于学术著作索引的具体编制技术,张琪玉曾以"竹林"为笔名发表《图书索引编制法》一文,详细介绍了索引的基本概念,索引的类型,图书索引的性质与功用,图书索引的结构,图书索引编制过程与编制方法,图书索引的质量要求。④ 该文虽发表于世纪之初的 2004 年,现在读之仍然感觉专业而详尽,叙述平实且应用性强,对于普及图书索引知识,指导图书索引编纂仍有较好的指导意义。

作为出版单位的掌门人,化工出版社潘正安从图书出版的专业角度,提出了编制图书内容索引条目的几个技巧,包括索引的措辞方法,二级索引词的编制,出处项的表示方法,参照的编制等。文中具体指出,索引词应尽量专指被检索内容,必要时可设置限义词或二级索引词来提高专指度;索引词尽量采用图书原文中的词语,必要时可采用其他适宜的概括性词语;索引词表述应符合读者检索思路,所表达的含义应准确,同义词索引条目应尽量合并;必要时设置参照,以增加检索入口;辞书索引中以字头、词目或条头做索引词时,其表述形式应与正文一致。⑤

夏南强对于编纂学术著作书后索引,提出了三条颇具建设性的原则,即内容

① 张琪玉.图书内容索引的标引深度问题[J].中国索引,2006(2):5—6.

② 张琪玉.带附加信息的图书内容索引[J].中国索引,2006(2):53.

③ 张琪玉.论索引的两大基本类型[J].图书馆理论与实践,2006(5):28—29.

④ 竹林.图书索引编制法[J].中国索引,2004(3):42—48.

⑤ 潘正安.图书内容索引编制指南[J].科技与出版,2013(6),6—13.

全覆盖的主题词语,主题词语条目下适当加注,设置科学合理的参见系统。① 鲍国海通过对某部著作书后所编人名索引中出现的差错分析,具体论述了书后索引质量控制问题,并建议在我国开展学术著作书后索引普查、评价和评奖工作,由中国索引学会牵头,编辑出版《书后索引统计年报》,建立学术著作书后索引数据库,实现资源共享;单独设立学术著作书后索引奖,表彰和鼓励有关出版社和索引编辑人员,以此促进学术著作书后索引的普及和发展。② 王雅戈等人通过调查图书内容索引最新的实际编纂状况,认为缺乏统一的协调机制和便利的编纂平台,是图书索引编纂比例偏低的重要原因之一,建议在我国构建“图书内容索引编纂公共信息服务平台”,以利于组织相关各界力量,共同提高图书内容索引的数量和质量。③

《中国大百科全书》副总编辑兼中国索引学会顾问金常政先生撰文介绍说,学术大家周有光先生用“路路通”来称赞《中国大百科全书》所编纂的索引,这说明该书提供的不仅是一种单一的索引,而是多渠道、多重的检索系统。该索引系统包括各学科卷的条目笔画索引、条目外文索引、内容(分析)索引和全书总索引卷。作者还论述了内容索引编纂的一些难点和总索引的功用,以期帮助读者更加深入地认识图书索引价值。④

对于《中国大百科全书》第二版的索引,张效赤撰文分析了该书内容索引的基本功能与作用。但遗憾的是该索引没有参照系统,只简单地将同一内容条目的标目注明其所在不同的卷册和页码,没有把相同内容款目有机联系起来相互贯通,查检者无法从一个条目释文中得到全书所收的其他各种相关的索引款目线索。该书索引款目标明卷次、页码和版面区域,直接指引文献信息资料的页码与版面区,并用数字与字母的组合表示,查检专指度非常强。因此说《中国大百科全书》第二版索引的款目有其特点,但还不够完善。⑤

蒋聪依托自己的研究课题,通过北京叫卖声和北京老字号著作索引编纂,分

① 夏南强.索引的概念与学术著作书后索引的编纂[J].中国索引,2015(2):2—6.

② 鲍国海.学术著作书后索引质量控制刍议:兼评《中国近代疾病社会史(1012—1937)(人名索引)》[J].中国索引,2015(4):34—36.

③ 王雅戈,李伟超,郝建华,等.中文图书内容索引分类调查[M]//中国索引学会编.中国索引(第三辑).上海:复旦大学出版社,2017:68—75.

④ 金常政.路路通——《中国大百科全书》的索引[J].中国索引,2005(2):20—21.

⑤ 张效赤.《中国大百科全书(第二版)》内容索引浅析[J].中国索引,2011(2):24—26.

析当前学术著作书后索引现状,并试编出北京老字号和叫卖声索引五种:《北京老字号早期商业活动形式:关键词与老字号名称索引》《北京老字号企业:商标名称索引》《老北京叫卖调:书名索引》《老北京叫卖调:饮品名称索引》《老北京叫卖调:饮食及相关方言索引》,据此还探讨了现代学术著作书后索引的编纂问题。①作为研究音乐学的博士,作者能够触类旁通,理论联系实际,勇于探索创新的精神很值得称道和学习。

面对数字出版和网络化阅读的冲击,邱均平等人提出书后索引数字化是书后索引的发展趋势。数字化书后索引将会超过纸质书后索引的比重,但在一定时期内纸质书后索引依然是书后索引的基础工作。需要分层次有序推进书后索引工作数字化发展,并提出确定优先编制的书后索引类型、发展书后索引产业链、重视书后索引研究和实践的国际交流三种策略。②

毋庸置疑,新世纪以来有关图书索引的研究成绩颇多,但这些研究以调研成果居多,评论建议也较多,探讨图书索引编纂实务和总结图书索引编纂经验的成果还是偏少。因此笔者建议还应该拿出实际行动,一起来多多编纂图书索引。

(5)期刊索引编纂研究

有关期刊索引编纂研究的论文发表并不多,尤其是《中国索引》在 15 年间仅发表了 2 篇,相较于非索引类专业期刊的 9 篇(占索引编纂研究论文总量的 8.73%)而言,显得单薄而有所缺失。

在期刊索引编纂研究方面,徐月英撰写的论文较有代表性,她在《编制各种期刊索引的趋势》一文中,探讨了各类学术期刊索引的收编范围、著录格式、检索途径,论述了期刊索引可以满足读者需求,符合网络发展趋势,推动学科教育及事业建设,增强拓宽期刊服务领域的需要等。③

其他重要的期刊索引研究论文还有,张琪玉先生从检索功能和篇幅限定(或者说编制成本)两个角度,讨论期刊索引(年度索引及累积索引)配置方案的选择问题,希望期刊能够配置三个或更多索引。④

张丽君、熊爱民通过调查 111 种学术期刊发现,我国期刊编印的各类索引(含

① 蒋聪. 现代学术著作书后索引编纂浅析——以研究北京叫卖声和北京老字号的著作为例[J]. 中国索引,2015(1):30—39.

② 邱均平,马力,杨强. 数字出版环境下书后索引发展研究[J]. 图书馆杂志,2016(3):68—73.

③ 徐月英. 编制各种期刊索引的趋势[J]. 辽宁税务高等专科学校学报,2003(4):35—36.

④ 张琪玉. 期刊索引配置方案的选择[J]. 中国索引,2007(1):13—14.

总目次)实际上只能归为3种——主题索引、篇目索引和著者索引。著者索引编纂较少,只有12种期刊编印了著者索引,占被调查期刊的8.82%,因此建议学术期刊除了编纂主题索引或分类索引外,还应多多编印著者索引。[①] 承接上文,赵丽华就我国期刊编纂著者索引少且编排不规范等问题,指出这不利于学术期刊的检索和利用,并进一步阐明期刊编纂著者索引的作用,分析学术期刊刊后著者索引的现状,论述著者索引编纂原则、编排规范和著录格式等问题。[②]

景月亲对我国著名的《全国报刊索引》和《人大复印报刊资料索引》两大报刊索引系统进行了比较研究。作者通过分析两大报刊索引的异同和存在的问题,指出两者收录范围广泛,体系结构科学实用,条目著录和检索途径设置充分,考虑用户需求,编纂质量高,出版周期互为补充,服务手段多样,成为查找社会科学论文稳定的、权威的检索工具。但它们在著录和标引规范化、标准化方面,以及检索系统完善方面仍有待改进,出版的时效性也需进一步加强。

2. 专题和主题索引研究与索引编纂数量相背离

专题索引是比较容易编纂的一类索引,包括人名、地名、机构、篇目、图表、职官、物产等索引,目前国内正式出版的索引类著作,也以专题索引居多。但是理应在编纂研究上展开多方面,多角度探索的专题索引编纂研究,却显得比较冷清,不仅发表的论文少,内容质量也不乐观。

在探讨专题索引编纂问题的论文中,张琪玉曾撰写小论文,认为专题索引仍有价值,需要大量编制。[③] 但实际上,系统讨论专题索引编制并总结出相关规律的论文,只有毋栋、王上嘉发表的《〈鲁迅大全集·索引卷〉编纂实践与体会》一篇。该文对王彦祥先生领衔主编的《鲁迅大全集·索引卷》展开详细论述,指出为配套出版该全集,索引编纂团队编制了人名、地名、篇名、机构名称、鲁迅著述篇目等五个专题索引,并介绍了《鲁迅大全集》索引的编纂设计思路,索引卷编纂过程,以及专题索引编纂的三点体会,具有较好的借鉴意义。[④]

此外,张琪玉以"竹林"为笔名发表的论文将专题索引编纂问题,分为定义、选题、收录范围、收录标准、著录项目与格式、提要文摘或注释、款目排序与标引、主

---

① 张丽君,熊爱民.学术类期刊著者索引编印情况调查[J].贵州师范大学学报(自然科学版),2000(2):98—99.

② 赵丽华.学术期刊刊后作者索引的研究[J].吉林农业科技学院学报,2017(2):53—54,67.

③ 张琪玉.专题索引仍有价值[J].中国索引,2009(3):52.

④ 毋栋,王上嘉.《鲁迅大全集·索引卷》编纂实践与体会[J].中国索引,2012(4):47—50.

题索引题名、使用说明、主题数据库等十个方面,分别进行了通俗易懂的阐释。①

米海燕撰写两篇论文,第一篇就专题索引的编纂原则、编纂方法、专题索引特点和推送策略,以及专题索引推送服务的意义展开讨论;②第二篇是通过《韩陈其文献索引(1980—2010)》、《赤峰学院学报论文篇目索引(2005—2009)》、《汉语成语文化研究文献文摘索引(1950—2010)》这三个索引编纂案例,重点说明专题索引的编纂过程和特点,总结出编制专题索引的意义和价值。③

与专题索引编纂研究成果偏少相比,近十几年来主题索引编纂研究的论文成果就更加稀少,加起来不到10篇。这几篇论文主要介绍主题索引知识,讨论主题索引自动编制技术等,但缺少主题索引编纂技巧和经验的实用性内容,这不能不说是一个意想不到的结果。可以形成鲜明对比的是,王彦祥先生提出在主题索引编纂过程中实施"有实质检索意义的主题标引和索引编纂"的观点,还是上个世纪末的事情。

田兵撰写的《书后主题索引:平实的学术阶石》(上)(下),以历史的视角介绍中外主题索引知识为主,可增强人们对于主题索引的认识。④ 南京农业大学侯汉清先生作为我国著名索引学家,一直带领在校学生利用现代技术进行索引编纂实验研究,并取得了不少成果。其中在主题索引编纂方面重点开展了自动编制实验,通过自动标引系统进行图书主题标引,证明基于N-gram方法的图书内容主题索引自动编制方法是可行的。⑤

近年来我国的主题索引编制数量在不断增长,尤其是为年鉴、地方志、学术著作编制的卷后主题索引,从数量到质量都有了长足进步。这反衬出目前的主题索引编纂研究远远落后于主题索引的编纂,没有和不断增长的主题索引编纂数量相向而行。也就是说,以主题索引研究促进和指导索引编纂,再通过主题索引编纂推动研究不断深入的良性循环,目前还没有真正形成。

3. 标引技术研究成果偏少亟需加强

编纂索引的最重要一环就是索引词标引,难度最大的是主题词类的索引词标引。按道理,这方面的研究应该成为索引编纂研究的核心,但通过实际统计和浏

---

① 竹林. 专题索引编制法[J]. 中国索引,2005(2):46—47.

② 米海燕. 基于高校图书馆信息资源的专题索引推送服务[J]. 中国索引,2006(4):30—32.

③ 米海燕. 专题索引的编制实践及案例分析[J]. 中国索引,2011(4):44—47.

④ 田兵. 书后主题索引:平实的学术阶石(上)(下)[J]. 中国索引,2010(1):13—20;2010(2):18—27.

⑤ 潘雪莲,侯汉清,许扬威. 图书内容主题索引的自动编制实验[J]. 大学图书馆学报,2008(3):28—33.

览索引论文发现,探讨索引标引技术的论文成果的确不多,论文数量没有超过20篇,而且这方面的论文随着时间的推移,数量呈明显下降趋势。这一现象值得警惕,更要呼吁和加强索引标引技术研究。

在标引技术研究方面,重点探讨的是主题标引和自动标引两大问题。从发表的论文作者考察,只有张琪玉先生和章成志先生发表论文超过2篇,换句话说只有这两位在持续进行标引技术研究。作为长期研究索引标引技术的张琪玉先生,新世纪以来发表了一组论文来探讨索引标引的各个方面,内容涵盖文献可标引内容、内容索引标引深度、学术专著深度标引、标引词倒置、自由标引中标引副标题概念词问题、文献标引中人工与计算机分工等问题,值得索引编纂者和研究者细细研读。

章成志主要研究自动标引的方式方法和评价模型问题,专业性很强。他认为,大多数自动标引方法不能有效利用文本中包含的多个特征,而支持向量机、条件随机场模型等统计机器学习模型,能够有效利用文本包含的多种特征,进行关键词提取;综合利用各种模型进行集成学习方式的自动标引,能够提高自动标引的质量。作者还进行了相关实验,整合统计机器学习模型与集成学习方法的优势,对文档进行基于多分类模型综合投票方式的自动标引,表明基于集成学习方法的自动标引,能提高标引结果的查准率和召回率;在集成学习标引模型中,基分类器加权的标引结果,优于基分类器未加权的标引结果。①

4. 索引编纂流程归纳成为一个研究薄弱点

系统研究索引编纂问题,绕不开索引编纂流程的不断归纳和优化。可惜在这方面却成为近年来的一个不小的研究缺失,就连2009正式实施的GB/T 22466－2008《索引编制规则(总则)》国家标准里面,也没有索引编纂流程的详细表述。

也许是标准起草人后来注意到这个问题的重要性,三年后由温国强先生主编的《GB/T 22466－2008〈索引编制规则(总则)〉应用指南》一书,于第三章第二节"索引编制的一般步骤"中,专门列出了两类索引的编制步骤,即"文献内容索引编制的一般步骤"和"文献篇目索引编制的一般步骤"。具体内容请参看该书正文,这里不再展开叙述。②

① 章成志. 基于集成学习的自动标引方法研究[J]. 中国索引,2009(2):16—23.

② 温国强主编. GB/T 22466－2008《索引编制规则(总则)》应用指南[M]. 北京:国家图书馆出版社,2012.

在探讨《索引编制规则(总则)》修订问题时,王彦祥、毋栋撰文开始触及这一难点问题,并按照国家标准的文字表述要求和形式特点,拟订出一个通用性的"索引编制流程",共包括十个步骤,即分析索引对象文献、制订索引编制方案、试标引、调整索引编制方案、正式标引、款目制作、校对和反查、款目排序、索引审核和完善、索引排版和提交。① 此外,在编制完成《鲁迅大全集·索引卷》后,毋栋、王上嘉二人在王彦祥教授指导下,将书后索引的编制流程,概括为标引、录入、校对、排序、整理、定稿等六大步骤。②

化学工业出版社总编辑潘正安从编辑出版工作实际出发,概述了索引编制的操作流程,主要由四部分组成,首先是索引词初选,其次是索引词复选,第三是索引条目的抽取与一校样审核,最后是排序后索引二校样的处理。完成上述索引编制工作后,退回排版厂排版,打印索引三校样,再与二校样核对无误后,索引文稿即可付印出版。③

对于通过索引软件编制索引的流程研究,有王彦祥、王广林撰写的《"索引之星"的研制和索引编制》一文,论述了利用"索引之星 2.0"软件进行索引编制的八大步骤,这可视为计算机辅助编制索引的流程总结,具体包括创建索引项目、设置文件属性、索引词标引、编辑修改索引词表、排序索引词表、导出索引词表、整理索引款目及输出正式索引。④

通过文献检索得知,以上介绍的几篇论文,也许是新世纪以来涉及索引编纂流程研究,但又不是专门阐述其内容的、仅有的几个索引编纂流程研究成果。

四、索引技术和索引软件研究成果分析

随着计算机技术、网络检索技术、大数据技术的发展,各国索引界都在探索索引编纂新技术、新方法,具体的研究成果体现往往是开发出索引软件,或者编制索引编纂应用小程序并推向市场。新世纪以来,中国在索引技术研究和索引软件研发方面已走在世界前列,这主要体现在以下几方面:

---

① 王彦祥,毋栋.修订《索引编制规则(总则)》的几点思考[M]//中国索引学会编.中国索引(第三辑).上海:复旦大学出版社,2017:28—37.

② 毋栋,王上嘉.《鲁迅大全集·索引卷》编纂实践与体会[J].中国索引,2012(4):47—50.

③ 潘正安.图书内容索引编制指南[J].科技与出版,2013(6):6—13.

④ 王彦祥,王广林."索引之星"软件的研制和索引编制[C]//中国辞书学会编.辞书与数字化研究.上海:上海辞书出版社,2005:55—63.

1. 索引新技术研究成果明显增多

新世纪以来,《中国索引》刊发索引技术和索引软件研究论文 55 篇,约占总数的 13.38%,位居论文总量的第三位;非索引类期刊发表索引技术和索引软件研究论文 42 篇,约占总数的 13.00%,位居论文总量的第四位。针对研究难度最大的索引技术研究和索引软件开发,18 年来有将近 100 篇论文成果发表出来,也印证了索引技术研究成果的异军突起。以下是利用内容分析工具 Rost Content Mining,通过分词和词频分析提取高频词,然后得出索引技术和索引软件研究类论文的高频词对比表。

表 1　索引技术和索引软件研究类论文高频词对比分析表

《中国索引》			非索引类期刊		
序号	词汇	词频	序号	词汇	词频
1	索引	43	1	索引	46
2	编制	13	2	数据库	11
3	数据库	13	3	古籍	9
4	研究	11	4	图书	7
5	软件	7	5	研究	7
6	词表	7	6	编制	6
7	标引	7	7	报纸	5
8	中国	6	8	引文	4
9	应用	6	9	文献	4
10	自动	5	10	中国	4

通过观察高频词对比表可知,《中国索引》刊发的论文对索引技术研究已拓展到更广阔的空间,即索引与数据库研究、索引软件研制、索引主题词表研究、索引自动标引技术开发等。而非索引类期刊主要聚焦索引与数据库的关系研究,尤其是古籍、报纸、学术著作等索引数据库的开发建设,以及引文索引新技术研究等。

对于最抢眼的索引与数据库研究,张琪玉先生曾提出:“目前使用最多的索引产品是数据库索引”。① 我国索引数据库研究和应用相对于国外来说起步较晚,但近十几年的研究与建设开始加速,各种类型的全文检索型索引数据库纷纷问世,如上海图书馆研制的《全国报刊索引数据库》、南京大学开发的《中文社会科学引

① 张琪玉. 现代索引就是数据库[J]. 中国索引,2003(1):4—6.

文索引数据库》、广西大学林仲湘先生领衔研制的《古今图书集索引》(网络版)等,这些索引数据库推向市场后均取得了良好效果。

2. 多途径探讨索引编纂新技术、新方法

传统的手工编制索引工作量大,出错率高,需要花费大量的时间和精力,因此运用计算机、大数据等现代技术辅助进行索引编纂是必然选择。2000 年初,张琪玉先生在中国索引学会第四届年会暨学术讨论会上发言指出:“新世纪的索引工作也应该与手工索引时代一起告别了,所谓与手工索引时代告别,是指与手工编制索引的模式告别……我们应该热情地去迎接索引的新时代——索引工作计算机化时代,或者说数据库时代”。①

张琪玉先生不仅是我国索引理论研究的领军者,也是索引新技术、新方法的积极探索者。他晚年发表的多篇索引技术论文,体现了索引新技术、新方法研究的多元性和开放性,自然也成为我国索引新技术、新方法研究的一个缩影。如《基于含糊抽词的汉语题内关键词索引与数据库分析》《词素轮排索引法在构词词典编排中的应用》《计算机排序还不能完全自动化》《利用 WORD 和 WPS 编制汉语题内关键词索引》《编制期刊年度主题索引和著者索引用的应用程序》《文献标引中人与计算机的分工协作》《虚拟文集与虚拟文集内容索引》《图书内容累积索引数据库的设想》《索引和数据库的选题与设计》《文献篇目数据库犹如做表格索引游戏》《索引与地图的结合》,等等。

针对计算机一般只能进行字面标引而不能实现概念标引等不足,南京农业大学师生提出了一个基于概念标引的图书内容主题索引自动编制方案,即将图书章节细化后,利用基于单篇文献的自动标引系统进行图书主题标引,并通过三种标引系统对实验语料进行标引试验,证明基于 N-gram 方法的图书内容主题索引自动编制是可以实现的。②

在索引数据库建设方面,我国的古籍索引数据库建设最为突出。其中,毛建军提出古籍索引电子化具有三大特色:一是古籍索引系统以数字化形态存在,具有复制性;二是检索速度快、准确度高;三是信息传播量大,资源利用率高。③

古籍索引数据库建设既能使索引技术运用到实践之中,又能使古籍资料的多

① 张琪玉. 告别手工索引时代——一名中国索引学会会员的思考[J]. 情报资料工作,2000(1):13—14.

② 潘雪莲,钱丹雅,侯汉清. 书后主题索引的自动编制初探[J]. 中国索引,2006(3):10—15.

③ 毛建军. 古籍索引的电子化实践[J]. 中国索引,2006(4):37—40.

方面价值成倍提升。广西大学林仲湘教授编制、广西金海湾电子音像出版社和广西师范大学出版社联合出版的《古今图书集成电子版索引》,就是我国古籍整理与现代科技成功结合的代表性成果,其采用标目式、多字段的形式进行检索,剔除冗杂信息,大大提高检索命中率,具有很高的学术价值和实用价值。①

王雅戈、杜慧平以《道德经》两种版本索引即《道德经》逐字索引和《郭店简本道德经》逐字索引的编纂为例,对索引之星、WORD 以及自编索引软件等索引工具的应用进行探讨,开展古籍索引的自动编纂试验,并对两种版本《道德经》的字频、词频进行分析,得出以索引软件作辅助工具编纂汉文古籍索引,既可以提高效率,还可以减少差错,对整理汉文古籍文献大有益处,对古籍校勘、注释、考订、研究还可以起到辅助作用,值得推广。②

3. 探索利用相关软件进行中文索引辅助编制

计算机技术自上个世纪末开始普及,中国的索引编制者和研究者就积极探索利用文字处理软件(如 Word、WPS)、表格软件(如 Excel)及数据库软件(如 FoxBase、Access)中的段落文字或表格数据自动排序功能、目录索引自动生成功能,开展中文索引的计算机辅助编制研究,并取得了相应成果。具有代表性的研究论文,按刊载于相关学术期刊和文集上的时间排列如下:

侯汉清《文献分类法索引及其计算机辅助编制》(《图书情报论坛》1993 年第 4 期);

曾蕾《计算机辅助标引及索引编制》(《索引研究论丛 · 索引工作自动化》,葛永庆主编,1994 年);

黄水清《汉字索引款目计算机排序的原理与实践》(《江苏图书馆》1995 年第 1 期);

何静《图书内容索引的计算机编制》(《情报理论与实践》1995 年第 2 期);

侯汉清《计算机在索引工作中的应用》(《高校文献信息学刊》1995 年第 3 期);

张琪玉《用 WPS 文字处理软件编制简单电子索引的方法》(《图书馆杂志》1997 年第 3 期);

王彦祥、殷岚《计算机辅助编制年鉴索引》(《年鉴信息与研究》1998 年第 2 期);

张琪玉《利用 WORD 和 WPS 编制汉语题内关键词索引》(《中国索引》2007

① 林仲湘,李龙. 从油印本、印刷版到电子版——论《古今图书集成索引》的编制[J]. 中国索引,2003(3):5—12.

② 王雅戈,杜慧平. 机编古籍索引探讨——以《道德经》语词索引自动编纂为例[J]. 图书馆论坛,2008(5):34—37.

年第3期)。

其中,1998年王彦祥、殷岚发表的《计算机辅助编制年鉴索引》一文,对利用文字处理软件和数据库软件辅助编制中文索引进行了系统性归纳,指出"所谓计算机辅助编制中文索引,是指在人工标引出索引词并输入到计算机之后,由计算机完成排序、存储、打印输出,最后产生正式索引的过程"。[①] 经过不断探索和尝试,王彦祥在2000年出版的《实用年鉴学》书稿中,以及2003年发表的《年鉴索引编纂问题及其解决方案》论文中,进一步归纳出计算机辅助编制索引的一般流程。[②]

人工标引索引词 ⟹ 录入索引款目 ⟹ 打印、校对、修改 ⟹ 计算机自动排序 ⟹ 文件转换、打印输出 ⟹ 排版、校对、付印

新世纪初的2002年,施勇勤在《索引的计算机辅助编辑与制作》一文中,充分肯定了计算机技术对于索引编制的辅助作用,认为利用计算机辅助进行索引制作和编排是一项简便可行而又快捷准确的方法。[③] 但是,利用常规软件进行中文索引辅助编制已显现日落西山之势,故此这里不再展开讨论。

4. 多方面、长时间开展中文索引软件开发

基于中文文献的索引软件开发,始于20世纪90年代中后期,那时以探讨索引软件基本原理和开发技术为主,始终没有大的突破,也未见索引软件的正式推出。世纪交替的那几年,曾有若干国内科研机构尝试利用计算机全文检索技术,进行自动抽词并编制主题索引,其中由中国北方计算中心开发的"计算机图书索引生成系统",原理是先期选定或编制一个中文索引主题词表并输入计算机,形成"主题词表文本文件",然后利用该系统对目标文档进行扫描检索,将吻合的主题词提取出来,并标注具体的页码地址,生成一个"索引词表文本文件",最后对该文件进行排序、校对和格式编辑,输出为索引文件。[④]

张琪玉先生也十分关注索引软件的研发,专门撰文《图书索引软件的功能要

---

① 王彦祥,殷岚. 计算机辅助编制年鉴索引[J]. 年鉴信息与研究,1998(2):55—57.

② 王彦祥. 年鉴索引编纂问题及解决方案[J]. 中国索引,2003(4):23—27.

③ 施勇勤. 索引的计算机辅助编辑与制作[J]. 出版与印刷,2002(2):15—17.

④ 姜昆阳. 利用计算机技术编好年鉴索引[J]. 年鉴信息与研究,1998(2):58—60.

求与编制难题》,具体剖析开发中文索引软件的两大难题,一是标引的功能,即抽取书内可索引内容,编成索引标目与副标目;二是编制出处项的功能,即给出起讫页码。据此,张先生从中文图书实际情况出发,对图书索引软件的功能提出了标引、编制出处项、索引款目排序、产生轮排款目、相同索引标目合并、建立参照系统及助检标志、建立后控词表或类似结构、按特定版面格式输出索引数据、一般检索、组配检索、反白(或变色)显示检索结果、文本任意字词匹配检索等 12 个具体要求,①这也成为中文索引软件开发的指导性意见和技术性要求。

2003 年 10 月,北京印刷学院王彦祥先生携手北京长城云天科技发展有限公司,在国内首先推出针对索引编制全流程的索引软件——索引之星 1.0,从而结束了我国在索引领域一直没有专业软件的历史。该软件循着"人工标引索引词 + 计算机抽词处理 + 计算机排序整理",以及"计算机抽词(依据主题词表或抽词词典) + 自动添加地址出处项 + 人工修正处理索引款目 + 计算机排序整理"这两种索引软件开发模式,研制出可直接打开各种排版文件,进行人机结合的索引词标引,然后自动添加页码,并对索引款目进行多种形式排序,实现全流程计算机操作的专业索引软件。②

5. *中国索引软件研发跟进时代发展*

至 2004 年,经过全面优化的"索引之星 2.0"正式推向市场,很快得到索引界和出版界的认可和应用。在应邀参加"2004 年辞书与数字化研讨会"时,王彦祥与合作者王广林在大会上发表技术报告——"索引之星"软件研制和索引编制,并全文刊载于会议论文集上。③ 该文详细介绍了"索引之星"软件研发过程和索引编制功能及特点,软件支持所有排版软件生成的电子文件,可进行索引词抽取,也支持 PDF、RTF、TXT 等通用文档的直接标引,具有索引词任意标引和自动添加页码功能;可对索引词进行汉语拼音音序、中文笔画、数字页码等类型的正确排序;支持索引文件的编辑、修改、打印,并具备索引词表和索引项目动态管理功能。"索引之星 2.0"突破了当时中文文献出版过程中排版文件的诸多制约,编制索引时除了需要人机结合实施抽词标引外,其他的索引自动编制功能已全面实现,达到了索引编制的高质量和高效率。

---

① 张琪玉. 图书索引软件的功能要求与编制难题[J]. 中国索引,2004(3):41.

② 王彦祥. 中国索引软件的开发与应用[J]. 中国索引,2009(2):53—57.

③ 王彦祥,王广林. "索引之星"软件的研制和索引编制[C]//中国辞书学会编. 辞书与数字化研究. 上海:上海辞书出版社,2005:55—63.

到 2009 年,王彦祥又发表《中国索引软件的开发与应用》一文,①系统回顾了我国索引软件开发的前期探索过程,进而讨论中文索引软件的研制瓶颈和取得的实质性突破,再通过剖析“索引之星 2.0”软件,提出使用索引软件编制各类索引的具体步骤、操作方法、技术特点等。这些论述内容和主要观点,也成为 *THE INDEXER*(英国《索引家》)所刊发的 *Indexing software in china: pastpresent and future* 一文的主要内容。

“索引之星 2.0”推出后,也带动了我国索引界对于国内外索引软件的比较研究,相继有若干篇论文刊发出来。代表性的有孙琳发表在《中国索引》2006 年第 4 期上的《索引之星与 Word 索引软件的比较》,康艳发表在《中国索引》2009 年第 4 期上的《国内外图书内容索引软件的比较》,郭丽芳、温国强发表在《图书馆》2010 第 4 期上的《国内外索引软件比较研究》等。这些论文对中外索引软件进行功能对比,并提出相关的改进建议,以助推中国索引软件升级。其中,郭丽芳、温国强刊文指出,我国索引软件研发起步较晚,发展水平还比较落后,要加快研制步伐,普及索引编制,扩大社会影响;呼吁国家重视索引的学术、经济和社会效益,落实索引编制的相关政策和配套机制,推动我国索引事业的现代化发展。②

除了“索引之星 2.0”,2008 年在南京农业大学攻读研究生的康艳,在对比 Word 内嵌的索引功能模块与“索引之星 2.0”的主要特性基础上,提出并讨论过一个图书内容索引编制程序——BIS,文中还绘制了一个索引编制系统流程图。③ 作者希望该系统具备综合索引、专门索引、检索、索引排序、索引排版与系统维护等功能,重点解决文本预处理、自动标引、批量标引、参照、排序等技术问题。可惜这一设计并未持续下去,也没有软件产品推出。实际情况是,十几年来还是“索引之星 2.0”在国内唱独角戏,很多人希望这样的局面早日被打破。

中国索引软件研发的最新消息也值得欣慰。“索引之星 2.0”经过十几年的应用,在吸收各方面新技术基础上,终于在 2018 年 10 月“第七届国际索引联盟峰会”召开之际,正式推出升级版本“索引之星 3.0”。这一升级软件基于 64 位计算机操作系统进行重新开发设计,软件界面更加友好,使索引编制过程变得轻松愉快;软件可以兼容并打开各种格式的电子文档,尤其是跟进国际流行的通用 PDF

① 王彦祥. 中国索引软件的开发与应用[J]. 中国索引,2009(2): 53—57.

② 郭丽芳,温国强. 国内外索引软件比较研究[J]. 图书馆,2010(4): 47—48.

③ 康艳. 图书内容索引编制系统(BIS)设计探讨[J]. 中国索引,2008(1): 27—35.

文档发展变化;软件还实现了多级标引后的索引词自动格式编排,使分级款目处理更加科学简便。新软件在中文排序方面也有新突破,可以对中文简体字和繁体字进行正确排序,并解决了中文多音字排入正确位置、自动合并页码项等难题;新软件还嵌入了人工智能技术,具备索引词的标引学习功能,可通过统计计算索引词标引结果,逐渐向中文索引词自动标引方向发展,等等。①

五、索引历史与文化研究成果分析

索引历史与文化研究是近年来较多研究者关注的话题,经筛选和统计,《中国索引》刊发此类研究论文数量为42篇,约占论文总数的10.22%,非索引类期刊登载此类论文数量是32篇,约占总数的9.91%。

笔者通过对两类期刊的论文作者进行统计发现,在索引历史与文化研究领域,南京师范大学平保兴先生的表现出类拔萃,新世纪以来发表的论文数量最多,达到22篇,他一个人的论文成果占到此类论文总数75篇的将近三分之一(29.3%),而且研究成果的内在质量也是最高的,颇具代表性。

通过阅读和梳理索引历史与文化类研究论文可知,无论是《中国索引》还是非索引类期刊,都将研究重心置于近现代索引学家的索引思想挖掘上,以及对索引著作进行文本分析上,再有就是以20世纪我国兴起的"索引运动"为中心,对该时期索引学家和重要成果进行回溯和评论。

1. 对中国第一次索引运动的梳理和讨论

众所周知,20世纪20—40年代在我国形成了一个索引编纂和研究的高潮,索引界将其称为"第一次索引运动"。近年来针对"第一次索引运动",乃至晚清至民国时期的中国索引事业发展回顾成为一个重要的研究热点,发表的论文也相对集中。在非索引类期刊上刊发的32篇索引历史与文化研究论文中,竟有16篇论文围绕这一热点展开,占到刊文总量的一半。典型的论文成果有,王余光撰写的《索引运动的发生》②,张树华撰写的《哈佛燕京学社及其引得编纂处》③,马学良等撰

① 毋栋,邓晓磊,王彦祥."索引之星3.0"软件的功能特点与应用技巧[C]//中国索引学会编.发展中的世界索引事业国际学术研讨会论文集.上海:中国索引学会,2018.10.

② 王余光.索引运动的发生[J].出版发行研究,2003(6):74—76.

③ 张树华.哈佛燕京学社及其引得编纂处[J].山东图书馆季刊,2006(3):3—5.

写的《哈佛燕京学社引得编纂处的成立、影响与启示》①,熊静撰写的《索引运动与索引学说的建立》②,全根先撰写的《民国学者与“索引运动”》③等。

其中,熊静发表《索引运动与索引学说的建立》一文,通过收集 1917—1953 年间前人的索引研究论著及索引编纂成果,并进行主题内容分析,得出以 1928 年《索引与序列》一文为分界点,将索引运动分为“发生期”和“深入期”两个发展阶段。发生期(1917—1928 年)的特征是对索引的宣传和介绍,以及索引理论方面的初步探索;深入期(1928—1953 年)的特征突出表现在我国索引工作实践发展、索引研究机构组建,以及索引学说的正式建立等,其成就对当代索引工作仍具有借鉴意义。

还有,马学良等人撰文系统总结哈佛燕京学社引得编纂处的发展历程和深远影响,内容涵盖哈佛燕京学社成立及其学术活动、引得编纂处的索引成就。在总结引得编纂处的影响时作者认为,其催生了中法汉学研究所《通检丛刊》的编纂,带动了个人编纂索引活动,推动了我国古籍索引向科学化、规范化、规模化迈进,为古籍索引编纂提供了宝贵经验。洪业作为引得编纂处创办人和领导者,具有先进的科学思想,同时也成就了自己的索引思想。该文还提供了一份详细的引得编纂处“引得正刊、特刊目录”,颇具学术价值和资料价值。

平保兴先生在总结民国时期索引编纂和研究历程时指出,我国索引界在编制索引的同时,引进西方索引理论,探讨和建设中国特色索引理论。其研究主要关注汉字排检法、索引的功能、索引的范围、索引类型和索引编纂法。④ 民国是我国古典索引衰亡、现代索引形成和发展的重要转折时期,这一时期的索引组织和活动,索引编纂者与类型,编制的索引及索引理论研究等,都是前所未有的,当代索引工作可以从中借鉴有益经验。⑤

2. 对中国索引发端和现代索引之乡的讨论与争论

近年来研究者在探究中国索引历史与文化过程中,通过考证一些历史事件和历史人物,进行了有关中国索引发端于何时何人、中国索引之乡究竟在何地何处

① 马学良等. 哈佛燕京学社引得编纂处的成立、影响与启示[J]. 图书情报工作,2017(12):50—56.

② 熊静. 索引运动与索引学说的建立[J]. 图书情报知识,2016(4):27—36.

③ 全根先. 民国学者与“索引运动”[M]//韩永进主编. 文津学志(第七辑). 北京:国家图书馆出版社,2014:153—164.

④ 平保兴. 民国时期我国索引理论研究述评[J]. 贵图学刊,2009(3):17—19.

⑤ 平保兴. 民国时期索引发展之特点及启示[J]. 山东图书馆学刊,2011(2):94—97.

的学术讨论。但由于视角和史料的差异,得出的研究结论难免有所不同,于是就产生了相应的学术商榷甚至争论。

在中国索引发端考证中,以往索引界流行的观点认为,1917 年 3 月林语堂先生写出《创设汉字索引制议》,并发表于同年《科学》杂志第 3 卷第 10 期上,首次把“索引”一词引入到中国,林语堂也成为中国引进“索引”称谓的第一人。① 一些学者如潘树广、王余光、印永清等刊文也支持这一论断。侯汉清所著《索引法教程》(南京农业大学出版社,1993 年)同样是如此表述。

平保兴先生进行考证并发表见解认为,王国维才是最先从英文中引入“索引”这一术语的最早译者。他认为,索引一词出现于1910 年5 月9 日《学部官报》第一百十九期,早于林语堂从日文引入的索引一词,由此判定“索引”一词最先由王国维先生从英文传入我国,也是将“索引”见诸报端的第一人。王国维不仅是西方索引的传播者,而且是中文索引的编制者,在20 世纪中国索引发展史上具有独特的地位。②

在中国索引之乡考证中,1986 年侯汉清教授撰写的《“索引之乡”江苏应该振兴索引工作》,从标题上就明确认为江苏省即是中国的索引之乡。10 年后的 2005 年,严峰撰写的《江苏——索引的故乡》也认为,江苏这块“人文荟萃”之地所养育的中华优秀学子,对索引事业做出了极大贡献,江苏由此被誉为“索引的故乡”,再一次确认江苏省就是中国的索引之乡。③

平保兴经过考证和研究,于 2011 年撰写《中国索引之乡刍议》指出,“索引之乡”之命名,一要审视一个地方是否为中国现代索引的发祥地;二要考察一个地方在中国索引史上的地位和所发挥的重要作用;三是看这个发祥地的人们对中国索引事业所做的贡献。从这一角度出发去探寻中国的索引之乡,作为江苏近邻的上海才是中国的“索引之乡”。作者对此还列出了八条依据,包括上海是西方传教士早期在华编纂和出版索引的重镇,上海的教会图书馆是最早使用索引款目的图书馆,上海教会大学培养出了林语堂等中国索引活动的先驱,上海是国内最早建立索引委员会的城市,上海是汉字检字法发生和论争中心,上海在国内最早出版书后索引、上海的出版社或出版单位出版的书后索引数量最多,上海出版了我国现

① 朱立文,刘淑玮. 林语堂先生是我国近代索引之学的开拓者[J]. 中国索引,2003(1):53—54.

② 平保兴. 最先将“索引”一词从英文引入中国的人——论王国维先生在二十世纪中国索引发展中的历史地位[J]. 中国索引,2010(1):58—60.

③ 严峰. 江苏——索引的故乡[J]. 中国索引,2005(2):48—55.

代最早的报纸索引和最早的一种综合性杂志索引,上海涌现了一批为中国索引事业做出重要贡献的人物。最后他得出结论,上海是中国现代索引的发祥地,对中国索引事业起过重要作用,而今正产生着重要影响,是索引大家荟萃之地,更是索引成果不断问世之地,是为名副其实的中国现代索引之乡。①

3. 平保兴先生索引历史与文化研究一枝独秀

平保兴先生发表于《中国索引》的十几篇索引研究论文,主要是对 20 世纪我国著名目录学家、索引学家王国维、王云五、周作人、李小缘、陈乃乾、黎锦熙、杜定友、李小缘等进行个人索引学思想探究。他指出,陈乃乾所著《室名索引》《别号索引》,在索引编纂史上具有开创性意义;黎锦熙发明的"汉字检字法",则对推动索引工作做出了不可磨灭的贡献;杜定友作为中国索引运动的先驱者,所发明的"汉字形位排检法"为后人留下了一笔弥足珍贵的财富;李小缘开展索引课题研究,揭示了索引在高校图书馆服务中的作用;王云五发明的"四角号码检字法"至今还在使用,在索引界也是流传甚广,影响很大。

平保兴发表的论文还回顾了西方传教士在华编纂的第一部英文期刊《中国丛报》索引之特点,以及丰富的学术价值。他认为,该刊所附《二十卷中国丛报主题总索引》,是我们研究世界视野中的中国索引事业发展史不能不提的期刊索引,具有重要的学术价值和史学意义。②

在非索引类期刊平台上,平保兴也刊发过 10 篇索引论文。这些论文主要评述了胡适、郑振铎、钱亚新、李小缘、万国鼎、洪业等学术大家的索引学思想,系统梳理了民国时期索引学家的思想成就、民国索引历史及理论贡献,并致力于史实细节的探究和明辨。

譬如,在第一次索引运动中编纂的《引得说》,被王雅戈、侯汉清称为"中国近代索引研究的开山之作",认为是我国近代最早系统研究索引的专著。③ 平保兴则撰文指出,《引得说》并非专著,将其称为"长篇论文"或"编纂纲要"更为合适。钱亚新所著《索引和索引法》比《引得说》提前两年于 1930 年问世,是真正的首部系统研究索引的专著。从中可以窥见,作为一个研究学者,平保兴先生严谨认真的

---

① 平保兴. 中国索引之乡刍议[J]. 图书馆杂志,2011(12):17—20.

② 平保兴. 西方传教士在华编纂第一部英文期刊索引之特点及学术价值[J]. 中国索引,2012(1):53—56.

③ 侯汉清,王雅戈. 中国近代索引研究的开山之作——《引得说》[J]. 大学图书馆学报,2006(5):76—81.

态度,科学务实的精神,细致入微的探究,彰显了索引研究的精髓,值得索引界同仁认真学习和发扬。

4. 总结中国索引学会对索引事业的引领

近年来,一些研究者将目光投向中国索引学会对中国索引事业及其索引历史和文化研究的推动方面,所刊发论文通过对学会创建以来取得的成果归纳和论述,表明中国索引学会的成立对促进索引理论研究、繁荣索引编辑出版、培训索引编纂人才等均发挥出举足轻重的作用。之所以得出这样的判断,应归功于《中国索引》甫一创刊就设置了“中国索引学会之窗”和“索引史话与史料”栏目。改为集刊形式出版的《中国索引》,又设立“口述历史”专栏,专事采访和刊出学会元老级人物的回忆文章,这些举措有力支撑起中国索引历史与文化的积累和传承。

在上述的《中国索引》三个专栏中,15 年来刊发了很多归纳总结中国索引学会发展历程的论文,代表性的有中国索引学会创始人之一葛永庆先生在《中国索引》创刊号上发表的《中国索引学会十年回顾》①,及其改版集刊后刊发的《筚路蓝缕忆当年——中国索引学会早期工作回顾》②。两篇文章系统回顾了学会的发展历程,对那些难忘的人与事进行深情回味。难能可贵的是,葛永庆先生还对中国索引学会未来发展进行了展望,认为学会应该是长命百岁的。

总结中国索引学会发展历程的重要论文还有,葛永庆《关于筹组“中国索引学社”的回忆》③和《回顾与前瞻——纪念中国索引学会成立十五周年》④,黄秀文、胡文华《华东师范大学与中国索引学会》⑤,张贤俭、马国平《创业艰难百战多——中国索引学会早期岁月回顾》⑥等。囿于篇幅,这里不再进行展开介绍。

总体而言,中国索引学会会员对具体的索引编纂不是很多,但对我国索引历史与文化的关注倒是情有独钟,此中也发生了很多难忘之事,发表了较多文章。通过统计分析得知,近几年《中国索引》刊发的索引历史与文化研究论文数量和占

① 葛永庆. 中国索引学会十年回顾[J]. 中国索引,2003(1): 53—56.

② 葛永庆,马国平. 筚路蓝缕忆当年——中国索引学会早期工作回顾[M]//中国索引学会编. 中国索引(第二辑). 上海: 复旦大学出版社,2017: 30—37.

③ 葛永庆. 关于筹组“中国索引学社”的回忆[J]. 中国索引,2005(3): 52—53.

④ 葛永庆. 回顾与前瞻——纪念中国索引学会成立十五周年[J]. 中国索引,2006(4): 58—60.

⑤ 黄秀文,胡文华. 华东师范大学与中国索引学会[M]//中国索引学会编. 中国索引(第二辑). 上海: 复旦大学出版社,2017: 74—81.

⑥ 张贤俭,马国平. 创业艰难百战多——中国索引学会早期岁月回顾[M]//中国索引学会编. 中国索引(第三辑). 上海: 复旦大学出版社,2017: 11—19.

比开始呈下降趋势。从一个学科的发展来说,这不失为一种好现象,说明我国索引研究者将更多的注意力与关注点,开始移至索引理论与索引编纂的核心问题研究,不再一味回顾历史或分析旧的文本。索引历史与文化研究并不是不重要,适时综述索引学科发展历程,可以衡量索引学的发展现状,对未来研究也能提出指导性意见和建议。

六、索引评价与利用研究成果分析

没有科学的评价就没有科学的管理,没有科学的管理就没有科学的发展。学术评价是社会上各类评价中的一个重要方面,虽然索引评价与利用研究有些偏离索引编纂与研究的核心,但由于索引评价已成为人们学习、工作、科研、管理活动中不可或缺的工具,这一研究也就成为索引专业研究中一个较为特殊的分支领域。

1. 索引评价与利用研究的聚焦点

在近 15 年《中国索引》发表的索引论文中,有关索引评价与利用的研究论文数量最少,仅有 15 篇,约占总数的 3.65%。但在非索引类期刊中刊发论文达到 69 篇,占总数的 21.36%,仅次于索引编制研究类论文数量,跃升到第二位。那么,这些论文探讨了哪些问题?聚焦的主题又是什么呢?

将《中国索引》和非索引类期刊刊发的索引评价与利用研究论文信息,导入 ROST Content Mining 内容分析工具,再通过分词和词频分析提取高频词,然后对构建网络和共词矩阵的高频词进行参数设置,进而生成图 1、图 2 两张语义网络图。

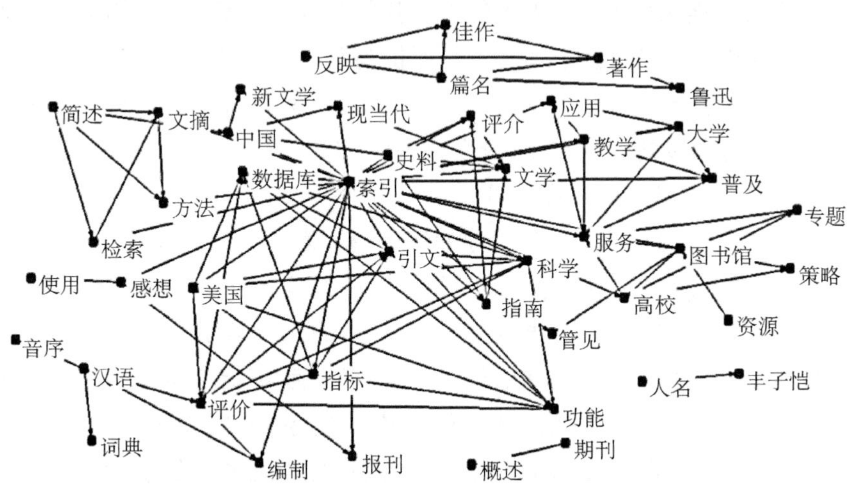

图 1 《中国索引》索引评价与利用类论文语义网络图

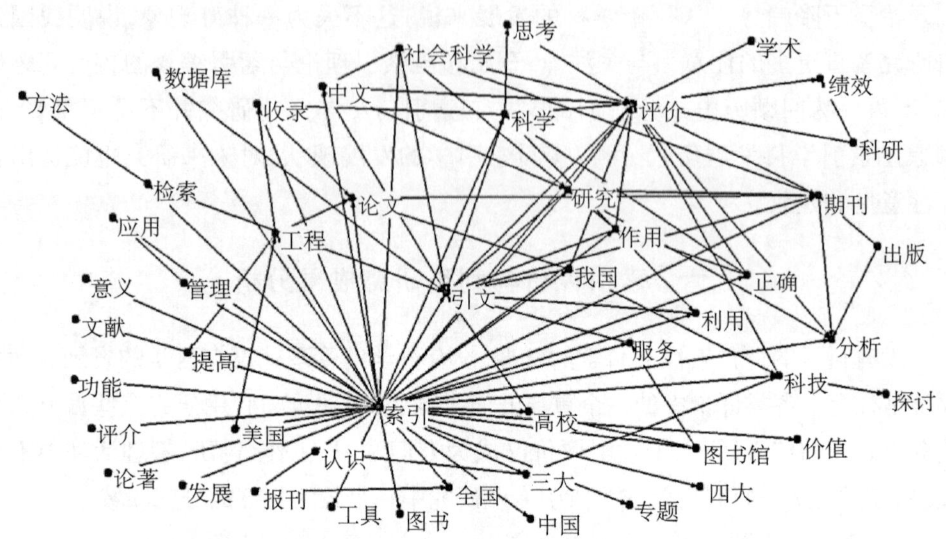

图 2　非索引类期刊索引评价与利用类论文语义网络图

透过两大论文刊载平台的语义网络图不难发现,两者的共同研究热词都是"引文"一词,且都处于语义网络图的中心位置。两张语义网络图的形状基本相似,说明研究主题类似,产生的研究结果也类同。两大中心词"索引"和"引文"被若干核心词围绕,并与"索引""科学""评价""功能""美国""中文""论文""社会科学"等十几个热词产生语义关联。

结合相关研究论文的题名,这不能不使人产生联想,并将科学引文索引(SCI)、美国工程索引(EI)、中文社会科学引文索引(CSSCI)等著名的索引评价工具快速从脑海中找出来,也可以把索引评价与利用的重要词汇如科学研究、科技评价、高校论文、期刊分析等联系起来……无疑,这就是新世纪以来我国索引界在索引评价与利用领域的研究重点、研究成果。

2. 引文索引研制及其评价应用

对于引文索引的认识,武汉大学邱均平教授的研究和体会较为客观和具体。他认为,引文索引是利用文献之间的相互引证关系来检索文献,从引文索引中查出一批所需的文献后,再利用这些文献的引文查找一批新的文献,这样不仅能获得一定数量的相关文献,还能揭示旧文献对新文献的影响,新文献对旧文献的评价,展现新旧文献在学术研究中的关系,同时引文索引又打破了传统的学科分类界限,既能揭示某一学科的继承发展关系,又能反映学科之间的交叉渗透关系。①

鉴于引文索引在文献检索、科学计量、科学评价等方面有着其他检索工具无法替代的作用,中国在此领域也要有所建树,也要树立自己的科学评价旗帜。经过不懈努力,作为教育部"九五"规划重大项目,南京大学中国社会科学研究评价中心研制开发的"中文社会科学引文索引(CSSCI)"终于在世纪之交问世。其设计思想先进,系统功能强大,既顺应国际趋势,也适应我国社会科学评价的客观需要,一跃走到中国科学评价的前沿,成为了我国科研院所公认的权威评价工具。对此,邱均平教授撰文指出,CSSCI 主要在于提供了一种我国社科信息查询和计量分析的工具,填补了国内在这方面的空白;具有设计思想先进、数据结构合理、系统功能较强、使用较为方便等特点。②

在 CSSCI 研制过程中,作为中国索引学会副理事长的叶继元教授和他带领的科研团队功不可没。CSSCI 研制完成并广泛应用后,叶继元带领团队又大胆创新,几年前就开始了"'中文图书引文索引·人文社会科学'(CBKCI)示范数据库"的研发工作,目前已获得阶段性成果并进入应用领域。③

袁培国研究员在总结 CSSCI 研发工作和其科学评价特点及作用时指出,中文社会科学引文索引具有引文索引所具有的一切特点和优点,在文献计量学上 CSSCI 有着与 SCI 极为相似甚至相同的特点。CSSCI 引文统计结果,客观反映了中国社会科学研究特点,其引文分析结果与其他单项和多项定量、定性评价结果,也有很高的相关性。④。

自 CSSCI 正式推出后,利用其科学评价功能开展评价应用研究的论文便源源不断见诸报刊,且论文数量在不断刷新着记录。典型的如邓群等的《基于 CSSCI 的中国期刊品牌研究的知识图谱分析》⑤,姜春林、丁堃的《中文社会科学引文索引

---

① 邱均平,马瑞敏.引文索引的功能与科学评价——以美国《基本科学指标》引文数据库为例(上)[J].中国索引,2005(4):17—22.

② 邱均平.《中文社会科学引文索引》的意义、特点与改进建议[J].武汉大学学报(社会科学版),2002(2):232—236.

③ 叶继元.《中文图书引文索引·人文社会科学》示范数据库研制过程、意义及其启示[J].大学图书馆学报,2013(1):48—53.

④ 袁培国.中文社会科学引文索引的研究评价作用[J].山西大学学报(哲学社会科学版),2003(1):92—97.

⑤ 邓群,王红君,张锐,等.基于 CSSCI 的中国期刊品牌研究的知识图谱分析[J].中国科技期刊研究,2014(5):701—712.

在期刊评价中的应用研究——以〈科研管理〉为例》①,王婧、华薇娜的《国内外文科引文索引数据库检索功能比较》②等。这些论文以案例分析、评价应用等内容为主,对促进我国利用引文索引实施科学评价起到了助推作用。

3. 国外索引系统推介与科学评价应用

自改革开放以来,我国对于世界性的三大索引系统 SCI、EI、ISTP 为主的国外索引系统进行推介和应用始终热度不减,新世纪以来更是有过之而无不及。这方面研究虽不是我国索引编纂与研究的重心,且国外索引系统推介与评价应用论文散布于各个学科领域,但为了做到全面、客观评述我国索引研究全貌,本文在此将相关情况简评如下。

以三大索引系统 SCI、EI、ISTP 为主的国外索引系统,能够反映世界最新的科学成果和研究趋势,具有查新功能和评价作用。通过检索共获得介绍三大索引检索系统的论文 27 篇,占到索引评价与利用研究论文总数的三分之一。如果将检索范围扩展到所有学科领域,且把依据国外索引系统进行科学评价的论文也吸纳进来,这类论文的数量将成倍激增,在此次研究和撰文之前,我们已经过滤掉上百篇科学评价论文就是一个例证。

国外索引系统推介与评价应用论文最为惯常的结构和写作套路是,以三大索引系统 SCI、EI、ISTP 的某学科、某一时间段内的索引检索数据为基础,进行相关的数据统计和分析,得出该学科领域的研究热点主题、论文核心作者、重要来源期刊等,然后再据此展开总结归纳,甚至进行研究趋势预测等。

一些论文用很大篇幅介绍 SCI、EI、ISTP 为主的国外索引系统所具有的功能、作用和应用价值,自然也就落入老生常谈的俗套,其学术价值并不高,在此也不必举例。还有一些论文过度渲染和夸大 SCI、EI、ISTP 为主的国外索引系统功能和作用,如《〈科学引文索引〉及其利用浅析》一文,认为 SCI 长期以来一直具备强大的生命力,均归功于它所具有的独特评价功能;③《对〈科学引文索引〉价值的探析》一文还认为,目前国际上还没有更好的、超过 SCI 的评估学术水平的工具。④

如何正确看待 SCI、EI、ISTP 为主的国外索引系统在科学评价领域的马太效

① 姜春林,丁堃.中文社会科学引文索引在期刊评价中的应用研究——以《科研管理》为例[J].新世纪图书馆,2004(2):6—9.

② 王婧,华薇娜.国内外文科引文索引数据库检索功能比较[J].新世纪图书馆,2011(1):42—44,73.

③ 郭淑敏.《科学引文索引》及其利用浅析[J].医学研究通讯,2004(8):64—65.

④ 徐秋萍.对《科学引文索引》(SCI)价值的探析[J].高等工程教育研究,2006(S1):163—165.

应,国家管理层面也提出并实施了相应举措。如2003年5月科技部、教育部、中国科学院、中国工程院、国家自然科学基金委员会联合发布《关于改进科学技术评价工作的决定》,其中明确指出,要正确看待SCI、EI等索引数据库在科学技术评价中的作用。SCI、EI等收录论文数量只是科学技术评价中的定量指标之一,反对单纯以论文发表数量评价个人学术水平和贡献的做法,要提倡科学论文内在价值的判断,强调论文的被引用情况,并根据不同学科领域区别对待,避免绝对化。①

为此,也有若干篇专门探讨理性看待和使用国外索引系统的论文发表出来,以使科学评价中的"SCI现象"和"影响因子崇拜"快速降温。代表性论文如刘雪立在《全球性SCI现象和影响因子崇拜》一文中指出,SCI现象和影响因子崇拜是全球性的,并呈现逐渐蔓延和加剧的趋势……只有正确理解和把握SCI及影响因子的局限性,才能使今后的科学评价更加科学合理。②

七、索引标准与索引国际化研究成果分析

新世纪中国索引界在索引标准与索引国际化研究领域取得的重要成就,就是两部国家标准——《索引编制规则(总则)》和《地方志索引编制规则》的制订与颁布实施,这也代表了中国索引学会的辉煌荣誉。

著名索引学家张琪玉先生曾提出,索引的标准化,包括索引编制规则和数据库字段的标准化是索引事业繁荣的标准之一。③ 同样,索引国际化是中国索引界面向未来、走向世界的努力方向,也是中国索引学会制定的新发展战略目标。

1. 中国索引标准研究与制订

2004年在厦门大学召开的"中国索引学会2004年度年会暨学术讨论会"上,与会代表提请学会重点关注索引标准化问题,并建议制订一部符合我国国情的、能指导索引实践的索引国家标准。2005年中国索引学会向全国信息与文献标准化技术委员会提交了起草中国索引标准的申请,其后在学会副理事长侯汉清教授主持下,经过4年多的不懈努力,制订出GB/T 22466-2008《索引编制规则(总则)》国家标准,并于2008年11月3日颁布,2009年4月1日起正式实施,国内主

---

① 科技部,教育部,等.关于改进科学技术评价工作的决定.360百科网站[EB/OL].[2017-10-29].https://baike.so.com/doc/25763070-26897678.html.

② 刘雪立.全球性SCI现象和影响因子崇拜[J].中国科技期刊研究,2012,23(02):185—190.

③ 张琪玉.索引:面向21世纪[J].中国索引,2003(2):3—4.

流媒体《光明日报》《解放日报》《文汇报》等相继进行了新闻报道。

有了《索引编制规则(总则)》国家标准的制订经验,学会又抓住机遇,于 2014 年 6 月向文标委申请了《地方志索引编制规则》国家标准项目。从那时起,中国索引学会积极组织国内索引专家开展标准的制订工作,先后召开了北京、上海、成都、贵阳、南京等多次专题会,研讨该标准的制订工作和文本内容修改完善问题,最终 GB/T 36070 - 2018《地方志索引编制规则》于 2018 年 3 月 1 日颁布,10 月 1 日起正式实施。

两部国家标准凝聚了中国索引界的心血和智慧,也为中国索引走向世界奠定了坚实基础。我们应该记住这两部索引国家标准的主要起草人做出的卓越贡献,他们是侯汉清、黄秀文、温国强;衡中青、杨光辉、王彦祥、王有朋等。

针对索引国家标准的制订实施和推广应用,还衍生了两部索引学术著作,对索引标准化工作起到了良好的助推作用。一部是侯汉清主编,中国质检出版社 2012 年 8 月出版的《索引编制手册——基于 GB/T 22466 - 2008 索引编制规则》;另一部是温国强主编,国家图书馆出版社 2012 年 7 月出版的《GB/T 22466 - 2008〈索引编制规则(总则)〉应用指南》。

图 3 中国索引国家标准和应用指南书影

索引标准和索引国际化研究毕竟是小众而高端的研究领域,近十几年来此领域发表的研究论文数量很少。经筛选统计《中国索引》刊发的论文得知,研究索引标准和索引国际化问题的论文共26篇,约占总数的6.33%。在非索引类期刊上刊载此问题的论文总数为12篇,占比为3.72%,属刊文数量最少的一类。依据发表论文的筛选结果统计,北京印刷学院王彦祥先生和佛山科学技术学院衡中青先生是近十几年来索引标准研究领域的代表性作者。

王彦祥教授发表了《论索引国家标准体系与中国索引学派的构建》和《修订〈索引编制规则(总则)〉的几点思考》两篇论文。前文回顾了中国索引国家标准的制订历程,指出一部国家标准需不断进行修订,才能适应发展变化的社会需要。作为指导索引分则制订和一般索引编制的通用性国家标准,《索引编制规则(总则)》应遵从国家标准的修订制度,并在修订过程中使《总则》日臻完善。论文还就全面构建中国索引国家标准体系展开论证,提出了一个由《索引编制规则(总则)》及12个索引编制分则构成的中国索引标准体系,并列出“中国索引国家标准体系规划表”,以便分阶段组织实施。作者建议,以“编研结合”的方式,快速推进中国索引系列标准的制修订工作,以此构建索引标准的中国学派,掀起中国第二次索引运动。①

鉴于现行的《索引编制规则(总则)》与其他索引编制分则存在较大的重叠和冲突,王彦祥在后一篇论文中提出了“总则管总、分则管编”的标准制修订原则和方法,以便协调索引编制总则和各个编制分则的功能定位和辩证关系。在阐述《索引编制规则(总则)》的修订路径时,作者提出了修正总则的失当之处,吸纳索引研究新理论、新概念,吸收索引新技术、新方法,补充标准的相关内容,完善索引编制基本流程,解决好统一索引格式、机编索引阐释、外向型索引阐释等若干建议。②

对于索引标准分则之一的《地方志索引编制规则》,衡中青在该标准制订前和颁布后,分别发表论文予以讨论。其一是2010年发表的《制订〈新编地方志索引标准〉的可行性分析及技术性建议》,主要从制订标准的必要性和可行性出发,对制订《地方志索引编制规则》进行分析,就标准具体内容提出一些技术性建议。③

---

① 王彦祥.论索引国家标准体系与中国索引学派的构建[M]//中国索引学会编.中国索引(第二辑).上海:复旦大学出版社,2017:12—17.

② 王彦祥,毋栋.修订《索引编制规则(总则)》的几点思考[M]//中国索引学会编.中国索引(第三辑).上海:复旦大学出版社,2017:28—37.

③ 衡中青.制订《新编地方志索引标准》的可行性分析及技术性建议[J].佛山科学技术学院学报:社会科学版,2010(6):68—74.

其二是《〈地方志索引编制规则〉编制说明》,简要说明《地方志索引编制规则》的编制经过和主要内容,重点阐述该标准如何体现地方志文献特色,索引与目次如何避免重复,索引分合问题,彩图、表格和专文入目次还是入索引问题,以及机构团体索引如何编制等问题。①

2. 索引国际化讨论与践行

在索引国际化研究方面,新世纪以来发表的论文成果数量相较于索引标准研究稍多一些,讨论的主题归纳起来主要围绕两大方面展开,第一方面是探讨实际问题,促进中国索引工作国际化。具有代表性的论文有 3 篇,其一是中国人民大学宋雅范副研究馆员撰写的《论中国索引国际化》一文,指出索引国际化是索引学和索引发展进程中面临的一个现实问题。作者分析了中国索引国际化的背景、现实意义,中国索引国际化面临的问题、机遇和挑战,最后提出加快中国索引国际化进程的策略和途径,包括增强国际化意识、制订相应对策、拓宽交流渠道、培养国际化索引人才等。②

其二是南京大学叶继元教授撰写的《国际索引研究的现状与走向》,通过参加国际索引研讨会,作者概述了出版环境对索引的影响、网络信息的标引、人名标引技术、索引市场需求、索引者的社会网络等国外同行研究现状,以及电子图书编制索引和用户自编索引的两大走向,进而得出三点启示:索引仍然是组织文献及信息的利器,迫切需要为图书和各种形式的信息编制索引,学术会议既要严谨务实又要生动有趣。③

第三是龚小青撰写的《按照科学发展观要求推进中国索引工作国际化》,提出要从索引理念、扩大索引功能、加强索引规范、提高索引工作者水平、加强索引信息保护、建立索引信息自动化系统等六个方面,来具体推进中国索引事业的国际化。④

索引国际化研究的另一个主要方面,是关注国际索引发展状况。具体表现是

---

① 衡中青.《地方志索引编制规则》编制说明[M]//中国索引学会编. 中国索引(第三辑). 上海:复旦大学出版社,2017:15—27.

② 宋雅范. 论中国索引国际化——从中国图书馆学研究国际化步伐看中国索引国际化的重要意义[J]. 中国索引,2006(1):9—14.

③ 叶继元. 索引研究的现状与走向——记 2009 年澳大利亚和新西兰索引学会国际研讨会[J]. 图书情报工作,2010(8):5—9.

④ 龚小青. 按照科学发展观要求 推进中国索引工作国际化[J]. 图书馆理论与实践,2009(3):47—49.

呈现给国内索引界一组介绍世界各国索引事业发展现状和索引研究进展的论文成果。如王知津等撰写的《国外索引研究进展：以 The Indexer 为例》[①],华薇娜撰写的《从索引协会年会信息看国外索引管理的特色》[②],李今山撰写的《世界各国索引组织的创建与发展》[③],屈南撰写的《西方少儿图书内容索引介绍及对我国的启示——以英国和澳大利亚为例》[④],李学岩撰写的《俄罗斯学术评价系统——俄罗斯科学引文索引及其检索平台》[⑤],戴立群撰写的《英国图书索引的发展现状——兼论中国索引国际化的机遇和挑战》[⑥],陈东辉撰写的《试论日本所编的中国古籍索引》[⑦]等。

3. 倾听世界索引声音,努力步入世界索引舞台中心

除了中国索引走出去,我们还要引进来。通过中国索引学会的积极努力,此方面已取得相应成果,这体现在《中国索引》上刊载了若干篇外国索引学者撰写的论文或著作节选,使中国与世界索引界的交流往来落到实处。如时任美国索引学会主席理查德·施罗特撰写《电子书界标准的发展——2011 年 9 月在中国索引学会年会上的演讲》[⑧],以及 2005 年撰写《美国索引工作概况与目前的变化》[⑨]。还有美国索引协会前主席弗朗西斯·伦尼撰写《美国索引协会：过去、现在与未来》[⑩]、《大数据时代的索引与索引工作者》[⑪]和《西文书后索引的结构与组织综述》[⑫]。此外,还有美国资深索引专家彼得·鲁尼撰写《美国索引协会简史》[⑬],日

① 王知津,王秀香,刘念,等.国外索引研究进展：以 The Indexer 为例[J].晋图学刊,2010(4)：1—5,9.

② 华薇娜.从索引协会年会信息看国外索引管理的特色[M]//中国索引学会编.中国索引(第一辑).上海：复旦大学出版社,2016：244—248.

③ 李今山.世界各国索引组织的创建与发展[J].中国索引,2003(1)：58—60,56.

④ 屈南.西方少儿图书内容索引介绍及对我国的启示——以英国和澳大利亚为例[J].中国索引,2012(4)：37—40.

⑤ 李学岩.俄罗斯学术评价系统——俄罗斯科学引文索引及其检索平台[J].中国俄语教学,2012(1)：90—94.

⑥ 戴立群.英国图书索引的发展现状——兼论中国索引国际化的机遇和挑战[J].中国索引,2006(4)：52—57.

⑦ 陈东辉.试论日本所编的中国古籍索引[J].文献,2005(2)：74—91.

⑧ 查德·施罗特著;闫月梅译.电子书界标准的发展——2011 年 9 月在中国索引学会年会上的演讲[J].中国索引,2012(2)：52—55.

⑨ 查德·施罗特著;邹文钧译.美国索引工作概况与目前的变化[J].中国索引,2005(4)：59—60.

⑩ 弗朗西斯·伦尼著;伏安娜译.美国索引协会：过去、现在与未来[J].中国索引,2013(4)：58—61.

⑪ 弗朗西斯·伦尼著;伏安娜译.大数据时代的索引与索引工作者.中国索引,2014(2)：59—60.

⑫ 弗朗西斯·伦尼著;伏安娜译.西文书后索引的结构与组织综述[J].中国索引,2015(1)：53—56.

⑬ 彼得·鲁尼著;闫月梅译.美国索引协会简史[J].中国索引,2012(3)：55—59.

本福冈大学教授、索引专家松浦崇撰写《介绍日本索引工作情况》[①]等。

为使中国索引界加快融入世界索引大家庭,中国索引学会及其秘书处做了大量工作,新世纪以来多次派出中国索引家赴美国、加拿大、英国、澳大利亚、新西兰等索引编纂与研究发达国家,参加索引国际研讨会,考察国外索引发展状况等。值得一提的是,中国索引学会常务副理事长兼秘书长杨光辉先生,2015 年带队参加了在英国举办的"第六次国际索引联盟峰会",并发表《中国索引学会工作回顾与展望: 2012—2015》主旨发言,引起与会者的强烈共鸣。[②]

在第六次国际索引联盟峰会上,中国索引学会申请主办并获批 2018 年 10 月在上海举办"第七次国际索引联盟峰会"。这在中国索引发展史上尚属首次,也给中国索引国际化带来了新契机。甚愿从此后,中国索引加快国际化步伐,阔步走入世界索引舞台的中心。

八、结　论

1. 中国索引研究全面走向世界

通过以上六个方面的定性分析和成果梳理,我们欣慰地发现,新世纪以来的中国索引事业,已全面步入世界索引研究的中心地带,其五大标志性特征为:

拥有世界上规模最大的索引组织: 中国索引学会;

走在世界前列的中国索引系列标准:《索引编制总则(总则)》《地方志索引编制规则》《学位论文索引编制规则》;

编辑出版世界上每年刊发索引研究论文最多的连续出版物:《中国索引》;

培育出世界级的、具有中国特色的科学评价引文索引: CSSCI;

研发出全面支持中文索引编纂的索引软件: 索引之星。

2. 索引研究水平和质量稳定提升

新世纪以来我国索引研究取得的成就有目共睹,索引研究成果的数量和质量都达到了新高度。

索引研究的成果数量明显比上一个 20 年有成倍增长,这主要归功于《中国索引》的创刊和连续出版。随着索引研究领域不断扩大,研究主题也逐渐丰富且具

---

① 松浦崇. 介绍日本索引工作情况[J]. 中国索引,2003(4): 58—59,43.

② 杨光辉、温国强. 中国索引学会工作回顾与展望: 2012—2015——在第六届国际索引联盟峰会上的发言[J]. 中国索引,2015(4): 2—4.

体，从索引理论研究、索引编纂探索，到索引软件开发、索引国家标准制订，都取得了较大突破，获得了一批标志性研究成果。尤其是近五年的中国索引编纂和研究在明显加速，已经走上世界索引的中心地带。

中国索引学会作为国家一级学会组织，始终重视索引研究和成果推广，每年组织召开的学会年会暨学术研讨会和索引成果评奖活动，推动了我国索引学术研究的持续性发展，也凝聚了索引研究队伍。《中国索引》在索引研究和联系全国会员方面发挥了巨大作用，目前《中国索引》每年的索引研究论文刊文量，在世界四大索引期刊中是数量最多的，质量也是上乘的。

但新世纪以来的中国索引编纂和研究，也存在一些不足，需要尽快解决。如索引学学科教育和索引高端人才培养方面的研究成果非常稀缺，索引编纂理论和实用性编纂技术的深入研究和总结尚显不足，主题索引的编纂和研究相对薄弱。此外，我们所论及的索引编纂与研究，与我国快速发展的“另一类索引”几无联络和沟通，需要通过计算机技术、信息技术和大数据环境，尽快打通，形成合力，共同发展。

3. 索引编纂和研究已形成中国核心力量

历经新世纪十几年的努力发展，我国的索引编纂和研究已形成自己的核心力量，这股核心力量也彰显着中国索引界编纂与研究的实力与智慧。从定量和定性两个方面综合考察与评判，本文最后列出新世纪以来中国索引编纂与研究核心力量构成的五大方面：

中国索引编纂和研究标志性成果——

国家标准《索引编制规则（总则）》

国家标准《地方志索引编制规则》

《中国索引学论文集（1991～2011）》

《张琪玉索引学文集》

《中国索引综录》《〈中国索引综录〉续编》《中国索引系年录：1999—2016》

《申报索引》

《中国古籍总目·索引》

《鲁迅大全集·索引卷》

《古今图书集成索引》电子版

索引之星2.0软件

中国索引编纂核心作者——

王彦祥、毋栋、张若舒及其团队，平保兴，刘殿爵，邹育理，林仲湘，傅德华，王

有朋,张国华

中国索引领域核心研究者——

张琪玉、侯汉清、王彦祥、平保兴、邱均平、叶继元、葛永庆、王雅戈、曲静涛、龚小青

中国索引研究核心载体——

《中国索引》

中国索引核心出版机构——

国家图书馆出版社、中华书局、上海古籍出版社

王彦祥　男,北京印刷学院教授,传播学和出版专业硕士研究生导师。中国索引学会副理事长,中国地方志学会编辑出版研究会副会长。

Review of China's Index Compilation and Research in the New Century(Ⅱ)

— A Qualitative Evaluation Based on the Accomplishment on Index Research from 2000 to 2017

Wang Yanxiang

Abstract: Following up on the previous quantitative analysis, this paper conducts a detailed qualitative evaluation on the compilation and research of Chinese indexes since the beginning of the 21th century. The paper focuses on six research fields, including index theory, index compilation, index technology and software, index history and culture, index evaluation and utilization, and index standardization and internationalization. Index theory involves innovation, development and social service. The index compilation explores the research accomplishment of the yearbook index, local history index, ancient books index, book index, and journal index with various index types including subject index research and index compilation. The research on index technology needs to be strengthened, although there are many achievements in the research on indexing technology and software. The research on the history and culture of index includes the analysis and discussion of the initial index movement in

China, the discussion and debate on the origin of Chinese index and Indexers. Index evaluation and utilization research summarize the development and evaluation application of citation index, and the introduction of foreign index system and application of scientific evaluation. Index standardization and internationalization review the development of index standards, and adopt the international practices of index in China.

Keywords: China Index; Index Compilation; Index Research; Index Achievement; Qualitative Analysis

1993—2017年我国索引研究领域的文献计量及可视化分析

——以《全国报刊索引数据库》为数据源

李　彤

（北京印刷学院新闻出版学院　102600）

摘　要　本文以1993—2017年《全国报刊索引数据库》中收录的以"索引"为主题的978篇论文为研究对象，利用文献计量法、共词分析法等研究方法，借助VOSviewer软件绘制知识图谱，从年代分布、来源期刊、热点主题、作者队伍等方面对其进行分析，旨在梳理1993—2017年我国索引研究的发展状况。发现索引研究文献的发文量符合逻辑增长规律；索引研究来源期刊集中于核心期刊；索引研究的热点主要分布在索引传统理论、索引编制等方面；还没有形成稳定的核心作者群。

关键词　索引研究　文献计量　全国报刊索引　可视化

索引是对某种或某一文献集合中所包含的各篇文章，或所讨论的各个局部主题，或所涉及的各种事项（如地区、人物等）以简明的方式分别著录标引，为用户提供便捷检索服务的工具。① 索引一直都被认为是提高学习效率、科研效率甚至是生活效率的重要工具，利用索引，人们可以快捷地找到所需要的信息。近年来，我国索引事业得到了巨大的发展，索引研究论文在学术界也受到了一定的关注：如学者邱均平、楼雯利用共词分析法和战略坐标图分析法，对来源于CNKI的1991—2010年索引学研究论文的关键词进行分析，探究索引学的研究热点以及成熟的核心领域；曹树金、姚瑶分析了张琪玉教授对索引学理论、索引计算机化以及对各种类型索

① 张琪玉. 图书内容索引编制法——写作和便捷参考手册[M]. 北京，化学工业出版社，2006，1—2.

引和实例评价方面的研究,并总结出张琪玉教授在学术思想上的四个特征。

就国内索引学领域研究现状而言,针对索引学理论方面的研究居多,鲜少有学者采用文献计量法对索引学的相关论文,尤其是近十年论文进行研究。因此,本文对 1993—2017 年索引研究领域的相关文献进行文献计量和可视化分析,以梳理近二十五年来我国索引研究的发展状况,希冀为以后索引学的相关研究和索引事业的发展提供参考。

一、数据获取与研究方法

1. *数据获取*

若想通过定量分析法对数据进行统计分析并得出研究结论,就必须选择科学的数据来源,获得准确的数据。通过合适的检索方式,选择合适的统计样本是本研究进行的重要前提。《全国报刊索引数据库》具有收录数据总量大、范围全、题录简明、检索功能全、更新及时等优点,且年更新量在 50 万条左右,是国内特大型文献数据库之一。[①] 据此,本文以《全国报刊索引数据库》为数据源,在全国报刊索引数据库中利用专业检索方式进行检索。运用布尔运算逻辑运算方法,输入检索表达式"SU:索引 AND PD:[1993 TO 2017]",即检索主题词包含"索引"且时间范围在 1993—2017 年间的文献,最终得到索引学研究相关论文 6 308 篇。

为了保证研究的科学性和严谨性,经过人工筛选,剔除会议通知、年度索引等非正式论文以及互联网技术类的论文,最终得到 1993—2017 年索引学研究论文共 978 篇。

2. *研究方法*

文献计量学是借助文献的各种特征的数量,采用数学与统计学的方法来描述、评价和预测科学技术的现状与发展趋势的图书情报学分支学科,它是图书馆学、情报学的特殊研究方法,主要应用于科学文献的研究,并且适用于各个学科。[②]

统计分析法是指对文献集合等信息载体中所包含的信息内容进行量化并分析,是一种将定量与定性结合到一起的方法,这种分析法最容易揭示出信息载体内容的规律,客观地把握索引研究的动态和趋势。

共词分析是通过对反映文献主题内容的关键词进行统计分析,研究文献内在联系和科学结构的分析方法。当两个能够表达某一学科领域研究主题或研究方

---

① 郑秋红,张慧琴,叶尔愉.《全国报刊索引数据库》网络版浅析[J].图书馆杂志,2004(2):40—42.

② 郑文晖.文献计量法与内容分析法的比较研究[J].情报杂志,2006(5):31—33.

向的专业术语同时出现在一篇文献当中时,则表明这两个词语之间存在一定的相关关系,如果两词共现的次数越多,就表明它们的关系越密切。该方法最适合应用于探讨某一学科的研究热点和演进趋势。[①] 本文正是通过对主题词在同一文献中共同出现的频次进行统计分析,得出我国索引研究近二十五年的研究热点。

二、索引研究论文年代分布分析

1. 总发文量情况

"发文量"在一定程度上能够反映某一学科领域在某个特定时期内的活跃程度,呈现该领域的发展特点和规律。经过统计,可以得到如图 1 所示的 1993—2017 年索引研究论文的基本数据和发文趋势。

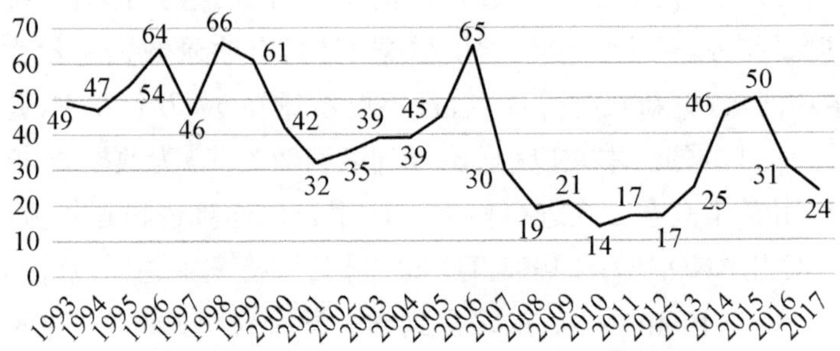

图 1　1993—2017 年索引研究论文总发文量情况

经统计,1993—2017 年索引研究论文总发文量为 978 篇。由图 1 可知,1993 年索引研究论文为 49 篇,2017 年索引研究论文为 24 篇,相比于 1993 年,我国索引研究论文的年发文量下降。在这二十五年中,2010 年的发文量最少,为 14 篇,1998 年的发文量最多,为 66 篇。从整体来看,我国索引研究论文的发文量呈波动变化的状态。

2. 研究分期

根据何光国的研究,文献数量的增长可以用数学中的"一阶线性齐式差分方程"(Nonhomogeneous Difference Equation),亦即 $Pt = aPt - 1$ 来推算。[②] 其中,t 代表年份,Pt 代表 t 时的文献数量, $Pt - 1$ 代表 $t - 1$ 时的文献数量,a 为斜率,亦即

① 李颖,贾二鹏,马力. 国内外共词分析研究综述[J]. 新世纪图书馆,2012(1):23—27.

② 何光国. 文献计量学导论[M]. 台北:三民书局,1994:25.

(Pt - Pt - 1)/[t - (t - 1)]。其中 Pt - 1 为自变数，Pt 为因变数，a 为常数。因此，利用数学的“一阶线性齐式差分方程式”，通过斜率可以对我国索引研究的发展历程进行分期。

为方便对论文发表的时间段进行分析，首先将前述检索得到的索引研究相关论文转换为累积发文量，如表 1 所示。再分别计算各个时间区段的斜率，最后将近似斜率进行调整合并后，得到如图 2 所示的 1993—2017 年索引研究论文热点研究分期图，图中 2001 年、2006 年即为分期关键节点。最后得出结果，1993—2017 年索引研究论文发展历程可以分为三个时期：

表 1　1993—2017 年索引相关研究文献分布

年份	1993	1994	1995	1996	1997	1998	1999	2000	2001	2002	2003	2004	2005
发文量	49	47	54	64	46	66	61	42	32	35	39	39	45
累积发文量	49	96	150	214	260	326	387	429	461	496	535	574	619
年份	2006	2007	2008	2009	2010	2011	2012	2013	2014	2015	2016	2017	/
发文量	65	30	19	21	14	17	17	25	46	50	31	24	
累积发文量	684	714	733	754	768	785	802	827	873	923	954	978	

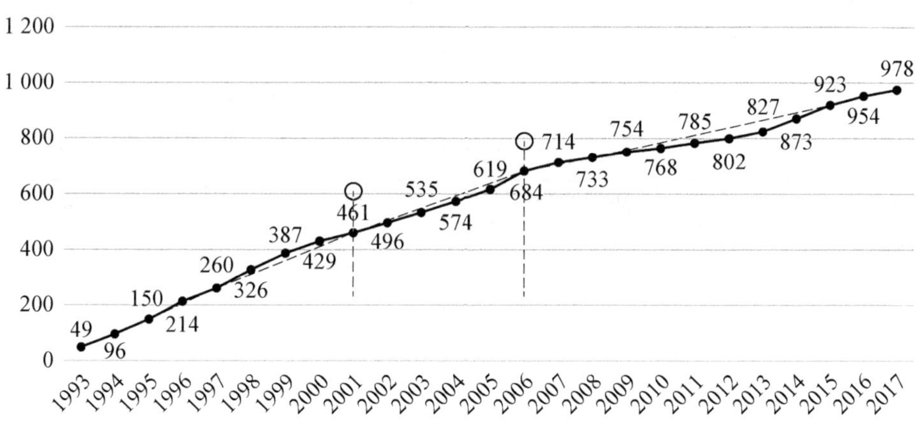

图 2　1993—2017 年索引研究论文热点研究分期图

1993—2001 年为发轫期。这一时期的索引研究论文共 461 篇，占 1993—2017 年总发文量的 47.14%。由图 1 可知，该阶段索引相关研究的发文量一直不温不火且频频出现忽高忽低的发展态势。这可能与数据库收录的论文不全有关，但就论文数量看，说明这一时期我国的索引研究并不稳定，根基并不稳固。

2002—2006 年为快速发展期。这一时期的索引研究论文共 223 篇,占 1993—2017 年总发文量的 22.8%。由图 1 可以清楚得知,从 2002 年起,我国索引研究论文的发文量快速上升,从 2002 年的 35 篇到 2006 年的 65 篇,对于索引研究领域来说,这可谓是巨大的发展。2005 年,中国索引学会组团参加了在日本举办的国际书展,促进了与日本图书馆界、出版界、档案界和索引界同行的学术交流,推动了索引的国际化发展。[①] 中国索引学会的成立和年会推动是影响索引研究发文量的重要因素,因此,可以将此阶段视为我国索引研究的快速发展期。

2007—2017 年为缓慢发展期。这一时期的索引研究论文共 294 篇,占 1993—2017 年总发文量的 30.06%。自 2007 年,我国索引研究论文的发文量开始快速下滑,从 2007 年的 30 篇下滑至 2017 年的 24 篇,甚至在 2010 年降至低谷。可以认为我国的索引研究发展进入了瓶颈期,发展速度缓慢。

3. 学科发展情况

1993—2017 年我国索引学论文共978 篇,表2 所示为所有索引学论文按上述分期进行统计及占期刊库所有学科各年段论文的比例。由表 2 可知,索引学研究论文占所有论文的比例极小,甚至可以忽略不计。而根据黄炜、程慧平 2016 年的统计,在我国 20 门人文社会科学学科学术论文中,各学科论文占总论文数的比例在 0.320 1% 到 49.857% 的范围内,由此可以对比出,索引学论文占比的不足,也能够说明我国索引学未来还有很大的发展空间,需要各研究者的深入研究和大力推动。

表 2　索引学研究论文所占比例

年段	1993—2001	2002—2006	2007—2017
论文总数	461	223	294
论文数	3 276 112	8 375 561	32 245 441
所占比例(%)	0.014	0.002 6	0.000 9

4. 索引学研究论文增长模式

文献数量的变化能够揭示科学乃至知识的进步和增长规律,文献信息的增长规律包括普莱斯早期研究的指数增长规律、文献的逻辑增长规律以及文献的线性增长规律。因此,借助这些增长规律,我们可以对索引研究的文献增长进行数学

① 宋雅范. 论中国索引国际化——从中国图书馆学研究国际化步伐看中国索引国际化的重要意义[C]. 2005 年中国索引学会年会暨学术讨论会论文集: 25—31.

模型的拟合分析。

现代科学史表明,科学领域的许多指标,都是按指数规律增长的。情报学家普莱斯在《小科学,大科学》一书中论述了科学文献和科研人员的指数增长定律和逻辑增长定律,并指出指数型规律终将成为逻辑模型,因此,科学文献的增长呈现阶段性。① 笔者将上述统计出的 1993—2017 年索引研究每年的累积发文量用 Y 表示,年度编号用 X 表示,对两组数据用 SPSS Statistics 作回归分析,进行拟合判断。如表 3 所示,可以发现,索引研究论文逐年累积的文献量符合逻辑曲线分布。R^2 为 0.976,表明拟合优度非常好,F 很大,且 P 值小于 0.01,说明模型在整体上是显著的,如图 3 所示。可以看出,我国索引研究 2010 年后的发展速度明显比之

表 3　数据模型汇总和参数估计值

因变量: VAR00002

方程	模型汇总					参数估计值	
	R 方	F	df1	df2	Sig.	常数	b1
线性	0.976	923.021	1	23	0.000	90.150	37.345

自变量为 VAR00001。

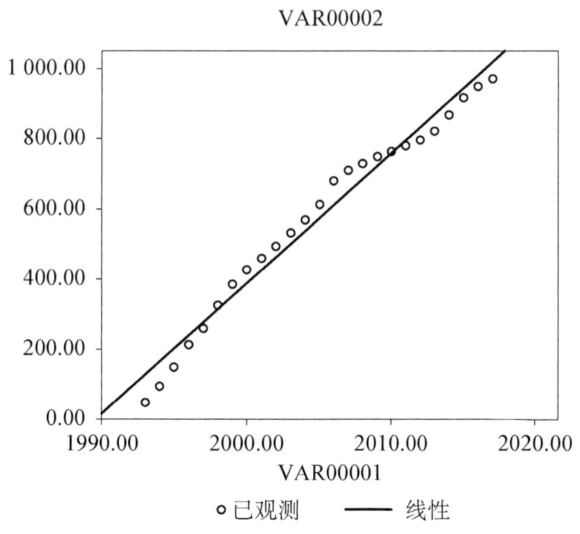

图 3　索引研究相关论文增长拟合

① Price Derek de Solla. Little Science, Big Science [M]. New York: Columbia University Press, 1963.

前放缓,但可以相信随着索引领域研究者的大力推动,索引研究会逐步完善,索引研究的未来发展也会更加持续稳定。

三、索引研究论文来源期刊分析

学术期刊是展示研究者在各自领域研究成果的重要交流平台,在学术研究领域中发挥着带头和公示的作用。对索引研究文献来源期刊的分析,有助于索引领域的研究者直观地了解索引研究领域中各学术期刊的影响力差异,另一方面也能够反映研究者对于这些期刊的认可程度。

1. 确定文献来源期刊分布规律

为了确定索引研究文献来源期刊是否符合布拉德福定律,首先统计出 1993—2017 年刊载索引研究论文的期刊共 310 种,其中已将更名的新旧期刊载文数进行合并,然后计算期刊的索引研究论文的篇数和论文总篇数。按照布拉德福定律“等级排列”的原则,以递减顺序排列,如表 4 所示。

表 4 索引研究期刊文献统计数据表

序号	期刊载文量	期刊数量	期刊数量的累计数	期刊数量·期刊载文量累计数	期刊数累计数的对数
1	26	1	1	26	0.000 0
2	24	2	3	74	0.477 1
3	23	1	4	97	0.602 1
4	21	1	5	118	0.699 0
5	19	3	8	175	0.903 1
6	17	2	10	209	1.000 0
7	16	1	11	225	1.041 4
8	15	1	12	240	1.079 2
9	14	3	15	282	1.176 1
10	13	1	16	295	1.204 1
11	12	2	18	319	1.255 3
12	11	4	22	363	1.342 4
13	10	3	25	393	1.397 9
14	9	5	30	438	1.477 1
15	8	2	32	454	1.505 1

续表

序号	期刊载文量	期刊数量	期刊数量的累计数	期刊数量·期刊载文量累计数	期刊数累计数的对数
16	7	3	35	475	1.544 1
17	6	5	40	505	1.602 1
18	5	7	47	540	1.672 1
19	4	8	55	572	1.740 4
20	3	20	75	632	1.875 1
21	2	36	111	704	2.045 3

以期刊数累计数的对数 log 为横坐标，以期刊数量·期刊载文量累计数为纵坐标，即得到图 4 所示的索引研究论文来源期刊的布拉德福分布曲线图。从图中可以看出，该图可以分为两个部分，一部分是曲线，一部分近似为直线，因此该曲线基本符合布拉德福分布定律。

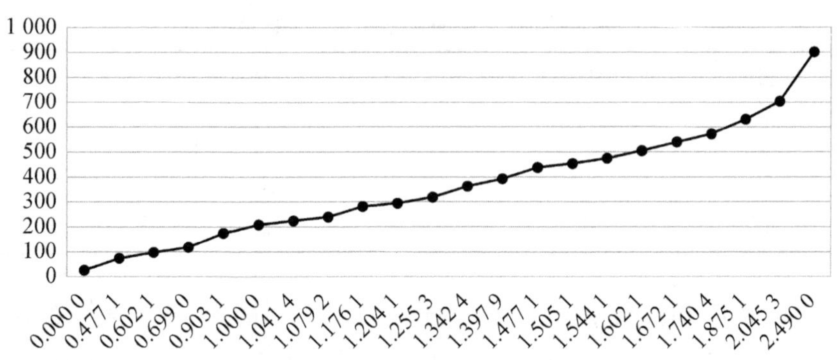

图 4　索引研究论文来源期刊的布拉德福分布曲线图

2. 确定核心期刊

（1）用区域法确定核心期刊

布拉德福认为，由于科学发展的规律性，各专业学科之间的联系紧密程度是不相同的，因而使不同的科技文献在相关期刊中的数量呈不匀称分布，即大量的专业论文首先集中在为数不多的核心期刊上，另一部分论文则会出现在与该专业相关的其他期刊，出现次数随所登刊物与该专业的密切程度呈正相关。① 布拉德

① 赵玉珍. 运用布拉德福定律研究中国沙棘文献的核心期刊[J]. 情报科学，2000(5)：462—464.

福定律旨在揭示文献信息在期刊中的集中和离散分布规律,将期刊按其登载某专业论文数量多寡,以递减顺序排列,计算出核心区、相关区、离散区。每区刊载的论文数量相等,此时核心区和相关区的期刊数量呈$1:m:m^2$的关系,m 被称为布拉德福离散系数。① 根据布拉德福的论述,将每种期刊刊载索引研究论文的数量按照降序排列,如表 5 所示。这里需要说明的是,《中国索引》是中国索引学会主办的专业刊物,中国索引学会一直致力于推动我国索引事业的发展,于 1993—2017 年共刊载索引研究论文 76 篇,应当属于索引研究领域的核心期刊,因此未在表 5 中列出。

根据表 4 中的数据,将期刊载文数量分为大致相同的三个区域(布拉德福一般将其分为三个区域),即核心区、相关区和离散区。载文量在 13 篇以上的期刊共 15 种,发表论文共 290 篇,此区域为核心区;载文量在 4—12 篇的期刊共 40 种,发表论文共 282 篇,此区域为相关区;载文量在 1—3 篇的期刊共 254 种,发表论文共 330 篇,此区域为离散区。

表 5　中国索引研究期刊文献统计数据

分区	期刊数	占期刊总数的%	载文数(篇)	占论文总数的%	平均载文密度(篇/种)
核心区	16	5.18%	295	32.71%	18.44
相关区	39	12.62%	277	30.71%	7.1
离散区	254	82.21%	330	36.59%	1.3
合计	309	100%	902	100.01%	/

从表 5 中可以看出,核心区的期刊数占期刊总数的 5.18%,发表的论文数占论文总数的 32.71%,相关区的期刊数占期刊总数的 12.62%,发表的论文数占论文总数的 30.71%,离散区期刊数占期刊总数的 82.21%,发表的论文数占论文总数的 36.59%。核心区、相关区、离散区的期刊数之比为16:39:254,可以近似为1:4:16,即$1:4:4^2$,符合布拉德福定律中核心区和相关区的期刊数量呈$1:m:m^2$的关系,此时布拉德福离散系数 m = 4,且核心区、相关区、离散区的平均载文密度分别为 18.44、7.1 和 1.3,核心效应相对较明显。

(2) 用计算法判断区域法的准确性

1986 年,比利时博士埃格提出了布拉德福离散系数计算法,公式为:

① 丁学东. 文献计量学基础[M]. 北京: 北京大学出版社,1993: 122—127.

$$m = (e^{E} \cdot Y)^{1/R}$$

1990 年,埃格博士又提出了一个核心区数量计算法,其公式是:

$$P = 2\ln(e^{E} \cdot Y)$$

在两个公式中,m 依然表示布拉德福离散系数;R 为分区数目;Y 为最大载文量期刊的载文数;P 为核心区数量;E 为欧拉系数,且 E 为常数 0.577 2。将已知数据带入两个公式当中,得到 $m = 3.59 \approx 4$, $P = 7.67 \approx 8$。

从以上计算出的布拉德福离散系数和核心区数量来看,布拉德福离散系数与使用区域法得出的系数一致,但核心区数量与使用区域法计算出的结果稍有出入,考虑到人工筛选数据时造成的误差,两种方法得出的结果存在出入也在情理之中。

3. 评价结果

经过计算,最终确定索引研究论文的核心期刊共有 17 种,它们分别为《中国索引》《图书馆杂志》《图书情报工作》《情报科学》《中国科技期刊研究》《新世纪图书馆》《图书馆理论与实践》《情报杂志》《情报理论与实践》《年鉴信息与研究》《图书馆建设》《农业图书情报学刊》《辞书研究》《图书馆论坛》《大学图书馆学报》《情报学报》《现代情报》,如表 6 所示。这 17 种期刊占全部期刊的 5.47%,刊载的论文总数为 371,占论文总数的 37.93%,平均载文密度为 21.82。

表 6　1993—2017 年索引研究论文核心期刊

序号	期　　刊	载文数	序号	期　　刊	载文数
1	中国索引	76	10	年鉴信息与研究	17
2	图书馆杂志	26	11	图书馆建设	17
3	图书情报工作	24	12	农业图书情报学刊	16
4	情报科学	24	13	辞书研究	15
5	中国科技期刊研究	23	14	图书馆论坛	14
6	新世纪图书馆	21	15	大学图书馆学报	14
7	图书馆理论与实践	19	16	情报学报	14
8	情报杂志	19	17	现代情报	13
9	情报理论与实践	19	/		

排名第一的《中国索引》是由中国索引学会主办的专业刊物,2003 年创刊。多年来,中国索引学会一直致力于推动索引和文献数据库事业的发展,普及索引

和文献数据库知识,这一点在《中国索引》中得以很好地体现。2003—2017 年间,《中国索引》共刊载 76 篇索引研究方面的论文,相比于位列第二的 26 篇论文,《中国索引》对中国索引研究的贡献远远超过其他期刊。

其余的 16 种期刊大致可以分为二类,第一类为图书情报类期刊,共 13 种,分别为《图书馆杂志》《图书情报工作》《情报科学》《新世纪图书馆》《图书馆理论与实践》《情报杂志》《情报理论与实践》《图书馆建设》《农业图书情报学刊》《图书馆论坛》《大学图书馆学报》《情报学报》《现代情报》。值得一提的是,这 13 种期刊均为 CSSCI 来源期刊或中文核心期刊,充分说明了我国索引研究论文的上乘学术水平。第二类为编辑出版类期刊,共 3 种,分别为《中国科技期刊研究》《年鉴信息与研究》和《辞书研究》。其中,《中国科技期刊研究》是 CSSCI 来源期刊同时也是中文核心期刊。

虽然上述期刊较好地符合布氏定律,但索引研究文献过于集中在核心期刊中,从长远考虑不利于索引学的发展,我国的索引研究还有很长的路要走。

四、索引研究论文热点主题分析

文献主题指的是文章中所论述的中心问题,是一篇文章的“核心”。文献的主题词是反映文献主旨的词语。在某一研究领域中,对共同出现在同一篇文献中的主题词频次进行分析,就能够判断其与该研究领域中主题间的关系,从而展现该领域的研究结构。若两篇论文中有两个以上相同的主题词,那可以认为这两篇论文的研究主题与内容是有关联的。为了更好地显示 1993—2017 年索引研究的热点变化,笔者将按照上述的发展历程分期对三个阶段的文献分别进行统计分析。

1. 高频词的统计和处理

中国索引研究在 1993—2001 年的发轫期阶段共收录论文 461 篇,主题词 437 个;在 2002—2006 年的快速发展期阶段共收录论文 223 篇,主题词 254 个;在 2007—2017 年的发展缓慢期阶段共收录论文 294 篇,主题词 564 个。

由于部分主题词存在不统一的地方,例如同时存在“SCI”和“科学引文索引”两个主题词,其本质为一个主题词,因此在对主题词进行分析前必须先对主题词进行规范化处理。经过处理,获得三个阶段的主题词分别为 430 个、239 个、564 个。由于频次为 1 的主题词在各阶段主题词中的占比较大,且与其他主题词之间的关联程度不高,因此在进行可视化分析时,仅统计频次大于 1 的主题词,最终得到三个阶段的高频主题词统计(前 20),分别如表 7、表 8、表 9 所示。

表 7　1993—2001 年索引研究高频主题词(前 20)

主题词	频次	主题词	频次
索引	268	期刊	20
编制	120	年鉴	20
中国	54	地方志	18
情报检索	45	理论	15
科学引文索引	40	出版工作	15
引文索引	36	研究	14
美国	28	文献	14
数据库	25	图书馆工作	14
工程索引	25	科技期刊	14
主题索引	24	检索方法	14

表 8　2002—2006 年索引研究高频主题词(前 20)

主题词	频次	主题词	频次
索引	124	中国	8
科学引文索引	41	地方志	7
编制	37	年鉴	7
引文索引	29	评价	7
数据库	16	院校图书馆	5
期刊	11	古籍	5
论文	10	工程索引	5
编纂	10	检索方法	5
中文社会科学引文索引	9	统计分析	4
全国报刊索引	8	EI	4

表 9　2007—2017 年索引研究高频主题词(前 20)

主题词	频次	主题词	频次
索引	115	统计分析	10
科学引文索引	64	影响	9

续表

主题词	频次	主题词	频次
编制	19	学术期刊	8
影响因子	16	地方志	7
引文索引	14	医学	7
论文	13	分布	6
中国	13	情报检索	6
数据库	11	功能	6
中文社会科学引文索引	11	数据	6
文献计量学	11	古籍	6

2. 高频主题词的可视化分析

知识图谱是将应用数学、图形学、信息可视化技术等理论和方法,与传统科学(文献)计量学的共词、引文分析方法相结合,用可视化图谱形象地展示学科的结构与发展的研究方法。① 绘制知识图谱的工具很多,因 VOSviewer 被广泛应用于各类“共现”分析,因此笔者选择用 VOSviewer 绘制索引研究的知识图谱。

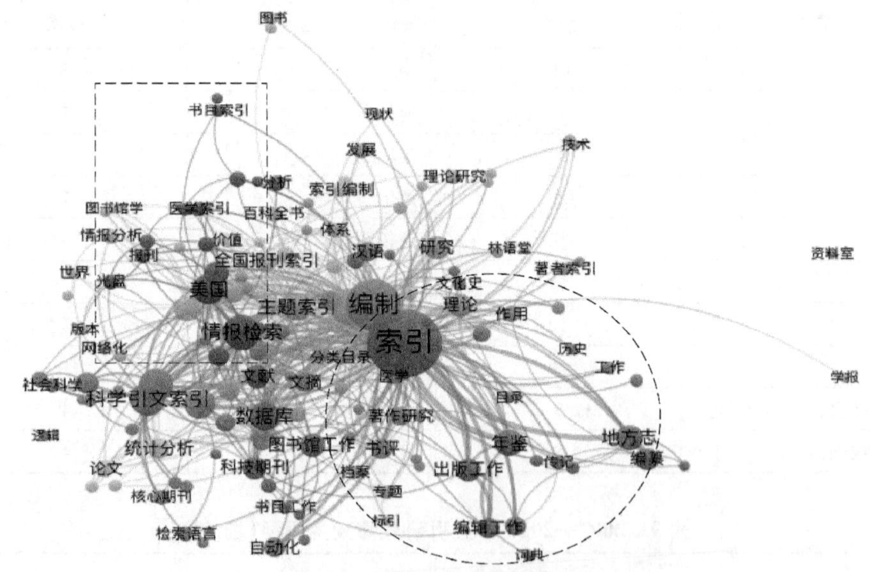

图 5　1993—2001 年索引研究热点知识图谱

① 宗乾进,袁勤俭,沈洪洲. 基于 VOSviewer 的 2010 年中国图书馆学研究热点分析[J]. 图书馆,2012(4):88—90.

将 1993—2001 年、2002—2006 年、2007—2017 年的数据导入 VOSviewer，结果以可视化图谱的形式展示出来，分别如图 5、图 6、图 7 所示。

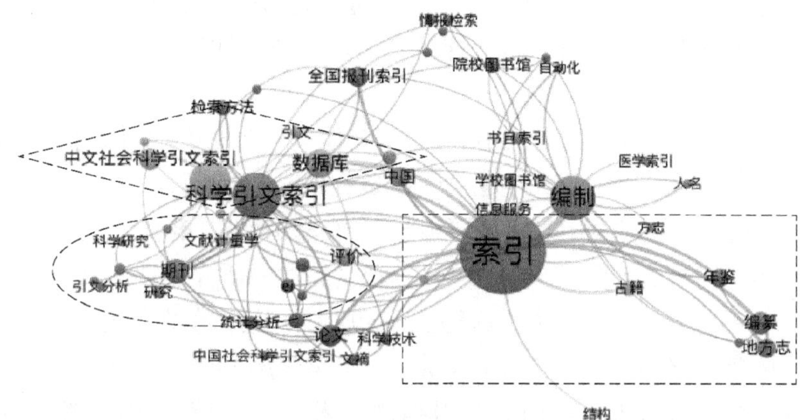

图 6　2002—2006 年索引研究热点知识图谱

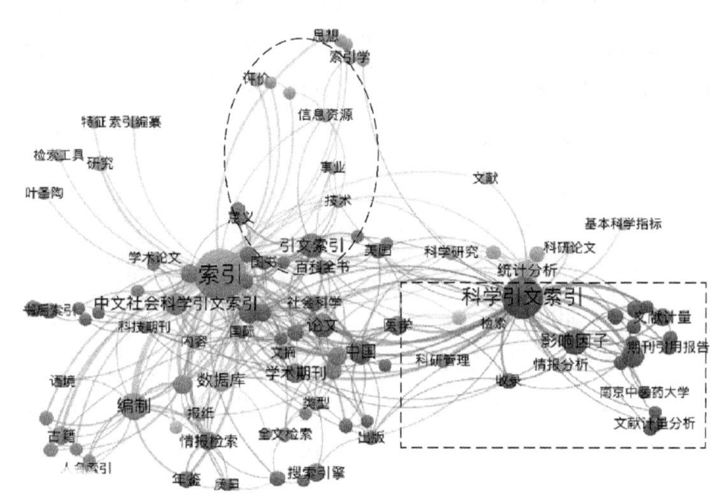

图 7　2007—2017 年索引研究热点知识图谱

图 5、图 6、图 7 所示均为 VOSviewer 提供的 4 种视图中的“Label View”（标签视图）。图中一个圆圈和标签代表一个元素，圆圈的大小代表重要性的高低。拥有相同颜色的圆圈属于同一个聚类。节点间的连线表示两个节点曾经共同出现，当鼠标放在线条上时，能够显示该线条所连接的节点以及共现频次。

(1) 1993—2001 年高频主题词的可视化分析

由图 5 可以明显看出,“索引”“编制”“情报检索”“数据库”等节点所在的区域是重要的研究领域。由于“索引”“中国”属于通用词,因此在讨论研究热点时不将其纳入分析范围内。1993—2001 年的索引研究热点知识图谱中包含多个聚类,以下仅分析核心且突出的聚类。

聚类 1(椭圆形)位于图谱的中心位置,其他节点和聚类均与此聚类紧密相连,因此可以认为聚类 1 中的研究主题是索引研究的核心主题。经过分析可以了解,此聚类主要包含的主题词有“索引”“编制”“编辑工作”“年鉴”“地方志”“目录”等。除去“索引”这类通用词外,“编制”是较受关注的研究热点。索引编制的研究不仅包括索引标准、索引结构的研究,还包括索引技术的研究。“编制”成为 1993—2001 年的索引研究热点却在其余两个阶段的研究热点中并不突出,说明了该阶段内索引领域的研究者们对索引编制投入了大量精力,但在随后的十几年中,研究者们将眼光放得更加长远,开始将精力投入更多索引的相关研究上,这也从侧面说明了我国的索引研究是在发展的。而从索引的编制步骤来看,索引编制可以分为选题、制定计划、编制类目表、分析文献、著录与编排、编辑加工等,因此“编辑工作”“目录”也是该时期的研究热点。索引是“年鉴”“地方志”的重要组成部分,索引对于“年鉴”和“地方志”的价值和功用一直也是学者们讨论的热点,这一点在该时期的热点研究主题中得以体现。

聚类 2(矩形)主要包含的主题词有“情报检索”“美国”“医学索引”等。“情报检索”又称“信息检索”,包括文献检索、计算机检索等方面。“情报检索”能成为索引研究的热点,也恰好印证了索引的其中一项重要功能,即方便、快捷地供用户检索信息。“美国”在该聚类中也较为突出,众所周知,SCI(科学引文索引)、EI(工程索引)、ISTP(科技会议录索引)是世界著名的三大科技文献检索系统,是国际公认的进行科学统计与科学评价的主要检索工具,且美国“医学索引”也是世界上使用最广、影响最大的一种医学文献检索工具,这也从一定程度上反映了我国学者开始重视对国外的索引领域进行探索和研究,极大拓展了索引研究的视野。

(2) 2002—2006 年高频主题词的可视化分析

如图 6 所示,在 2002—2006 年的索引研究热点知识图谱中,聚类 1(矩形)处在较为核心的位置,其热点主题词包括“索引”“编纂”“年鉴”“地方志”,基本与 1993—2001 年中的热点研究主题相同。

聚类 2(椭圆型)的热点主题词包括"科学引文索引""期刊""引文分析"等。科学引文索引是该聚类中的重点研究主题,也是世界著名三大科技文献检索系统中最重要的检索工具。引文分析是利用数学及统计学的方法和比较、归纳、抽象、概括等逻辑方法,对科学期刊、论文、著者等各种分析对象的引证与被引证现象进行分析,进而揭示其中的数量特征和内在规律的一种文献计量分析方法。[①] 因此,"引文分析""期刊"被划归为同一聚类。

聚类 3(菱形)包含"中文社会科学引文索引""数据库""全国报刊索引"等。中文社会科学引文索引是我国人文社会科学评价领域的标志性工程,用来检索中文社会科学领域的论文收录和文献被引用情况。"数据库"也是贯穿 1993—2017 年索引研究的热点,并且在 2002—2006 年间更加受关注,这足以体现我国索引领域的研究者们对数据库的重视。从 20 世纪 80 年代以来,我国的索引越来越多地以数据库的形式出现,因此著名索引学家张琪玉教授才会有"现代的索引就是数据库"的论断。《全国报刊索引》是我国收录报刊种类最多,内容涉及范围最广,持续出版时间最长,与新文献保持同步发展的权威性检索刊物,也是查找建国以来报刊论文资料最重要的检索工具。很明显,"全国报刊索引"也是 2001—2006 年我国索引研究的特色研究热点。

(3) 2007—2017 年高频主题词的可视化分析

如图 7 所示,在 2007—2017 年索引研究热点知识图谱中,除去与前两个阶段相同的研究主题外,聚类 1(矩形)中,"影响因子""期刊引用报告"等为较突出的主题,且均为索引资源开发与利用类主题。索引可以应用在信息服务、知识管理和资源开发与利用中,事实上不论是信息还是知识都是一种资源,对其进行有效的加工整理,再提供服务,索引的功能便体现出来。[②] 通过进一步分析可以看出,资源开发与利用的主题词在前两个阶段也有出现,例如运用引文分析对期刊进行评价,但在 2007—2017 年这个阶段,就出现了运用影响因子和 SCI 进行资源开发利用。这说明该类的研究热点在不断发展,且更加地细化。

在聚类 2(椭圆型)中,"技术""思想""中国图书馆分类法"是较为热门的主题。随着时代不断发展,各种新技术也被用于推动索引事业的发展。在"技术"类

---

① 邱均平,王曰芬. 文献计量内容分析法[M]. 北京:国家图书馆出版社,2008:4—5.

② 邱均平. 我国索引研究二十年回顾与展望——纪念中国索引学会成立 20 周年[C]//中国索引学会编. 2011 年中国索引学会年会暨成立二十周年庆典论文集. 中国索引学会,2011:23.

文献中,图索引技术、图像检索技术、计算机技术是研究者们较为关注的新技术,这也体现了我国的索引研究是紧跟科技发展的。"思想"这一主题词为该阶段较为突出的主题词,在这一时期,学者们着重研究钱亚新、洪业、张琪玉三人的索引思想。钱亚新先生是我国现代索引学领域的开拓者,他对索引理论、索引评论、索引编纂、汉字排检法等方面均有突出贡献,是我国索引事业的重要推动者。洪业是中国现代索引史上一位学贯中西、成就卓著的索引大家,其在各方面的思想至今仍有颇高的参考价值。而张琪玉教授,则一直被称为中国当代索引学界的泰斗。研究索引领域重要贡献者的索引思想,有助于鞭策自己,更加投身于索引事业中。

五、索引研究作者队伍分析

某特定研究领域的学术论文承担着记载研究领域的研究成果、促进科学研究繁荣发展的责任,优质的论文越来越受到人们的重视。研究者既是论文的产出者,也是学科发展的推动者。优质文献的作者是影响研究领域发展的关键因素,也是决定性因素。每个研究领域都聚集着不同的作者群体,而核心作者群才是作者群体当中的主力军。

1. 核心作者统计

经过统计,1993—2017 年索引研究论文的作者总数为 1 144 人,1 406 人次。在 978 篇索引研究论文中,作者独著的比例为 67.6%,合著比例为 32.4%。对于作者总体发文量的情况可以用作者平均发文量来表示,人均发文量为论文总数与作者数的比值,约为 0.9 篇/人,意味着每个人写了不到一篇文章。而合作度为作者人次与论文总数的比值,即 1.4 人/篇。合作率为合作论文数与论文总数的比值,即 0.3。

在《小科学,大科学》一书中,普莱斯指出:撰写全部论文一半的高产作者的量,等于全部科学作者总数的平方根。即科学家总人数开平方,所得到的人数撰写了全部科学论文的 50%。[①] 如果设最高产的那位科学家所发表的论文数为 nmax,将科学家们发表论文的总数记为 x(1,nmax),则普莱斯定律可用下式表示:

$$\sqrt{x(1,\ \mathrm{nmax})} = \mathrm{x}(\mathrm{m},\ \mathrm{nmax})$$

① Milton Kotelchuck. An evaluation of the Kessner adequacy of prenatal care index and a proposed adequacy of prenatal care utilization index [J]. American Journal of Public Health. 1994,84(9): 1414-1420.

式中,m 为普莱斯假定的一个数,即个人的论文数大于 m 的科学家们所发表的论文总数恰好等于全部论文总数的一半,而式中 x(m, nmax)的意义恰好表征了这一半论文。借用数学结论,经推导得出: $m \approx 0.749\sqrt{nmax}$。这说明,发表了 $0.749\sqrt{nmax}$ 篇以上论文的科学家们所发表的论文总数等于全部论文总数的一半;杰出科学家中最低产的那位科学家所发表的论文数,等于最高产科学家发表论文数的平方根的 0.749 倍。

在所有的发文作者中,张琪玉教授的发文量最多,为 20 篇,即 nmax 为 20,则 $m \approx 4$。因此,核心作者总发文量必须大于等于 4 篇。最终确定核心作者 18 人,如表 10 所示。

表 10　1993—2017 年我国索引研究核心作者

序号	作者	发文量(篇)	序号	作者	发文量(篇)
1	张琪玉	20	10	曲静涛	5
2	邱均平	18	11	杨世明	4
3	侯汉清	14	12	印永清	4
4	王彦祥	12	13	叶继元	4
5	袁培国	8	14	马瑞敏	4
6	苏新宁	8	15	平保兴	4
7	陈东辉	8	16	李华	4
8	张效赤	7	17	葛永庆	4
9	王雅戈	7	18	鲍国海	4

2. 作者队伍分析

1993—2017 年我国索引研究核心作者共 18 人,发文量共计 139 篇,占论文总量的 14.2%,远远小于论文总量的一半,因此不符合普莱斯定律,核心作者群也尚未形成。这说明核心作者没有在索引研究领域起到关键的带头作用,整体来看索引领域研究力量不足,核心作者仍需继续发挥其核心带头作用。

在 1993—2017 年我国索引研究核心作者中,排名前五的作者分别为张琪玉、邱均平、侯汉清、王彦祥、袁培国。张琪玉教授是我国当代索引学发展的重要推动者,并在索引学领域提出了大量的深刻见解,为中国当代索引的创立和发展做出了不可磨灭的卓越贡献,其最重要的代表性观点就是“现代的索引就是数据库”。张琪玉教授认为,当前索引事业发展的重点是数据库建设,现代的索引就是数据库,现代的索引工作者就是数据库建造者。

邱均平教授对我国情报学研究贡献颇多,不仅对二十年来索引学发展的演进与研究热点进行探析,并且研究了五年来国内外索引研究的进展与趋势,同时发表多篇梳理我国索引学研究历程的文献,为后来的索引研究者提供了非常有意义的指导。

侯汉清教授是我国信息检索领域的学者,一直致力于索引技术、索引标准等方面的研究,并发表众多优秀研究成果。二十年来,侯汉清教授发表了多篇学术性文章,编著出版《索引技术和索引标准》《索引编制手册》《分类目录主题索引编制法》《索引法教程》等具有重要价值的图书,并参与编制《地方志索引编制规则》,主持起草《索引编制规则(总则)》。[①] 侯汉清教授还陆续撰写和翻译了一批有关主题法和索引法的论文和评介,其中包括叙词表编制技术,分类主题一体化词表、计算机辅助编制词表、计算机辅助标引系统等,总数约30篇。侯汉清教授在索引研究领域发表了众多研究成果,真正用实践证明了索引研究的重要意义。

王彦祥教授是索引编制领域的学者,编制了众多高质量的图书内容索引,参与起草了《地方志索引编制规则》国家标准,并且研制了国内编制索引的软件——"索引之星",突破了制约我国索引事业发展的瓶颈,推动了我国索引研究再上一个新的台阶。王彦祥教授的代表性观点是"选取有实质检索意义的索引词",王彦祥教授认为,无论是人名、地名还是主题词等,所选择的标引词也就是索引标目,必须要有实质检索意义,这样才能更好地满足读者的需求。标引的好坏决定着整个索引的质量,王彦祥教授秉持选择高质量标引词的原则,编制了许多具有极高参考价值的索引,也真正为众多索引编制研究者起到了榜样的作用。

总体看来,我国索引研究核心作者队伍实力很强,每位作者在其关注的研究领域都很有作为。但通过上述分析,可以明显发现,核心作者相对显著的研究成果一般都在早期,且排名位于前列的核心作者也多为很早就投入索引研究领域的学者,后来居上的新人较少,这说明我国索引学的发展续航能力较弱,需要引起业界的高度重视。

六、结 论

近年来关于索引研究的文献不在少数,但笔者经过阅读和梳理,发现多数文

① 白国应.侯汉清文献分类思想的发展——从文献分类法到信息检索与信息组织[J].重庆图情研究,2011(2):1—6.

献的研究数据样本众多，二十年间的索引研究文献甚至达到上万条，仔细查阅后发现这些数据样本中大部分均为以计算技术为主要研究对象的文献，并非本文研究的“索引”，因此笔者在本次研究中将其剔除。由于样本数据的筛选标准不同，且不同数据库的收录范围不同，因此笔者本次的研究结果与使用其他数据库开展研究的文献结果可能存在一些差距。

本次研究共选取样本数据 978 篇，通过对我国二十五年以来的索引研究论文年代分布、来源期刊分布、热点主题分析、作者队伍的分析，可以得出如下结论：

1. 论文数量较少

我国索引研究的历程大致可以分为 1993—2001 年的发轫期，2002—2006 年的快速发展期，2007—2017 年的缓慢发展期。索引研究论文基本符合文献信息增长模型的逻辑增长模型。虽然总体看来我国索引研究是呈发展状态的，但近年我国索引研究领域的发展仍然低迷，且索引学论文数量占比与其他学科之间还存在很大的差距，未来还有较大的发展空间。

2. 过于集中在核心期刊中

索引研究文献的来源期刊基本上符合布拉德福定律，且形成了以《中国索引》等 17 种期刊为代表的核心期刊群，该期刊群的学术水平较高，对索引研究的贡献较大。但我国索引研究文献过于集中在核心期刊中，不利于索引学未来的发展，需要引导非核心期刊加强对索引的关注和重视。

3. 研究热点分布不均衡

通过对 1993—2017 年索引研究文献的高频主题词进行共现分析，可以了解，三个时期的研究热点存在部分重合，但传统索引理论与索引编制仍是贯穿三个时期的研究重点。1993—2001 年的研究热点还有情报检索、医学索引、年鉴、地方志等；2002—2006 年的研究热点还包括科学引文索引、数据库、引文分析、全国报刊索引等；2007—2017 年的研究热点有影响因子、期刊引用报告、技术等。从三个时期的研究热点迁移方向可以看出，我国索引研究开始往技术与实用性的方面发展，但研究热点分布不均衡，有关索引历史与文化、索引标准与索引国际化方面的研究还有待加强。

4. 没有形成稳定核心作者群

我国的索引领域已经拥有了一批学术力量较强的研究团队，但并没有形成稳定的核心作者群。同时，研究团队中多为从事索引研究多年的资深研究者，后来居上的年轻力量缺乏，并且研究成果多以独立著作的形式产出，作者间的合作甚少,这对于组织研究团队、推动索引事业发展都十分不利。因此,应大力加强索引研究人才的培养,为索引研究团队注入鲜活的力量,同时促进作者间的合作,只有这样,才能够加快索引事业的发展速度。

李彤 女,1993 年生,北京印刷学院新闻出版学院出版专业硕士研究生。

Bibliometrics and Visual Analysis of Index Research in China from 1993 to 2017

— Based on the National Newspaper Index Database as a Data Source

Li Tong

Abstract: This article studies 978 papers included in the National Newspaper Index Database from 1993 to 2017 within the theme of "indexing" as the research object which is analyzed by literature measurement method. In order to sort out the development status of China's index research from 1993 to 2017, knowledge maps were drawn using Co-word analysis method among many other research methods and the VOSviewer software to analyze the total issue volume, source journals, hot topics, author team and other aspects of these papers. It is found that the number of documents of the index research literature accords with the law of logical growth; the index research source journals focus on the core journals; the index research hotspots mainly focus on the theory and compilation of the index; there is no stable core author group.

Keywords: Index Research; Bibliometric; National Newspaper Index; Data Visualization

我国索引专业化研究的成就与不足*

——基于《中国索引》刊载论文的统计分析

申赟祎　王彦祥

（北京印刷学院新闻出版学院　102600）

摘　要　本文基于《中国索引》2003—2017 年刊载的与索引有关的专业论文，采用文献计量法、ROST 内容挖掘工具和主题分析法，对所刊载的全部论文进行整体性分析。通过高频关键词及聚类分析得出我国索引学界近 15 年的整体研究特点，又在计量分析的基础上从索引理论研究、索引编制研究、索引历史与文化研究、索引新技术和索引软件研究、索引标准和索引国际化研究、索引评价和利用研究及其他研究共七个方面，对我国新世纪以来专业化索引研究取得的成就进行系统梳理和总结，并提出索引专业化研究的 5 点不足之处，以及相关的改进建议，以期促进中国索引研究的不断发展进步。

关键词　《中国索引》　索引论文　索引研究　索引编纂

一、数据来源及研究方法

1. 数据来源与甄别

本文以中国索引学会官网为主要来源数据库，检索并下载获得《中国索引》刊载的全部论文文献；《中国索引》改为集刊后，由编辑部直接提供所有论文电子版文件，时间跨度为 2003 年—2017 年。

《中国索引》作为我国唯一一本索引专业期刊，对推动索引专业化研究的发展

* 本文系北京社科基金基地项目“出版产业发展现状及趋势研究 2016”（项目编号：16JDXCB013）研究成果之一。

有着重要意义。因此,笔者通过数据清洗去重等操作,过滤掉启事、期刊年度索引(如主题索引、论文索引、作者索引等)、征稿简则、会议通知等噪声数据,最终得到411 篇索引研究论文作为此次研究的样本数据。

2. *研究方法*

文献计量法和内容分析法可为研究者提供定量分析研究客体的一系列方法和理论,而传统的文献计量法和内容分析法,再结合先进的科学计量工具,对科学研究具有较好的辅助和促进作用。近年来,科学计量软件成为文献计量学研究领域的热门分析工具,它为研究者提供了有效的计量分析功能和直观、形象的图像显示功能。

由此,本文选择科学计量软件 ROST Content Mining 作为数据处理分析工具,对《中国索引》近 15 年来收录的相关论文进行整体计量分析,并在词频统计基础上,利用内容分析法和比较分析法来揭示我国近年来索引专业化研究的状况和特点。

二、《中国索引》刊载论文的计量分析

1. *索引专业论文发表数量分析*

近 15 年《中国索引》的专业论文发表数量如图 1 所示。15 年中,年平均发文量为 27.40 篇,其中前 4 年(2003 ~2006 年)发文量在年均发文量之上,而后 11 年(2007 ~2017 年)除去 2012 年外,均少于年均发文量。

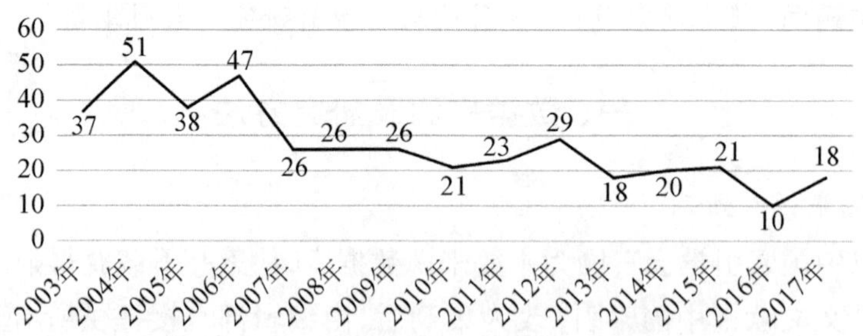

图 1 《中国索引》专业论文年度刊载数量

发文量最多的年份是 2004 年,计有 51 篇;发文量最少的年份是 2016 年即《中国索引》由期刊改为集刊后的第一年,论文数量只有 10 篇。从刊载专业论文的总体数量来看,近 15 年来中国索引专业化的研究成果并不是很多,说明对于索引学

的专业化研究还有很大的发展空间，也需要更多的索引研究者在该领域进行探究。

再对《中国索引》刊发的所有文献与索引专业论文进行数量比较，获得按年度统计的具体数据如表 1 所示。总体来看，有关索引研究的专业论文数量并不多。《中国索引》刊发文献总体上随时间的推移呈缓慢下降趋势，而与专业研究相关的索引论文也与其刊文总量缓慢下降趋势保持一致。索引专业论文所占比例最高的年份，索引论文数量占文献刊发总数也仅有 51.09%，大多年份仅占《中国索引》刊发文献总数的三分之一左右。从比例表显示来看，《中国索引》刊载的研究索引专业论文数量偏少是整体状况的客观评价，虽然在《中国索引》出版的前 4 年中引起了一小阵的研究热潮，但在后 11 年的发展中并未得到过多的关注。

表 1　索引专业论文在《中国索引》全部文献中所占比例表

年份(年)	论文总数(篇)	专业论文数(篇)	所占比例(%)
2003	79	37	46.84
2004	106	51	48.11
2005	91	38	41.76
2006	92	47	51.09
2007	79	26	32.91
2008	75	26	34.67
2009	68	26	38.24
2010	72	21	29.17
2011	74	23	31.08
2012	66	29	43.94
2013	67	18	26.87
2014	60	20	33.33
2015	71	21	29.58
2016	29	10	34.48
2017	54	18	33.33

2. 索引专业论文发表增量分析

随着科学研究的不断发展，科学文献的增长也成为一种客观的社会现象，这就是文献指数增长规律。对于这一现象人们在 20 世纪初就已注意到。但一直到

20 世纪 40 年代后,由于当时图书馆管理的需要,特别是科学史研究以及科技情报工作发展的需要,文献增长规律才被研究者重视。笔者根据这一科学定理对《中国索引》收录的索引专业论文的增量展开分析。

如表 2 所示,从索引论文增量上看,前 5 年(2003 ~2007 年)增长幅度波动较大,后 10 年(2008 ~2017 年)增长幅度波动比较平稳。总体上看,近 15 年索引研究论文呈减少趋势,虽然 2010 ~2012 年这三年有所增长,但增幅不大。由此可以推断,近 15 年来索引专业化研究有弱化倾向,从成果产出数量上说,索引专业研究的发展趋势不容乐观。

表 2 《中国索引》专业论文增量分析表

年份	文献量(篇)	增长率%	所占比例%
2003 年	37	—	9.00
2004 年	51	37.84	12.41
2005 年	38	-25.49	9.25
2006 年	47	23.68	11.44
2007 年	26	-44.68	6.33
2008 年	26	0.00	6.33
2009 年	26	0.00	6.33
2010 年	21	-19.23	5.11
2011 年	23	9.52	5.60
2012 年	29	26.09	7.06
2013 年	18	-37.93	4.38
2014 年	20	11.11	4.87
2015 年	21	5.00	5.11
2016 年	10	-52.38	2.43
2017 年	18	80.00	4.38
平均	27.40	0.90	6.67

3. 索引专业论文高频词和语义网络分析

将 411 篇样本文献的题录信息导入 ROST Content Mining 内容分析工具,通过分词和词频分析提取高频词,再过滤并剔除无意义词后,得到如表 3 所示的《中国索引》刊发索引论文的部分高频词表。

表 3 《中国索引》刊发论文部分高频词表

序号	词汇	词频	序号	词汇	词频	序号	词汇	词频
1	索引	428	13	发展	20	25	引文	14
2	中国	96	14	古籍	19	26	纪要	13
3	编制	54	15	分析	17	27	报告	12
4	研究	53	16	事业	17	28	周年	12
5	学会	45	17	期刊	17	29	研讨会	12
6	数据库	27	18	标引	16	30	现状	11
7	年会	26	19	目录	16	31	论文	11
8	文献	25	20	年鉴	15	32	应用	11
9	图书	24	21	著作	15	33	功能	10
10	编纂	23	22	问题	15	34	报刊	10
11	书后	21	23	全国	14	35	服务	10
12	我国	20	24	图书馆	14	36	评价	9

在表 3 基础上，对构建网络和共词矩阵的高频词进行参数设置，进而生成如图 2 所示的《中国索引》论文语义网络。透过高频词和语义网络进行客观分析，能够较为准确地反映一个专业领域的研究热点问题及发展趋势，因此我们也可以发现《中国索引》刊载的索引研究论文具有如下特点。

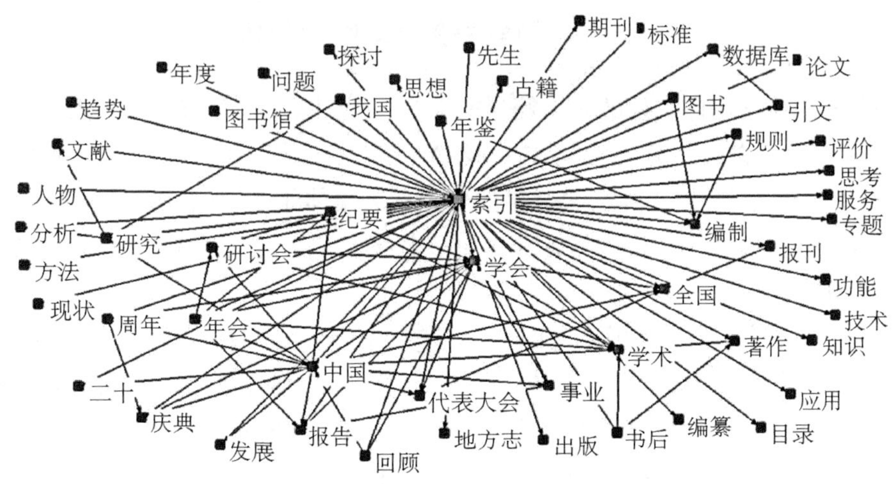

图 2 《中国索引》刊发论文的语义网络图

从论文内容方面看,“编制”是排名第3的高频词,“编纂”是排名第10的高频词。这表明近15年来《中国索引》的刊文内容以索引编制为主,提出问题、探寻方法、总结理论,再将理论融入实践,让索引的研究发展更具有科学性和严谨性。但从高频词看,在研究层次上,索引论文研究主要集中于较为基础的理论探索方面,而对于应用服务方面的研究则较为薄弱。

从论文内容的研究对象分析,《中国索引》近15年收录的论文在时间上囊括了中国古今历史的各个阶段,“中国”是排名第二的高频词,并与“研究”“发展”“学术”“会议”“学会”等16个热词产生语义关联。这表明《中国索引》近15年来都是以我国各个时期的索引研究为中心进行梳理和开展研究。总结历史研究经验和教训,对我国未来索引事业的发展有着重要的指导意义。

从语义网络图观察,“索引”处于整个语义网络图的绝对中心,与36个高频词均产生语义关联。这表明《中国索引》刊文内容对推动和引领索引研究具有示范性作用,也是《中国索引》作为索引专业性期刊的具体体现。

《中国索引》刊发的专业论文大多紧紧围绕中国索引学会展开,“学会”虽在高频词中排名第五,但与“中国”“学术”“年会”“纪要”“研讨会”等13个热词产生语义关联,属于语义网络图中的重要节点。这表明《中国索引》是在中国索引学会的指导下开展研究,不断发展,两者相互依托,对繁荣中国索引专业化研究都是功不可没。

三、《中国索引》论文作者分析

统计《中国索引》刊发的411篇论文获知,署名作者达到255位。依据样本数据,笔者将作者类型划分为独立作者、合作作者及集体作者三个类型。其中不以个人名义署名,而是以集体名义署名的作者称为集体作者,如《中国索引》编辑部、《中国索引》秘书处等。合作作者是指由多名作者参与论文写作,并在论文之前同时署名的作者。

经过数据筛选如表4所示,在近15年的《中国索引》收录的专业研究论文中,独立作者发表论文共309篇,约占总数的75.18%;合作作者发表论文有84篇,约占总数的20.44%;集体作者发表论文18篇,约占总数的4.38%。这表明,独立作者撰写的论文是《中国索引》刊发专业论文的中坚力量。

表 4 《中国索引》作者情况分布表

作者类型	论文发表数量(篇)
独立作者	309
合作作者	84
集体作者	18

为进一步了解独立作者中的核心作者群,笔者根据普莱斯定律 $m = 0.749 \times \sqrt{nmax}$ (m 表示核心作者发文数,nmax 表示发文最多作者的论文数),进行数据计算后得出,m 约等于 6,即发表 6 篇论文以上的作者,可确定为《中国索引》的核心作者。经统计得到核心作者三位,即张琪玉、平保兴、葛永庆,具体情况如表 5 所示。

表 5 《中国索引》核心作者序列表

序号	核心作者	论文数量(篇)
1	张琪玉	56
2	葛永庆	12
3	平保兴	12

位列刊发论文数量第一的张琪玉先生,共发表索引论文达 56 篇,是其他独立作者平均发文量的 4 倍,这也印证了张琪玉先生在中国索引学界的学术地位。张琪玉先生不仅对中国当代索引学进行过专门系统的研究,还对中国索引学会的创立和发展作出了不可磨灭的贡献。

位列刊发论文数量第二的作者葛永庆发表论文 12 篇,他作为中国索引学会的创始人之一,主要从事索引编纂和研究工作,学术造诣深厚,对中国索引学研究和中国索引学会发展功不可没。并列刊发论文数量第二的独立作者平保兴先生,同样刊文 12 篇,而且这些论文内容全部属于中国索引历史与文化研究领域,说明平保兴先生在中国索引历史研究上的建树最为丰盈。

基于作者统计信息,即在 255 位作者中仅有 3 位核心作者,表明我国关于索引专业化研究还处于自发的个人行为阶段,目前尚未形成稳定的核心作者群。

四、索引论文主题分析

为进一步了解我国索引专业化研究的进展情况,笔者按照索引理论、索引编制、索引历史与文化、索引新技术与索引软件、索引标准与索引国际化、索引评价与利用、其他未确定主题等七大研究方向,将411篇论文分到纳入各个类目之下,然后统计得到每个细分类目下的论文数量,具体如图3所示。此外,为了更准确地分析索引专业化研究现状,又收集到323篇非专业索引学术期刊刊载的索引专业研究论文作为辅助对照分析数据,时间跨度为2000~2017年。

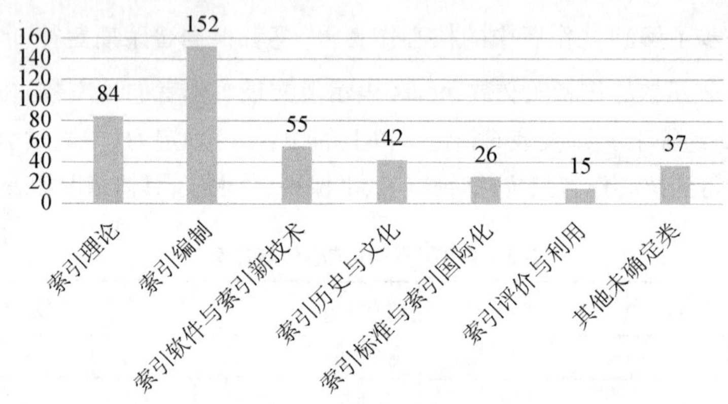

图3 《中国索引》专业论文主题分类示意图

1. *索引理论研究类论文分析*

在检索结果中,《中国索引》刊发的索引与索引理论类研究论文数量达84篇,约占总数的20.44%,在七大主题分类中排名第二。非索引专业学术期刊刊载的索引研究论文中,理论研究占整个论文比重的20.21%,在分类中位列第三,说明索引理论类研究论文在近15年的索引专业研究中一直受到重点关注。

从《中国索引》收录的相关论文内容考察,索引理论研究进入新世纪以来,研究索引在信息时代功用发挥和发展创新的主题内容论文最多,以研究索引发展创新为主题的论文有17篇,以研究索引功用发挥为主题的论文达44篇。相比而言,这与非索引专业期刊上的索引理论类论文研究的方向基本符合。

张琪玉先生作为索引理论研究领域的杰出代表,是15年来在《中国索引》刊物上发表索引理论相关论文数量最多的作者,同时,他还在非索引类专业期刊上发表过5篇探讨索引功用的论文。他的《现代索引就是数据库》《知识诚可贵 索引价亦高——简论索引的功用》等论文,都对我国索引理论研究做出了高度的概括。尤其是张琪玉先生曾在文章中指出,21世纪的索引就是数据库,这一著名论断被索引研究者广泛认同并大量引用。

2. 索引编制类研究论文分析

与索引理论研究类论文相比,近15年来对索引编制研究类论文明显更多更热,《中国索引》刊载论文数量共152篇,约占总数的36.98%;参照非索引专业学术期刊刊载索引编制类论文数量占总数的31.89%,足以说明索引编制类论文成为近年来索引专业化研究的重点。

笔者还将411篇《中国索引》样本论文信息和323篇非索引期刊的样本论文信息导入Rost Content Mining内容分析工具,通过分词和词频分析,并提取高频词,过滤并剔除无意义词后,得到如表6所示的10大高频词对比分析表。

表6 索引编制类研究论文高频词对比分析表

《中国索引》			非索引类期刊		
序号	词汇	词频	序号	词汇	词频
1	索引	151	1	索引	112
2	编制	28	2	编制	41
3	中国	26	3	方法	15
4	编纂	18	4	编纂	11
5	年鉴	15	5	年鉴	11
6	古籍	14	6	期刊	9
7	目录	13	7	研究	7
8	著作	12	8	图书	7
9	期刊	11	9	文摘	6
10	问题	10	10	文献	6

从高频词对比分析表来看,在两类期刊排名前10的高频词中,“年鉴”一词都是除了“索引”“编制”等热词后,排名最靠前的具体索引类型高频词,这说明《中国索引》和非索引类期刊近年来在索引编制上,都同时聚焦于年鉴索引的编制。但作为热点研究的年鉴索引编制也依旧存在问题,北京印刷学院王彦祥先生就曾指出,年鉴索引编纂存在索引种类单一、索引缺乏深度、索引翻版目录现象严重等10大问题,并提出了要提高对年鉴索引重要性的认识,由年鉴编辑部自己编纂或委托索引编纂专业人员和相关机构进行编纂,亟需大力普及索引编纂知识等三点解决年鉴索引编纂问题的办法。①《中国索引》编辑部也对此文做出高度评价,称这可能是中国索引学会会员走向社会进行索引服务的第一条消息。实际上,国外

① 王彦祥. 年鉴索引编纂问题及其解决方案[J]. 中国索引,2003,1(4):23—27.

书后索引编纂者大多是个体索引员(专业或业余),而索引要推向市场,就必然要发展这种良性循环的索引服务。

通过高频词对比分析表,还能发现"古籍"一词是仅次于"年鉴"的关于索引具体类型的高频词,这说明古籍索引编制虽然在非索引类期刊的研究中没有得到重视,但成为《中国索引》近15年来专业化研究中的另一个重点。在古籍索引的细分方面,地方志索引编制是新世纪以来古籍索引编制工作的一个新热点。上海大学鲍国海先生在《地方志索引编制若干问题探讨》一文中,分析了地方志的信息与作用、地方志索引的质量控制,并提出推动我国地方志索引的普查、普及、质量控制和索引评选等4项建议,这也为地方志索引更好地发展和服务社会打下了基础。

3. 索引软件和索引新技术类研究论文分析

《中国索引》刊发论文中,涉及索引软件和新技术研究内容的不在少数,笔者筛选出的论文数量共55篇,约占总数的13.38%。非索引类期刊发表的索引软件和索引新技术类研究论文约占总数的13%,二者数量不相上下。笔者还将411篇《中国索引》样本论文信息和323篇非索引期刊的样本论文信息导入Rost Content Mining内容分析工具,通过分词和词频分析和提取高频词,过滤并剔除无意义词后,得到如表7所示的索引软件和新技术高频词对比分析表。

表7　索引软件和索引新技术类研究论文高频词对比分析表

《中国索引》			非索引类期刊		
序号	词汇	词频	序号	词汇	词频
1	索引	43	1	索引	46
2	编制	13	2	数据库	11
3	数据库	13	3	古籍	9
4	研究	11	4	图书	7
5	软件	7	5	研究	7
6	词表	7	6	编制	6
7	标引	7	7	报纸	5
8	中国	6	8	引文	4
9	应用	6	9	文献	4
10	自动	5	10	中国	4

通过高频词对比分析表发现,近年来非索引类期刊主要聚焦索引数据库尤其是古籍索引数据库建设,而《中国索引》研究的索引技术被拓宽到更广阔的空间,

即索引数据库与索引软件齐头并进。索引软件方面,2003 年 10 月北京印刷学院王彦祥先生研制出了面向中文出版物的“索引之星 2.0”软件,这标志着中国索引技术和软件开发研究的一项重大成果。

在索引新技术研究方面,研究者主要专注于数据库的研究。国内各种类型的中文全文文献数据库纷纷上网,如上海图书馆研制的《全国报刊索引数据库》、广西大学研制的《古今图书集成索引》(网络版),都为科研工作者和一般读者提供了很好的帮助。总之,数据库的出现大大丰富了索引新技术研究的内容,它也是当前及以后索引软件和索引新技术领域重点研究的一个大方向。

4. *索引历史文化类研究论文分析*

我国近代索引的出现大约有不到一百年的历史,“中国索引学”这一学科的确立,主要源于 1991 年中国索引学会的成立。在筛选结果中,《中国索引》与索引历史与文化相关的论文数量共 42 篇,约占总数的 10.22%。非索引类期刊与索引历史文化相关的论文约占总数的 9.91%。笔者通过对两类期刊的作者统计发现,在这一研究领域中,南京师范大学的平保兴先生近年所发表的论文数量最多,研究成果也最具代表性。

表 8　索引历史文化类研究论文作者排序表

《中国索引》			非索引类期刊		
序号	作者	论文数量(篇)	序号	作者	论文数量(篇)
1	平保兴	12	1	平保兴	10
2	葛永庆	5	2	王雅戈	5
3	侯汉清	2	3	侯汉清	3

在索引历史和文化的研究中,《中国索引》收录的论文主要以索引学家的索引思想研究与索引著作回顾为主。平保兴先生对 20 世纪我国著名的目录学家、索引学家陈乃乾、黎锦熙、杜定友等的索引思想都进行了探究,指出陈乃乾的《室名索引》《别号索引》在索引编纂史上具有开创性的意义;黎锦熙发明的汉字检字法,为推动我国语言学界开展索引工作做出了不可磨灭的贡献;杜定友作为中国索引运动的先驱者,其发明的汉字形位排检法为后人留下了一笔弥足珍贵的财富。另外,平保兴先生还回顾了西方传教士在华编纂的第一部英文期刊《中国丛报》索引之特点及学术价值,该刊所附的《二十卷中国丛报主题总索引》,成为我们研究世界视野中的中国索引事业发展史不能不提的期刊索引,具有重要的学术价值和史学意义。

总的来说,近几年《中国索引》刊发的关于索引历史和文化的研究论文,整体数量呈现下降趋势。但从一个学科的发展来说,这不失为一种好现象,说明我国索引研究者将注意力与关注点,更多地放到索引实用性研究上面,不再一味回顾历史或写评论。学科历史研究并不是不重要,适时综述学科研究,撰写学科带头人对这一学科的贡献,可以评估和衡量学科的发展现状,也对未来的索引研究具有指导意义。

5. 索引标准与索引国际化类研究论文分析

在索引专业化研究中,索引标准和索引国际化研究具有不可替代的现实意义,但和其他研究分支相比,这个分支领域的研究论文数量并不多,筛选结果后获得论文数量共 26 篇,约占总数的 6.33%。其中,讨论索引标准的研究论文 12 篇,论述索引国际化的研究论文 14 篇。在非索引类期刊上刊载的该分支领域论文占总数的 3.72%,属于数量最少的一类。这说明《中国索引》刊载的索引标准与索引国际化论文,比非索引类期刊研究的内容更广泛、更全面。

据《中国索引》刊载论文筛选结果显示,北京印刷学院王彦祥先生和佛山科学技术学院的衡中青先生,是近 15 年来索引标准研究领域研究成果相对丰富的研究者。王彦祥先生发表的《论索引国家标准体系与中国索引学派的构建》和《修订〈索引编制规则(总则)〉的几点思考》两篇论文中,前者回顾了中国索引国家标准制订的历程,指出现行的《总则》与其他索引编制分则存在较大的重叠和冲突,遂提出以“总则管总、分则管编”的观点和方法来处理总则和分则的关系。后者在阐述总则修订背景和整体思路基础上,对《总则》落实“总则管总、分则管编”的主旨原则展开论述,然后提出了未来修正《总则》应吸纳索引新理论、新概念,吸收索引新技术、新方法,完善索引编制的基本流程等具体修订建议。

在索引国际化研究方面,近 15 年主要聚焦于国外索引学会和组织的介绍,并取得了一些具有实际意义的进展,如中国索引学会申办成功 2018 年国际索引联盟峰会,这在中国索引发展史上尚属首次,将对进一步沟通中外索引工作,更好地开展国际索引交流与合作,产生长远而深刻的影响。

6. 索引评价与利用类研究论文分析

虽说索引评价与利用研究论文有些偏离索引研究的核心,且研究的专业性不是很高,但由于索引评价正成为世界性的科研、工作、学习、管理中不可或缺的方法,那么利用索引工具进行科学评价就具有了不可忽视的作用,也成为索引专业化研究中一个较为特殊的研究落点。在近 15 年《中国索引》发表的专业论文中,涉及索引评价与利用的研究论文数量最少，仅有 15 篇，约占总数的 3.65%。但在非索引类期刊中，该分支领域论文刊发比较踊跃，占到总数的 21.36%，是仅次于索引编制类研究论文的第二大类论文。

通过构建网络和共词矩阵的高频词，进而生成此类论文的语义网络图进行分析，在索引评价与利用这一研究领域，虽然两类期刊刊载的论文数量差别较大，但在两个语义网络图中，可以发现二者的共同研究热点。

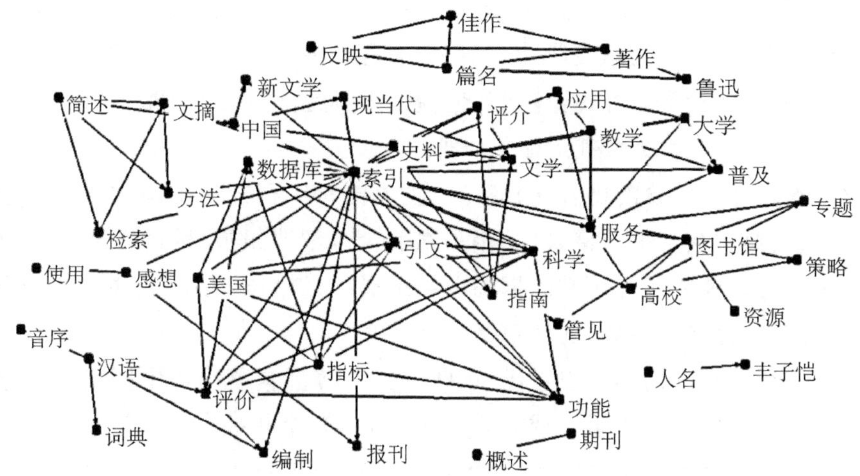

图 4 《中国索引》刊发索引评价与利用类论文语义网络图

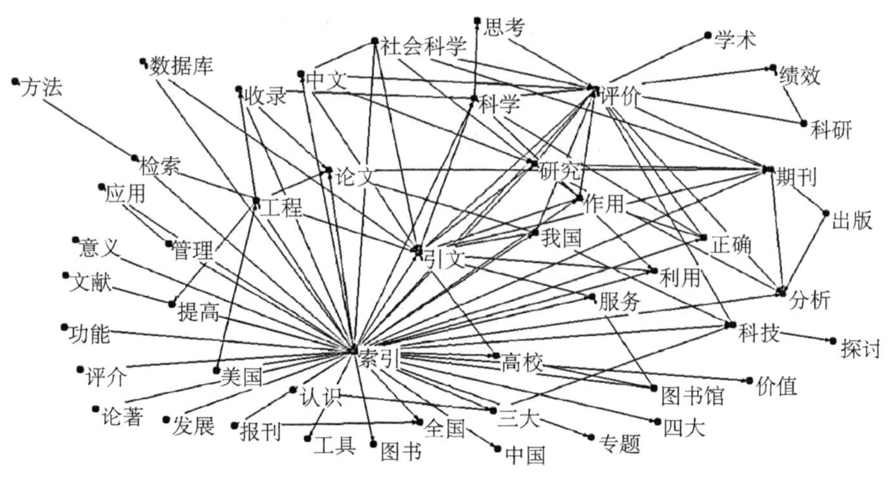

图 5 非索引类期刊发表的索引评价与利用类论文语义网络图

"引文"一词处于两张语义网络图的中心,并与"索引""功能""评价"等 17 个热词产生语义关联,这表明两类期刊刊发的论文在该研究领域所关注的热点,主要集中于对"引文索引"的科学评价上面。其中,武汉大学邱均平教授的研究成果最丰富,也具有较好的代表性。

邱均平指出,引文索引是利用文献之间的相互引证关系来检索文献,从引文索引中查出一批所需的文献后,再利用这些文献的引文查找一批新的文献,这样不仅能获得一定数量的相关文献,还能揭示旧文献对新文献的影响,新文献对旧文献的评价,展现新旧文献在学术研究中的关系。[①] 因此,引文索引在文献检索、科学计量、科学评价等方面,均有着其他检索工具无法替代的独特作用。

7. 其他未确定主题的研究论文分析

此分支领域所包含的内容比较特殊,主要由每年召开的中国索引学会学术研讨会总结,庆典大会上的讲话,以及相关索引会议纪要组成,因此在非索引类期刊上并没有与之相关的研究论文。据筛选结果显示,《中国索引》上共有此分支领域的研究论文 37 篇,约占总数的 9.00% 。

从论文反映出的内容可以看出,这些论文内容都紧紧围绕中国索引学会的建设和发展展开。中国索引学会成立至今已走过 28 个年头,20 多年来中国索引学会筚路蓝缕、不断创新、发展壮大,在促进索引理论研究,繁荣索引编辑出版,培养索引编纂人才,加强国内外学术交流方面,均取得了令人瞩目的成就。面对变幻不定的未来,中国索引学会给出的答卷是,人类的索引事业不仅要生存下去,而且要更好地发展下去。

五、我国索引专业化研究不足之处

1. 索引理论研究尚缺乏系统性、连续性

在对索引理论类研究论文的分析梳理中,获知曲静涛先生将我国索引理论研究分为三个阶段。第一阶段从 1978 年至 1985 年,是索引理论研究的恢复期;第二个阶段从 1986 至 1999 年,是索引理论研究的成熟期;第三个阶段从 2000 年至今,

---

① 邱均平,马瑞敏. 引文索引的功能与科学评价——以美国《基本科学指标》引文数据库为例[J]. 中国索引,2006(2):1—8.

是传统的索引理论走向衰落、新的索引研究与编制高潮正在形成的时期。①

在对论文样本数据进行分析过程中，笔者发现大多数索引理论研究论文聚焦在现代索引理论研究即第三阶段的研究上，关于索引理论研究恢复期的论文和索引理论研究成熟期的论文数量极少。而且在《中国索引》刊载的 84 篇索引理论研究论文中，有关索引理论研究回顾类的论文只有 2 篇，且研究内容较为分散，大多是以 10 年为一个周期进行总结，因此导致索引理论研究出现了断层现象，尚缺少系统性、连续性的索引理论研究。

2. 探讨索引实际编制规律与流程的成果偏少

基于前文对索引编制分支领域的内容分析可知，15 年来《中国索引》刊载的有关索引编制的 152 篇论文，还是存在较大的偏向性，具体体现在探讨索引实际编制规律与流程的论文并不多，大部分论文主要围绕编制索引的体会，以及对索引编制的问题思考为主，鲜有研究索引编制规律和索引编制流程的论文发表。

如上文"表 6 索引编制类研究论文高频词对比分析表"所示，在《中国索引》关于索引编制研究排名前 10 的高频词中，没有关于"方法"的探讨，反而是"问题"一词位居高频词的前 10 位，并与"索引""编制""年鉴""古籍"等 17 个热词产生关联。这表明我国索引的专业化研究中，在探讨索引实际编制规律与索引流程方面明显存在研究不足、总结不深、成果太少等问题，需要今后尽快追赶上来。

3. 索引新技术和索引软件研究少有新突破

现代索引就是数据库，现代的索引工作者就是数据库建设者，这已经成为广大索引工作者和索引研究者的共识。在当今信息社会，数据库和各类编制软件是一种最基本的管理和传播信息的工具，是互联网发展的重要支柱之一，也是整个社会信息化的一个重要促进因素。数据库和索引软件这两种现代索引表现形式，如能广泛应用必将推动我国索引工作与研究的现代化水平。

但目前有关索引数据库和开发研制的索引软件太少，譬如自 2003 年王彦祥先生推出"索引之星 2.0"软件后，十几年来再无新的索引软件问世，也没有旧的索引软件优化升级，这是一个亟待重视和解决的问题。其实，这一问题对于众多索引工作者和研究者来说，是一种严峻的挑战，更是一种历史机遇。只有推动索引研究的战略转型，在索引新技术和索引软件领域取得新突破，才能顺应中国现代

① 曲静涛. 我国索引传统研究一个周期的回顾[C]//中国索引学会编. 2005 年中国索引学会年会暨学术研讨会论文集. 中国索引学会，2005.

索引事业的发展大趋势。

4. 尚未形成有规模且稳定的核心作者群

基于《中国索引》刊载论文的作者状况分析可知,发表过论文的255位作者中,仅有三位即张琪玉、平保兴、葛永庆可称得上是核心作者,这说明目前我国索引专业化研究还处于个人行为阶段,未形成稳定的核心群体。而且,从事索引研究的作者,其行业分布虽然有所改善,但仍不平衡。

中国索引学会会员主要是图书情报领域的从业者,相比之下从事编辑出版工作、数据库工作和网络信息检索工具开发工作的人员则较少,年轻的索引研究者也较少。这就要求中国索引学会应加强宣传,吸引更多领域、更多行业、更多层次的新会员,争取更多的有志于索引学研究和数据库研制的人才,加入到索引研究队伍中来,并通过人员培训、继续教育、资格认证等手段,努力改善索引研究者结构,壮大索引研究者队伍,尽快培养和造就出一支高素质的索引编制和研究队伍。

5.《中国索引》刊文较为庞杂

一个学会的会刊往往是衡量该学会组织学术水平的重要标志。但目前作为样本对象的411篇论文,是笔者通过数据清洗去重等操作,剔除了437篇与索引专业论文无关的文献后得到的《中国索引》刊发索引研究论文的实际数据。《中国索引》作为中国索引学会会刊,及时发布学会相关信息,促进学术交流是其职责,那么在剔除掉征稿简则、会议通知、学会简讯等学会期刊必备的、又不属于学术论文的文献单元后,笔者发现《中国索引》还刊发了很多非索引研究的文章,且这类文章数量较大,譬如探讨文献检索课教育教学的论文、搜索引擎知识介绍的文章,甚至还有小型书目、专题索引的发表。

《中国索引》转化为集刊编辑出版后,刊文质量明显提高,无关的信息和文章基本上消失。笔者希望,作为索引专业化研究的重要研究阵地,还应加强索引研究的聚合度和专业度,在刊文方面需大量增加学术价值和实用价值兼具的索引学术论文,并保证这些论文研究成果的内容质量,这样才能打造一个聚合度高、专业性强的优秀索引研究专业平台。

六、结论和建议

综上所述,通过对近15年来《中国索引》所收录的索引专业论文进行统计分析,本文希冀以真实的数据来客观反映中国索引专业化研究的状况、热点和不足。

从上面的文字叙述可知,总体上《中国索引》代表了我国索引专业化研究,自新世纪以来取得成就,其研究的热点、重点也基本覆盖了中国索引事业的方方面面。

可以说,《中国索引》一刊抵众刊,发表的索引专业化研究论文,也客观体现了我国索引研究的真实情况。《中国索引》无论在索引研究成果的刊发数量,还是索引研究成果质量和传播效果上,已不亚于国外正式出版的两个索引专业期刊,希望《中国索引》再进一步,将集刊尽早变为正式期刊。

索引是实学,必须经过编制索引、总结索引、研究索引才能从中获取真知,并介绍给其他索引研究者和索引使用者。尽管我国的索引专业化研究成绩有目共睹,但索引理论研究尚缺乏系统性、连续性,甚至实际应用性,同时探讨索引实际编制规律与编制流程的成果偏少,索引新技术和索引软件研究亟待出现新突破。

我国索引专业化研究还需要壮大队伍,培育新人,新世纪以来研究索引、编制索引,并且开发索引编制新技术,或者回顾总结索引历史和文化的双栖作者甚至多栖作者很少,王彦祥、平保兴、葛永庆是代表性人物,但这样的领军人物还是太少了。未来几年有深度的研究成果、重量级的索引新技术也要快速跟进,笔者衷心希望通过《中国索引》这一索引研究专业平台,展现中国索引研究的风采,发现和培育更多的索引人才,使中国索引事业不断进步和强大。

申赟祎　女,北京印刷学院新闻与传播专业2017级研究生,研究方向为编辑出版。

王彦祥　男,北京印刷学院教授,传播学和出版专业硕士研究生导师。中国索引学会副理事长,中国地方志学会编辑出版研究会副会长。

The Achievement and Deficiency of Index Specialization Research in China

— Statistical Analysis Based on the Papers from *Journal of China Society of Indexers*

Shen Yunyi　Wang Yanxiang

Abstract: Based on the research papers on index issues published in *Journal of China*

Society of Indexers from 2003 to 2017, this paper made a comprehensive analysis by using literature measurement method, content mining tool and analysis method. Through seven aspects, including the research on index theory, index compilation, index historical and cultural background, index software and new index technology, index standards and index internationalization, the index evaluation and utilization, and some other studies, this paper systematically combs and summarizes the achievements of specialized index research in China since the new century, and puts forward five shortcomings of index specialization research, as well as relevant suggestions for improvement.

Keywords: *Journal of China Society of Indexers*; The Index Paper; The Index Research; The Index Compilation

我国非索引类期刊发表索引主题论文特色分析*

张语桐　王彦祥

（北京印刷学院新闻出版学院　102600）

摘　要　本文通过检索获得2000年～2017年我国非索引类期刊刊载的索引研究论文323篇，以此作为统计分析基础，通过ROST Content Mining内容分析工具，深度挖掘这些索引研究论文的高频词汇和语义网络，揭示出新世纪以来非索引类期刊对于索引研究的总体情况，包括论文年度发表情况，各研究主题的数量分布，核心作者统计分析等。进而总结非索引类期刊在索引理论、索引编制、索引历史与文化、索引新技术与索引软件、索引标准和索引国际化、索引评价与利用等六大索引研究分支领域形成的特点和规律，最后得出本项研究的三点总结，即涉及期刊数量多，学科融合度较高；实用性研究为主，重点关注索引编制问题；研究泛而不深，专业性有待提高。

关键词　索引论文　索引研究　索引编制　索引技术

一、数据来源与论文甄别

1. 样本文献

本文以中国知网、万方数据、重庆维普、龙源期刊为检索数据库，全面搜集2000年1月1日至2017年12月31日期间正式发表的索引研究论文（除索引类刊物论文即《中国索引》外）。本次研究以“索引”“索引研究”“索引编制”等进行

* 本文系北京社科基金基地项目“出版产业发展现状及趋势研究2016”（项目编号：16JDXCB013）研究成果之一。

主题检索,以编辑出版学专业期刊、图书馆学情报学专业期刊、大学学报、一般性期刊等非索引类期刊为信息源,再结合北京印刷学院建设的"中国出版信息全文数据库"进行全文甄别、筛选确认,并排除征稿、期刊年度索引、会议通知等对研究无意义的文献,进行数据去噪,最终获得323篇索引研究文献作为样本数据。

2. 研究方法

本次研究利用ROST Content Mining工具,对2000年~2017年323篇索引研究论文信息进行挖掘分析,采用基于词频统计的内容分析法,揭示不同语词之间的联系,以透过词频现象探究非索引类期刊中的索引研究论文发展现状和研究特色。

二、统计与分析

1. 索引论文年度发表情况分析

一定时间范围内某学科文献发表数量随时间产生的变化情况,能够反映该学科的研究现状和发展趋势。通过统计归纳不同年份的发文量,可以分析总结"非索引类期刊索引研究论文"的整体发展情况,具体统计数据和走势如图1所示。

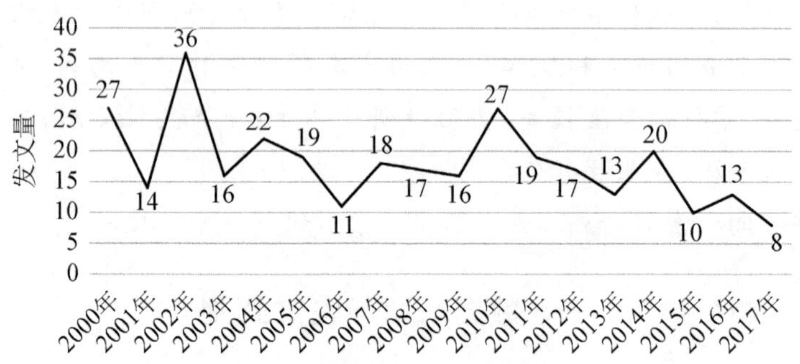

图1　非索引类期刊发表索引论文的年份分布情况

从2000年到2017年,非索引类期刊在索引研究领域共发表323篇文献,可见索引研究文献发表总量不多。通过图1可较为明显地发现,每一年的发文数量波动幅度相对较大。其动态变化分为3个阶段:第一阶段是2000年~2003年,论文发表量有升有降,且波动幅度较大;第二阶段是2003年~2010年,论文发表量总体较为平均,除了2006年发表了11篇之外,其余年份均保持在20篇左右;第三阶段是2010年~2017年,论文发表量呈逐步下降趋势,中间年份略有波动。

再仔细观察还可以发现,2002年和2010年是索引类论文发表的两个小高峰,分别为36篇和27篇,但与其他学科相比,这一数量级的论文发表数仍显得势单力薄。这说明目前学界和业界对"索引"的关注度不高,索引研究群体较为分散,不够稳定成熟。但这也从一个侧面证实了"索引"在我国仍是一个年轻的学科,给研究者提供了充足的发展空间去探索研究。

2. 非索引类期刊论文刊载情况

(1) 非索引类期刊总体载文数量及特点

通过统计和绘制图2可知,索引研究论文总数为323篇,其中图书馆学情报学专业期刊刊发的论文数量为140篇,占总量的43.34%,排名第一;编辑出版类期刊刊发的论文数量为92篇,占比28.48%,排名第二;大学学报刊发的论文数量为53篇,占比16.41%,排名第三;一般性期刊登载的论文数量为38篇,占比11.77%,位列最后。

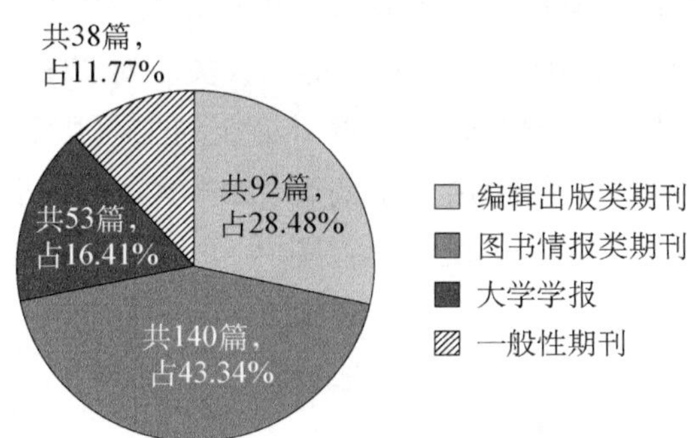

图2 非索引类期刊发表索引论文数量比例图

进一步统计得知,共有48种图书馆学情报学专业期刊刊发了索引论文,刊文量排名前三的期刊分别是《图书馆杂志》《图书馆理论和实践》《情报科学》,具体数量分别是14篇、9篇、7篇。其中《图书馆杂志》作为CSSCI来源期刊、中国人文社会科学核心期刊、中国优秀图书馆学期刊,索引研究论文在该期刊上的较多刊载,证明中国索引研究的学术水平并不低。

编辑出版学专业期刊有20种近年来刊发了索引类论文,刊文量排名前三的期刊分别是《中国科技期刊研究》、《年鉴信息与研究》(已停刊)、《编辑学报》,具体数量分别为23篇、13篇、8篇。《中国科技期刊研究》是我国唯一一份综合研究科技期刊学术理论与实践创新的专业性核心期刊,刊载的论文质量较高。

大学学报中有49种刊载有索引类论文,大学学报数量很多有上千种,但刊文量却很少。其中《南京大学学报(哲学·人文科学·社会科学版)》发文量最多,新世纪以来刊发了3篇索引类论文,《曲靖师范学院学报》《佛山科学技术学院学报(社会科学版)》载文量相对而言算是多的,各发表了2篇论文。

其他一般性期刊共有36种刊载了索引类论文,但期刊种类较为繁杂,这其中档案类和信息类期刊刊发的论文数量较多。档案类期刊有4种,分别是《云南档案》《档案与建设》《山东档案》《兰台世界》,其中《兰台世界》和《云南档案》刊文量各是2篇;信息类期刊也有4种刊发了索引类论文,分别是《信息技术》《黑龙江科技信息》《科技信息》《医学信息》。

(2) 索引论文的研究主题分析

依据非索引类期刊发表索引论文的标题,对323篇论文进行主题归纳,具体划分为"索引理论""索引编制""索引软件与索引新技术""索引历史与文化""索引标准与索引国际化""索引评价与利用"等六大类。对323篇论文再次进行主题归类和统计,便得到非索引类期刊发表索引论文的主题类型分布图,以及具体的图书馆学情报学专业期刊、编辑出版学期刊、大学学报和一般性期刊等四大类期刊所刊载索引类论文的主题分类统计示意图。

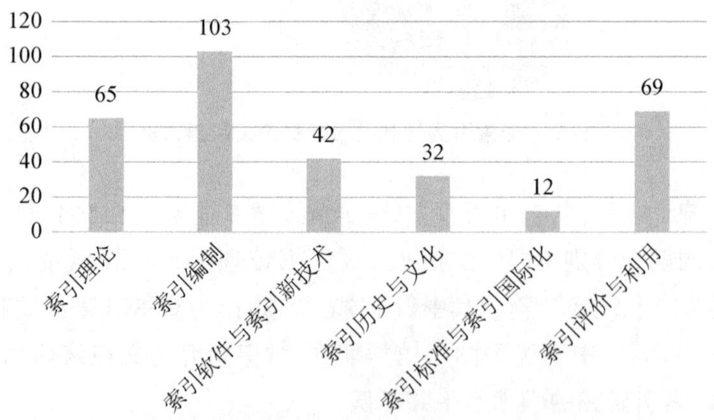

图3　非索引类期刊发表索引论文的主题分类统计

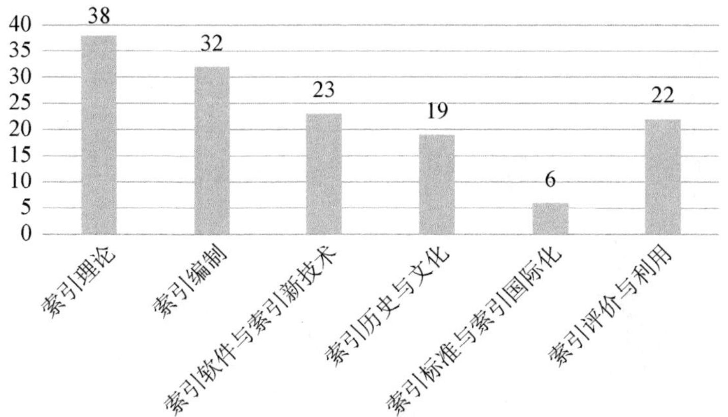

图 4　图书馆学情报学专业期刊刊载索引论文的主题分类统计

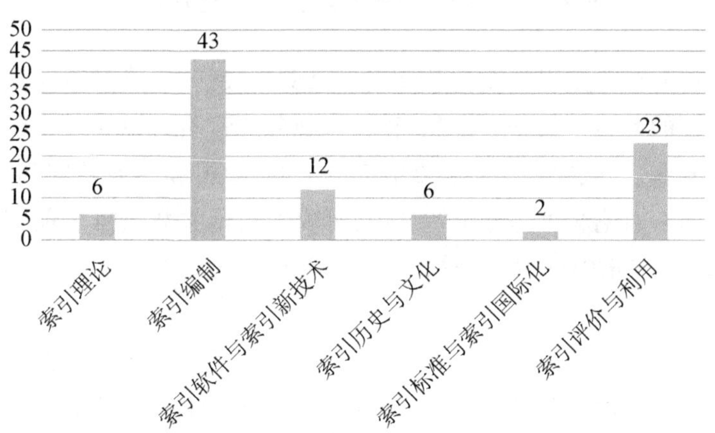

图 5　编辑出版学类期刊发表索引论文的主题分类统计

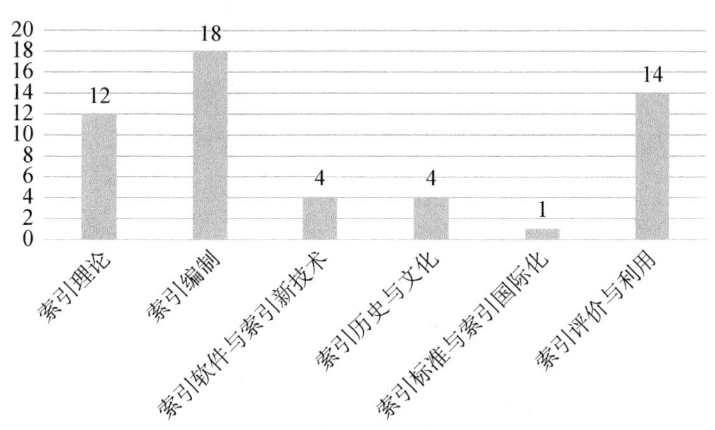

图 6　大学学报刊发索引论文的主题分类统计

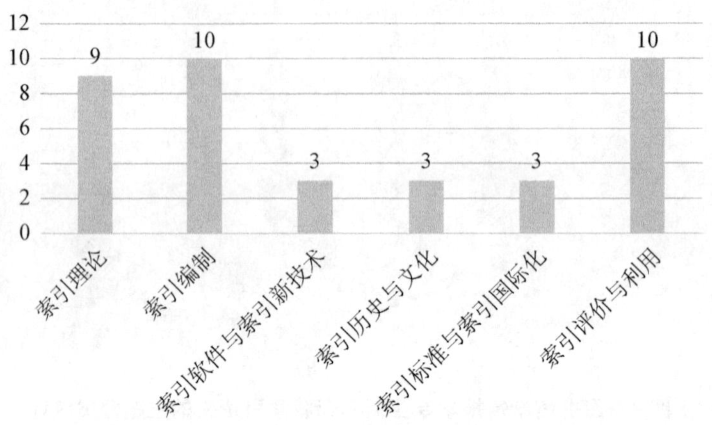

图7　一般性期刊刊载索引论文的主题分类统计

通过对比分析非索引类期刊总体索引论文刊载情况,以及不同类型期刊刊发各个分支主题的索引论文分布情况,我们所划分的索引研究 6 大主题类型在图书馆学情报学专业期刊、编辑出版学专业期刊、大学学报和一般性期刊中全部出现。在 323 篇全部索引论文主题分类统计中,可以看出论文数量排名前三位的主题分别是"索引编制""索引评价与利用""索引理论",论文数量分别为 103 篇、69 篇、65 篇。

值得注意的是,"索引编制"在图书馆学情报学专业期刊、编辑出版学专业期刊、大学学报和一般性期刊中的论文数量均居于前两位,可充分说明"索引编制"是目前索引学研究的热门主题。而"索引评价与利用"在编辑出版学专业期刊、大学学报和一般性期刊中的排名都居于前两位,一定程度上佐证了学界对科学引文索引评价与利用功能的诸多讨论,导致该主题研究热度持续不减的客观事实。相比之下,"索引标准与索引国际化"不仅总体刊发论文数量最少,在各类期刊中的论文数量也居于末位,说明非索引类期刊研究这类主题方面存在劣势,研究者的关注度也较低。

在图书馆学情报学专业期刊中,研究"索引理论"的论文数量第一,共 38 篇,占该类期刊总量的 27.14%,是关注"索引理论"研究最强烈的一类期刊。其他类期刊的"索引理论"论文平均刊文数量仅为 9 篇,差距甚远。另外"索引软件与索引新技术""索引历史与文化""索引标准与国际化"三大主题在此类期刊中的刊发数量均不高,但也都在该类期刊中占有较高数量,说明图书馆学情报学专业期刊对于索引研究的宽度较大,涵盖的主题更为全面而均衡。

在编辑出版学专业期刊中,论文数量排名前三的主题依次是"索引编制""索引评价与利用""索引软件与索引新技术"。其中,刊发的"索引编制"论文表现最为突出,共 43 篇论文,占比 46.74%。这一现象与编辑出版学专业期刊注重索引编辑的具体研究和应用有很大关系。另外,编辑出版学专业期刊所刊发的论文还兼顾"索引软件和索引新技术"及"索引评价与利用"研究,强调索引研究的实用性,展现了务实严谨的特色。

在大学学报发表的索引类论文中,论文数量排名前三的主题依次是"索引编制""索引评价与利用""索引理论",数量分别为 18 篇、14 篇、12 篇,数量之间较为均衡。大学学报作为拥有大学教师、科研人员、研究生等高质量作者群的刊物,其学术性、专业性水准较高,具有开展"索引理论"研究的优势条件,因此所发论文注重"索引编制"的实践活动,探讨"索引理论"的方方面面,辩证分析"索引评价与利用"等相关问题,形成了大学学报对于索引研究从理论到实践的论文刊载特点。

在一般性期刊中,"索引编制"与"索引评价与利用"的论文登载数量并列第一,分别有 10 篇。"索引理论"论文数量紧随其后,共 9 篇。在对一般性期刊的统计中还发现,发表索引类论文的期刊以档案类、信息类、综合性期刊为主,期刊种类相对繁杂。对于索引研究的主题类型,也与目前索引研究的整体趋势相符,重点关注了"索引编制""索引评价与利用""索引理论"等主题,在相对冷门的"索引标准与索引国际化"研究主题中,则没有特别的表现。

三、高频词统计及语义分析

将 323 篇索引研究论文的题目信息,导入 ROST Content Mining 内容分析工具中,通过分词和词频分析,提取出高频词,再过滤并剔除无意义词后,得到如表 1 所示排名最前的高频词统计汇总表。

表 1　非索引类期刊发表索引论文的高频词汇总表

序号	词汇	词频	序号	词汇	词频	序号	词汇	词频	序号	词汇	词频
1	索引	330	4	引文	44	7	分析	21	10	数据库	21
2	研究	60	5	中国	26	8	古籍	21	11	方法	21
3	编制	57	6	期刊	26	9	图书	21	12	我国	20

续表

序号	词汇	词频	序号	词汇	词频	序号	词汇	词频	序号	词汇	词频
13	科学	20	20	中文	15	27	报刊	11	34	意义	9
14	评价	18	21	科技	15	28	发展	11	35	引得	8
15	文献	17	22	学术	14	29	制作	10	36	利用	8
16	编纂	17	23	社会科学	14	30	应用	10	37	规范	8
17	思考	17	24	作用	13	31	出版	9	38	实践	8
18	功能	16	25	论文	13	32	图书馆	9	39	文摘	8
19	年鉴	16	26	检索	12	33	现代	9	40	思想	8

在表1高频词汇统计基础上,对构建网络和共词矩阵的高频词进行参数设置,进而生成如图8所示的“索引研究论文语义网络图”。通过对高频词和语义网络图进行分析,我们还能够发现非索引类期刊发表的索引研究论文所具有的一些新特点。

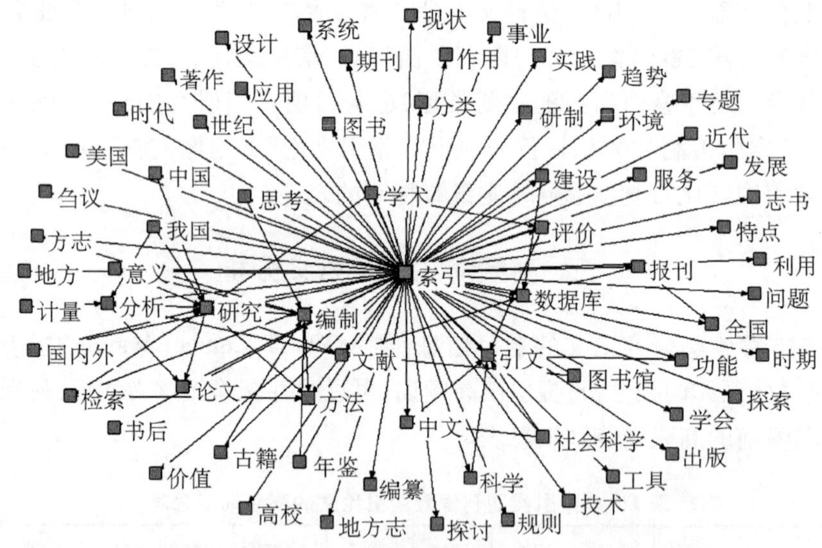

图8 非索引类期刊发表索引论文的语义网络图

在研究对象方面,非索引类期刊发表的索引研究论文几乎涵盖了索引研究的方方面面,从古籍索引编纂到现代索引数据库建设,都进行了有益的探讨、思考、评价等。“索引”是排名第一的高频词,处于语义网络的中心,并与“编制”“中国”

“引文”“数据库”“古籍”“文献”“检索”“学术”等70个热词产生语义关联。“研究”是排名第二的高频词,与“编制”“文献”“检索”等9个热词产生语义关联,且两者在共词矩阵中的共有词汇大多相同,这表明非索引类期刊发表的论文,以研究索引编制、数据库、古籍等主题为主,从现象探索本质,寻找规律,以促进索引学科体系的发展与完善。

从研究内容来看,“编纂”“方法”“发展”等排名前30位的热词,都与“索引”一词产生语义关联,这一状况也和我国目前的普通中文图书九成以上缺少书后索引相吻合,探讨索引编制,快速普及索引知识,促进索引事业发展,是索引研究的重中之重。具体来说,需要加强索引编制方法的多方面探讨,提高索引的功能性和应用性,以此促进索引的普及和推广。

从研究目的来看,加强索引的普及和提高索引编制的经济效益与社会效益,进而促进索引的社会服务深度和广度,是目前我国索引编制和索引研究的主要任务。“功能”一词作为排名前20的热词,在语义网络图中构成了一个重要的节点,此外“应用”“建设”“作用”“实践”等作为排名前40的热词,与排名前10的“引文”“数据库”“编制”等高频词产生语义关联,说明在数字出版环境影响下,索引研究重点在关注索引编制过程和索引产品数字化,期望的效果是技术与内容相互融合式的发展。

四、核心作者分析

非索引类期刊发表的323篇索引研究论文中,署名作者达到301位。依据样本数据,笔者将作者类型划分为独立作者和合作作者两个类型。再经过数据筛选,得到如表2所示的索引论文作者情况分布表。在近18年来的非索引类期刊收录的索引论文中,独立作者发表论文共229篇,约占总数的70.90%;合作作者发表的论文有94篇,约占总数的29.10%。以上数据说明,非索引类期刊中收录的论文,以独立作者发表的论文为主,占到总数的三分之二强。

表2　非索引类期刊发表索引论文的作者情况分布表

作者类型	论文发表数量(篇)	占比(%)
独立作者	229	70.90%
合作作者	94	29.10%

为探究非索引类期刊发表论文的核心作者群,笔者根据普莱斯定律:$m = 0.749 \times \sqrt{nmax}$(m 表示核心作者发文数,nmax 表示发文最多作者的论文数),计算得出核心作者发文数,即 m≈2.37。故此确定论文发表数量 2 篇以上的作者为核心作者,最终得到符合数量要求的核心作者共 7 位。

其中,平保兴发表论文 10 篇,邱均平发表论文 10 篇,张琪玉发表论文 7 篇,叶继元、陈东辉、毛建军、徐月英四人各发表论文 3 篇。

张琪玉和平保兴两位学者,一位是我国情报语言学的奠基人,一位对索引历史与文化研究颇有心得,他们的论文不仅在《中国索引》上数量可观,并且在图书情报类期刊、编辑出版类期刊、大学学报、一般性期刊上也都有刊载,对中国索引学研究贡献巨大。

武汉大学邱均平教授一直从事图书情报学、科学评价研究,特别在文献计量学方面研究精深,其专著《文献计量学》对我国情报学研究和教育发挥了重要作用,并将文献计量学充分运用到索引学研究之中。他还带领学生对我国的现代索引研究进行了系统的梳理和分析,如《近二十年来我国索引研究论文的作者分析》《近二十年索引学发展演进与研究热点探析》《近五年来国内外索引研究的进展与趋势》,产生了良好的研究效果。

南京大学叶继元教授多年来致力于图书馆学情报学的实践与理论研究,并对索引研究持有浓厚的兴趣,已发表论文 100 余篇,其中从《〈中文图书引文索引 · 人文社会科学〉示范数据库研制过程、意义及其启示》一文中得知,叶继元教授对于我国社会科学引文索引研究和引文索引数据库建设都有重要贡献。

此外,毛建军、徐月英、陈东辉三位研究者也在索引研究方面有不俗表现,他们分别在古籍索引电子化、索引编制、国外索引编制研究等领域,取得了较为深入系统的研究成果,对于丰富现代索引研究具有积极意义。总体看来,非索引类期刊发表索引论文的核心作者质量虽高,但人数较少,且人均发文量也偏低,呈现出较为分散的特点。

五、索引研究的主题分析

通过人工阅读和筛选,将 323 篇非索引类期刊中发表的索引论文进行分类,得到索引理论研究、索引编制研究、索引新技术和索引软件、索引历史与文化、索引标准与索引国际化、索引评价与利用等六大研究类别。以下对这些论文所研究的主题内容，进行具体分析。

1. 索引理论研究论文分析

索引理论研究论文在图书馆学情报学专业期刊中有38篇，编辑出版学专业期刊中有6篇，大学学报中有12篇，一般性期刊中有9篇，总共65篇，占全部论文数量的20.12%。在六大索引研究领域中，论文数量排名第三，说明非索引类期刊中发表的论文在关注索引实践性的同时，也比较注重索引理论的探索。

笔者统计后获知，有关索引功能和作用的论文高达18篇，占索引理论类论文的27.69%，是本领域研究的一大重点。在索引理论研究中重点聚焦其功能与作用的探讨，彰显了索引作为实学的研究特点。

张琪玉教授作为我国索引学研究的领头人，其学术思想已成为研究热点，相关论文有5篇。此外，邱均平和楼雯通过3篇系列研究论文，对我国索引研究主题、发展演进与研究热点、作者分析进行了全面梳理，是较有代表性的研究成果。

与《中国索引》形成较大区别的现象是，非索引类期刊对于引文索引的理论问题颇为关注，相关论文有12篇，占比18.46%，说明学界对于引文索引理论发展一直保持很高的关注，也体现了与时俱进的学术思想。

2. 索引编制研究论文分析

非索引类期刊与《中国索引》相同，极其重视索引编制研究，相关论文数量居六大研究分支首位。其中图书馆学情报学专业期刊中有32篇，编辑出版学专业期刊中有43篇，大学学报中有18篇，一般性期刊中有10篇，共计103篇，占全部索引论文数量的31.89%。辽宁师范大学的徐月英有3篇索引编制方面的论文发表，是这一领域的代表作者。专门介绍南开大学王知津教授主编的《现代索引文摘法》一书的论文有3篇，可见该成果的影响力非同一般。

年鉴索引编制研究受到追捧，共有10篇论文参与讨论，占比9.71%，这主要是因为受统计对象期刊《年鉴信息与研究》影响，有9篇论文来自该期刊，使得以年鉴索引为研究对象的论文聚类现象明显。此外，10篇论文皆围绕提高索引编制效率和索引编制规范展开，体现了我国年鉴索引编制在年鉴整个编辑出版中的重要地位。

期刊索引编制是索引编制的另一个关键点，共9篇论文进行具体探讨，占比8.74%。科技期刊编制索引能够帮助科研活动快速开展，节省科研时间，而且是否编制刊后索引是衡量期刊学术性的重要依据，因此刊后索引编制自然成为一个研究热点。

地方志索引编制是另一关注重点,论文数量虽只有4篇,但学术水平都很高。在旧方志索引编制研究上,主要回顾旧志索引编纂,吸取编制经验,如周保明的《20世纪以来旧方志索引编制述略》。在新方志索引编制研究上,则注重提高志书索引的实用性,如康伟宏的《编制方志索引刍议》。

3. 索引新技术与索引软件研究论文分析

有关研究索引新技术与索引软件的研究论文在图书馆学情报学专业期刊中有23篇,编辑出版学专业期刊中有12篇,大学学报中有4篇,一般性期刊中有3篇,共计42篇,占全部主题论文数量的13.00%。

在研究索引新技术方面,以索引数据库研究为主的论文占11篇。其中,古籍索引数据库的研究成就最为突出,探讨古籍索引电子化的论文有7篇,为古籍数据库建设起到了良好的示范作用。由广西大学林仲湘教授编制、广西金海湾电子音像出版社和广西师范大学出版社联合出版的《古今图书集成》电子版索引,是古籍整理与现代索引技术相结合的代表性成果,其采用标目式、多字段的形式,检索率高,实用价值强。另有5篇论文谈及报纸索引数据库,主要内容为报纸索引数据库建设的设想、发展趋势和功能优化等。

关于索引软件研究,侯汉清、潘雪莲、许扬威通过图书内容主题索引的自动编制实验,证明了基于N-gram方法的图书内容主题索引的自动编制方法是可行的,突破了索引软件只能进行字面标引的认知。但纵观国内索引软件研究总体情况,北京印刷学院王彦祥教授研制开发并正式推向市场的"索引之星2.0"软件,支持多种格式文档的直接标引、自动添加页码、排序编辑及打印修改,功能相当全面。笔者在实际索引编制使用中,发现其工作页面美观简洁,快捷按钮删繁就简,操作起来便捷流畅,代表着我国索引软件研究与应用的最高水准。

在非索引类期刊中,涉及索引软件研究的论文数量极少,仅有2篇,其余的大量论文都是关于Word、WPS文字处理软件辅助编制索引的论文,与索引软件研究有些脱节,说明较冷门的索引软件开发研究很少在非索引类期刊上出现,而以刊发于《中国索引》上为主。

4. 索引历史与文化研究论文分析

非索引类期刊刊发的索引历史与文化研究论文共32篇,占全部主题论文数量的9.91%。其中,图书馆学情报学专业期刊有19篇,编辑出版学专业期刊有6篇,大学学报中有4篇,一般性期刊中有3篇。与《中国索引》注重索引学家的索引思想和索引著作研究相比,非索引类期刊重点以"索引运动"的回顾研究为主,这些论文对该时期的杰出索引研究者和重要索引成果都进行了较为全面的回溯研究。

这些论文中有16篇论文围绕“民国索引学者和索引事业”进行研究，占论文总量一半，可见民国时期兴起的“第一次索引运动”影响深远。代表性作者平保兴先生曾在研究中提出：“民国是我国古典索引衰亡、现代索引形成和发展的重要转折时期。”①对民国索引家的研究重点，是洪业和万国鼎二位学者的索引思想及成就挖掘。万国鼎先生所著《索引与序列》一书，被视为中国索引教育开端的标志和中国现代索引学理论奠基性论著之一，此外他也是最先提出“索引运动”的人，故而有2篇论文研究后称其为近代索引研究的先驱。洪业先生除了索引思想先进，其领导哈佛燕京学社及其引得编纂处，推动了个人编纂索引活动的兴起，促进我国古籍索引走向科学化、规范化、规模化阶段，是民国索引事业发展中浓墨重彩的一笔，相关研究论文有4篇。

平保兴先生是索引历史与文化研究的杰出代表，他在非索引类期刊中发表的论文就占到10篇，占比31.25%，占到近三分之一的数量。此外，在《中国索引》的统计中，平保兴先生也是本领域研究成果最为丰富的作者，除了有对民国索引家思想成就、民国索引历史及理论的宏观探究，还有3篇论文专门探讨了索引史实的细节。

5. *索引标准与索引国际化研究论文分析*

索引标准与索引国际化研究论文在图书馆学情报学专业期刊中有6篇，编辑出版学专业期刊中有2篇，大学学报中有1篇，一般性期刊中有3篇，共计12篇，占全部论文数量的3.72%。此类论文数量不多，也说明在非索引类期刊上刊发索引标准和索引国际化研究论文，是不太适宜的。

在非索引类期刊中讨论索引标准的论文只有1篇，而《中国索引》则有12篇，可见索引标准作为高水准的专业问题，专业期刊的探讨环境与氛围更为合适。非索引类期刊中，仅有的1篇涉及索引标准的论文是2017年王雅戈与衡中青、李炜超、程拯华、郝建华等人共同发表的《地方志索引的编制标准和质量管理——写在国家标准〈地方志索引编制规则〉完成之际》，刊载于《上海高校图书情报工作研究》的2017年第4期上。

在世界发展一体化的新格局之下，索引国际化研究热度逐步走高，相关研究

① 平保兴.民国时期索引发展之特点及启示[J].山东图书馆学刊,2011(2):94—97.

论文共有 11 篇。非索引类期刊刊载的这些论文主要围绕两方面主题展开,一是促进中国索引工作国际化,代表论文为龚小青撰写的《按照科学发展观要求推进中国索引工作国际化》;二是关注国外索引研究和索引工作发展状况,代表论文为王知津、刘念、黄莹莹、王秀香等人发表的《国外索引研究进展:以 The Indexer 为例》。

6. *索引评价与利用研究论文分析*

非索引类期刊刊发的索引评价与利用研究论文,在图书馆学情报学专业期刊中有 22 篇,编辑出版学专业期刊中有 23 篇,大学学报中有 14 篇,一般性期刊中有 10 篇,共计 69 篇,在六大索引研究领域中排名第二,占全部论文数量的 21.36%。这其中,研究引文索引的论文共 48 篇,占此类论文数量的 69.57%,相比之下《中国索引》上有关引文索引的研究论文只有 4 篇。由此可见,引文索引作为涉及诸多领域的成果认定和职称晋升,其评价与利用问题获得了大量关注,但这不是索引研究的核心问题,故在专业索引期刊上刊载数量不多,而在非索引类期刊上却大放异彩。

世界三大索引系统 SCI、EI、ISTP 能够反映世界最新的科学成果和趋势,具有查新功能和评价作用,这也吸引了较多的研究者对三大索引系统进行介绍和研究。其中,SCI 的科学评价作用最为出众,相关的研究论文达到 21 篇,近乎此类研究论文总量的三分之一。由于一些科研院所对于 SCI 的评价作用过分渲染,造成了一定的社会负面影响,因此有 5 篇论文还专门探讨了理性看待和使用 SCI 的问题。

由教育部作为"九五"规划重大项目立项,南京大学与香港科技大学联合研制的《中文社会科学引文索引》(CSSCI),设计思想先进,系统功能强大,既顺应了国际趋势,也适应于我国社会科学评价的客观需要,近年来介绍 CSSCI,或者利用 CSSCI 展开评价研究的论文不在少数。上海图书馆推出的《全国报刊索引》数据库,作为一个提供检索原始文献出处的大型综合性索引数据库,可以扩大学术交流范围,实现资源共享,在学习和研究方面起到了很好的支撑作用,因此对《全国报刊索引》数据库的研究,以及利用其各个学科索引数据开展研究的论文也不断涌现。

六、研究总结

非索引类期刊作为索引研究成果的第二展现平台,整体刊发论文的专业性、系统性虽不及《中国索引》,但其323篇的论文发表数量,也占到了新世纪以来索引研究成果的相当大比例,不可小觑。这些分散于编辑出版学专业期刊、图书馆学情报学专业期刊、大学学报和一般性期刊的研究论文看似散乱复杂,但经过以上的定量分析,仍可从中总结出以下结论。

1. 涉及期刊数量多,学科融合度较高

发表过索引研究论文的非索引类期刊,包含48种图书馆学情报学专业期刊,20种编辑出版学专业期刊,还有49种大学学报和36种其他一般性期刊,共计153种期刊。

这样可观的期刊数量背后,肯定涉及到广泛多样的学科和专业,除与索引学联系紧密的图书馆学、情报学、编辑出版学、档案学、信息学外,还涉及计算机科学、管理学、历史学等,客观上促进了索引研究的跨学科融合发展。数量较多的大学学报也加入其中,从传统的文科院校到财经院校、理工院校和综合性大学学报,都会结合自身的院校特色和专业特性进行索引研究,自然为我国的索引研究提供了广阔平台和读者群,会极大促进索引学的研究广度和索引推广普及工作。

2. 实用性研究为主,重点关注索引编制问题

非索引类期刊发表的关于索引编制论文高达103篇,约占论文刊发总量的三分之一,也形成了一个研究重心和成果高地。

形成这一特点的主要原因是,索引编制自身具有很强的实践性,要通过编制过程掌握索引编制技巧,不断总结编制经验来完成具体索引的编制。而形形色色的索引内容和索引类型,加上被索引文献的层出不穷,为开展索引编制研究,总结索引编制规律提供了广阔的天地。大量的学术著作、新地方志、年鉴和古籍索引的编制需求,鞭策着索引研究者不断进取,将问题展开并通过论文撰写与众多研究者共享,由此也促进了我国索引的编制技术、编制质量和编制效率不断发展进步。

3. 研究泛而不深,专业性有待提高

从本文研究过程中制作的语义网络图不难发现,以"索引"一词为中心,放射连接其余高频词,整体呈现的是一个典型性伞状分布结构,其中系统连接的高频词却极少。可见非索引类期刊对于索引研究的对象繁杂,而不像《中国索引》专业期刊设立专门栏目,聚合度高,系统性强。

总体来看,非索引类期刊发表的索引研究论文关注点虽多,但较为分散,重点也不够突出,缺乏明显的体系化特征。对于索引软件、索引标准、索引国际化等索

引前沿问题的探讨,论文数量匮乏,说明索引研究者更偏好于在索引专业期刊上探讨前沿问题。

探讨引文索引诸多问题的论文在非索引类期刊中大量刊出,说明这一期刊平台给予了索引研究者较高的自由度,缺乏栏目限制和整体谋划,自然使得各主题论文数量遵循研究者关注度的强弱来分布。但研究内容宽泛并缺乏专业深度也在所难免,整体上非索引类期刊对于索引研究的专业性、聚合度需要进一步加强。

张语桐　女,北京印刷学院新闻与传播专业2017级研究生,研究方向为编辑出版。

王彦祥　男,北京印刷学院教授,传播学和出版专业硕士研究生导师。中国索引学会副理事长,中国地方志学会编辑出版研究会副会长。

Analyzing Research Papers on Index from General Journals

Zhang Yutong　Wang Yanxiang

Abstract: This paper uses full-text databases such as CNKI, WanfangData, Chongqing Weipu and Longyuan Journal as the retrieval data source to search the data of domestic index research papers (mainly from non-index journal papers) from 2000 to 2017, as the statistical analysis object. The ROST Mining Content analysis tool was used to analyze in depth the high-frequency vocabulary and semantic network of the indexed literature to reveal the overall situation of index research from the beginning of the new century. Through quantitative analysis, the paper then draws the picture on the aspects such as the index theory, the index compiled, the index history and culture, the new technologies and software of index, the index standard and the index of internationalization, and the evaluation and utilization of index.

Keywords: Index Paper; Index Research; Indexing; Indexing Technology

我国近年来索引著作出版状况盘点及发展趋势分析[*]

万夙婕　王彦祥

（北京印刷学院新闻出版学院　102600）

摘　要　本文首先在平保兴先生所纂的《〈中国索引综录〉续编》和《中国索引系年录：1999—2016》基础上，通过补遗整理，得到2000年至2017年间我国大陆地区索引著作出版的具体数据。其后利用文献计量法对新世纪以来我国索引出版物从出版数量、出版机构、出版地域等多个角度予以分析。分析结果显示：新世纪以来我国索引著作出版发展相对平稳，但存在索引著作出版数量少、索引编纂严重偏向、地区间索引著作出版实力差距巨大等诸多问题。最后基于我国索引著作出版发展的现状和问题，对未来索引著作编纂与出版提出了三点具体建议。

关键词　索引编纂　索引著作　索引研究　《中国索引综录》

国内外的索引编纂成果主要通过两种方式呈现，一是作为独立的著作正式出版，二是附于被索引著作之后，作为该著作的有机组成部分即书后索引一同发表或出版。由于书后索引难以统计，故此本文以独立出版的索引著作作为调查、统计和研究对象。需要说明的是，本文还将多卷书及丛书中单独成册的索引著作一同纳入了统计分析之列。

---

* 本文系北京社科基金基地项目“出版产业发展现状及趋势研究2016”（项目编号：16JDXCB013）研究成果之一。

一、数据来源及研究方法

笔者以"索引""引得""通检"为检索词,分别对中国国家数字图书馆等多个数据库进行检索,整理出2000年以来我国大陆地区正式出版的索引著作数据,并与平保兴先生所作《〈中国索引综录〉续编》《中国索引系年录:1999—2016》进行比对。将十几年的索引著作数据比对后,删除重复者,再进行补遗数据的补充整理,最后获悉2000年~2017年间我国正式出版的索引著作共计587部,同时编制出"《中国索引综录续编》补遗"以供参考(详见附录)。

本文利用文献计量学和定量分析法,从索引著作的出版数量、出版机构、编著者、索引内容等多个角度,对2000年~2017年间我国大陆正式出版的索引著作进行统计分析,以期了解新世纪以来我国索引著作出版状况及其存在的问题。

二、索引著作出版统计与分析

1. *索引著作出版数量分析*

经过笔者检索和数据汇总,再绘制统计表和趋势图可知,在2000年~2017年时间段内,我国大陆地区的索引著作累计出版了587部,年平均出版索引著作约32部。由于国内各数据库存在信息滞后等问题,目前2017年所收录的索引著作数据尚不完善,后续分析中将去除这一不稳定因素。

表1　2000年~2017年索引著作出版数量统计表

年份	2000	2001	2002	2003	2004	2005	2006	2007	2008
索引著作数量	33	32	36	33	31	24	29	21	30
索引著作累计数量	33	65	101	134	165	189	218	239	269
年份	2009	2010	2011	2012	2013	2014	2015	2016	2017
索引著作数量	36	30	25	31	51	36	44	44	21
索引著作累计数量	305	335	360	391	442	478	522	566	587

其中,2013年出版索引著作数量最多,为51部;2007年出版索引著作数量最少,是21部,可以看出索引著作出版呈现波动发展。新世纪的索引著作出版在2000年~2007年间下降趋势明显,2007年索引著作出版数量相较于2000年约下降了36.36%;2007年~2016年间索引著作出版数量,整体呈现出起伏增长的趋

势,其中2016年的索引著作出版数量是2007年的1倍之多。

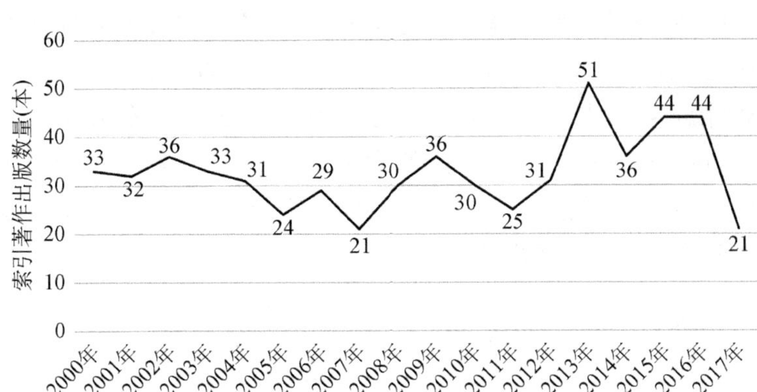

图1　2000年~2017年索引著作出版数量趋势图

据图2显示,2000年~2017年间的索引著作累计出版数量变化,始终呈现缓慢增长的趋势。以线性函数为参照,可以发现2005年、2013年是索引著作出版的转折点。统计得知2005年以前年平均出版索引著作约31.5部;2005年~2013年间年平均出版索引著作约30.7部;2013年~2017年间年平均出版索引著作约39.2部,由此得知索引著作出版在2005年~2013年间有所放缓。

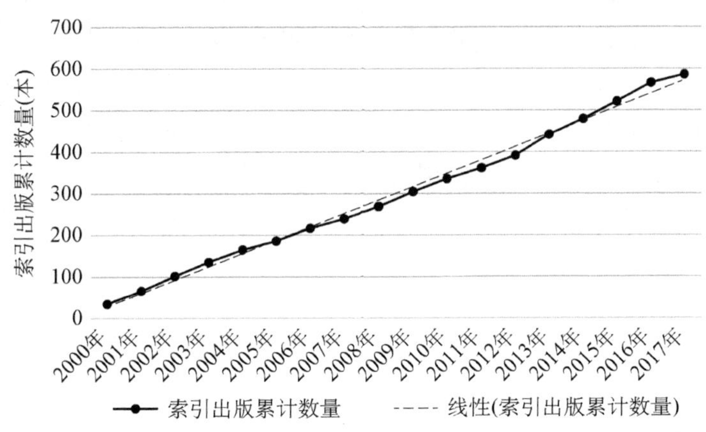

图2　2000年~2017年索引著作累计出版数量示意图

2. 索引著作出版内容分析

(1) 索引类型分析

经过统计和归类,可知587部索引著作按索引类别划分,可谓是种类多样。

索引著作中出现多种索引类型实属正常,如《鲁迅大全集·索引卷》一书,就包含了全集中所涉及的人名、地名、篇名、机构索引,以及撰主著述篇目索引。因此在后续分析中,也会出现索引类型与索引著作数量不一致的情况。

按照索引编纂类型,首先可以将索引著作划分为主题索引和专题索引两大类。据统计,2000 年~2017 年间出版的索引著作中,主题索引数量为 73 种,专题索引数量为 520 种。专题索引数量是主题索引数量的 7 倍之多,说明专题索引是新世纪以来索引编纂的主要类型。

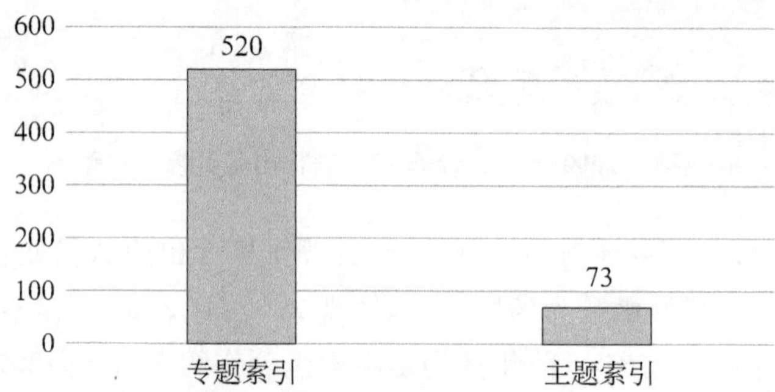

图 3　主题索引与专题索引出版数量对比图

依据索引款目性质的差异性,再将专题索引细分为语词索引、人名索引、地名索引、机构索引、篇目索引等下属类型。通过对 520 种专题索引细分后可知,篇目索引有 378 种,占总数的 65.17%;人名索引共计 90 种,占总数的 15.52%;语词索引共计 86 种,占总数的 14.83%;地名索引有 19 种,占总数的 3.28%;图表索引共计 4 种,占总数的 0.69%;机构索引只有 3 种,占总数的 0.52%。其中,篇目索引

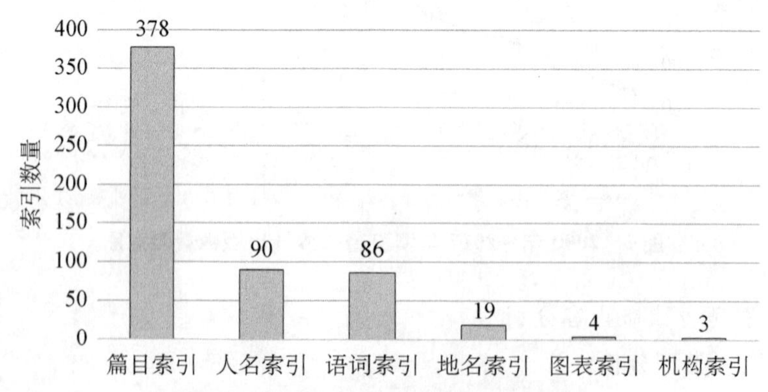

图 4　专题索引著作出版类别细分图

总量比其他几类索引数量之和,还多出 177 种,这充分说明篇目索引编纂数量一枝独秀,雄冠索引类型之首。

(2) 索引学科内容分析

按照索引著作涉及的学科内容,将 587 部索引著作大致划分为社会科学、自然科学和综合类三大类。在此基础上,对归入社会科学和自然科学两大部类的索引著作再行细致分类,便得到索引著作主题分类统计数据,详见表 2 和表 3。

表 2 社会科学索引著作主题分类统计表

主题名称	历史地理	文学	语言文字	艺术	文化科学教育体育	哲学宗教	政治	法学	经济	军事
索引著作数量	104	68	48	41	30	26	22	17	12	10
占比(%)	17.72	11.58	8.18	6.98	5.11	4.43	3.75	2.90	2.04	1.70
主题名称	社会科学总论	民族	军事外交	政治外交	政治法律	学术著作	马列、毛泽东思想	经济管理	管理	
索引著作数量	5	5	3	2	2	2	2	2	1	
占比(%)	0.85	0.85	0.51	0.34	0.34	0.34	0.34	0.34	0.17	

表 3 自然科学索引著作主题分类统计表

主题名称	医学	生物科学	自然科学总论	天文地质	环境科学安全科学	数理科学	工业技术	天文学地球学	生物医药	农业	建筑科学	化工	工程技术
索引著作数量	25	7	4	3	3	2	2	1	1	1	1	1	1
占比(%)	4.26	1.19	0.68	0.51	0.51	0.34	0.34	0.17	0.17	0.17	0.17	0.17	0.17

据统计数据得知,2000 年~2017 年间社会科学部类的索引著作共出版了 402 部,占总出版数的 68.48%;自然科学部类的索引著作共出版有 52 部,占总出版数的 8.86%;综合类主题索引著作共出版了 133 部,占总出版数的 22.66%。由此可分析出,新世纪以来我国社会科学索引著作出版占比较大,其数量是自然科学索引著作的 7 倍之多,说明社会科学领域内的索引编纂和研究较为活跃,索引成果出版进程也相对更快。

对社会科学和自然科学两大部类进行主题细分,二级主题共有 28 类,其中社会科学下属主题有 19 类,自然科学下属主题为 9 类。这说明出版的索引著作所涉及主题类型多样,主题分布也相对分散。从客观数据得知,出版索引著作数量超过 2 位数的主题有 11 个,其中社会科学部类占据 10 个,自然科学主题有且仅有"医学"主题 1 个,具体如图 5 所示。在社会科学部类中,"历史、地理"主题的索引著作出版数量最多,达到 104 部,占总出版数量的 17.70%;而排位第 10 的"经济"主题索引著作仅出版了 12 部,只占总出版数量的 2.00%。二者数量相差悬殊远,说明索引著作在各主题的编纂和出版方面是很不均衡的。

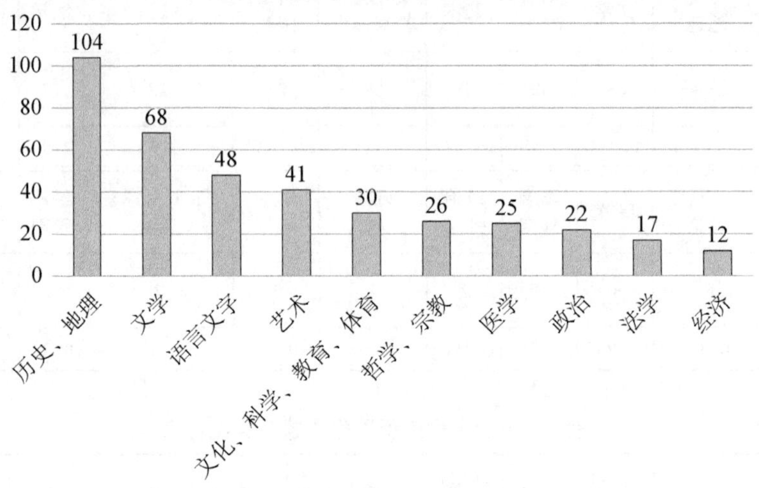

图 5　索引著作出版主题 TOP10 示意图

(3) 索引对象文献分析

根据索引著作针对的书籍对象类型,笔者将 587 部索引著作划分为古籍文献、学术著作、资料文献、工具书、报刊资料、作品集、专利文献、其他文献等 8 类。据统计,以古籍文献为索引对象的索引著作共计 175 部,占总出版数量的29.81%;以学术著作为索引对象的索引著作共计 148 部,占总出版数量的 25.21%;以资料文献为索引对象的索引著作共计 105 部,占总出版数的 17.89%,这三类文献也成为位列前三的对象文献索引著作。而以专利文献和其他文献作为索引对象的索引著作同样都是 4 部,分别占总出版数量的 0.68%,成为数量垫底的对象文献索引著作。还有,占到总出版数量比重超过 10% 的索引对象文献类型共有 4 类,按照从高到低的排列次序分别是古籍文献、学术著作、资料文献和工具书索引著作。

表4 索引对象文献统计表

索引对象文献	索引出版数量(部)	占索引著作总数(%)
古籍文献	175	29.81
学术著作	148	25.21
资料文献	105	17.89
工具书	64	10.90
报刊资料	53	9.03
作品集	34	5.79
专利文献	4	0.68
其他文献	4	0.68

表5数据显示,在历年各类索引著作占比平均值中,针对古籍文献的索引著作占比平均值维持在30.84%;针对学术著作的索引著作占比平均值维持在25.14%;针对资料文献的索引著作占比平均值维持在18.54%;针对工具书的索引著作占比平均值维持在10.31%。以上说明在历年的索引著作出版中,针对古籍文献的索引著作占据的份额最大,已基本接近三分之一的数量。

表5 各类索引历年出版数量汇总表

年份	2000年	2001年	2002年	2003年	2004年	2005年	2006年	2007年	2008年	2009年
资料文献	6	2	6	5	9	5	3	4	6	6
占比(%)	18.18	6.25	16.67	15.15	29.03	20.83	10.34	19.04	20	16.67
古籍文献	18	13	15	11	5	8	12	6	7	11
占比(%)	54.55	40.63	41.67	33.33	16.13	33.33	41.38	28.57	23.33	30.56
学术著作	6	12	8	10	4	6	7	5	7	8
占比(%)	18.18	37.5	22.22	30.3	12.9	25	24.14	23.81	23.33	22.22
工具书	5	1	2	4	7	1	3	4	4	1
占比(%)	15.15	3.13	5.56	12.12	22.58	4.17	10.34	19.05	13.33	2.78
年份	2010年	2011年	2012年	2013年	2014年	2015年	2016年	2017年	平均值	
资料文献	7	2	10	11	10	13	3	3	6	
占比(%)	23.33	8	32.26	19.61	27.78	29.55	6.82	14.29	18.54	
古籍文献	8	10	9	11	10	6	10	5	9	
占比(%)	26.67	40	29.03	21.57	27.78	13.64	22.73	23.81	30.84	

续表

学术著作	8	5	4	12	10	14	12	9	8	
占比(%)	26.67	20	12.9	23.53	27.78	31.82	27.27	42.86	25.14	
工具书	1	2	3	12	2	1	11	0	3	
占比(%)	3.33	8	9.68	23.53	5.56	2.27	25	0	10.31	

我们再通过图6进行趋势观察,可知针对古籍文献编纂并出版的索引著作呈现明显的下滑趋势,并在2004年形成出版低谷,一年内仅出版了5部,相较于2000年的18部,下降了72.22%。从整体看,针对古籍文献的索引著作数量在2000年~2004年间大幅下降,虽然在2004年~2013年间出版数量有所回升,但终究增不抵减。笔者认为,针对古籍文献的索引编纂数量日趋饱和,是导致这类索引著作出版逐渐减少的原因之一。

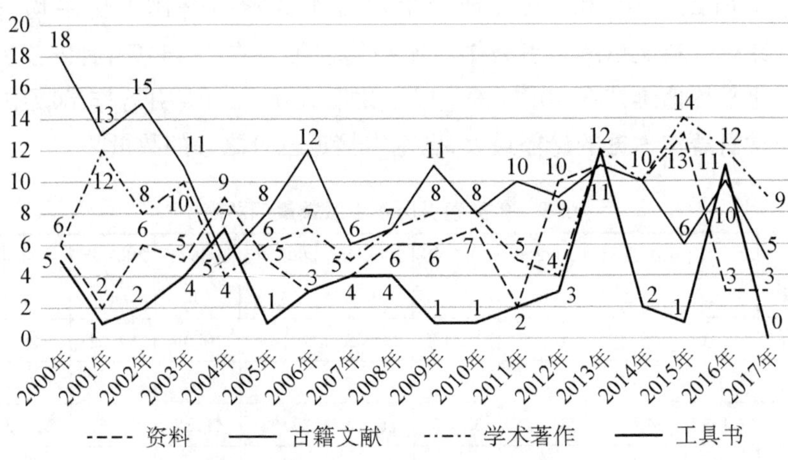

图6　各类索引著作历年出版数量趋势图

与此同时,针对学术著作的索引著作出版发展趋势表现良好,在历年索引著作出版占比平均值中始终维持在第二位,且呈现出正向增长的趋势。其中,针对学术著作的索引著作在2012年~2017年之间,出版数量出现了爆发式增长,2015年的出版数量最多,达到14部,相较于2000年上涨了133.3%。这种变化趋势可能源于我国经济文化的快速发展,为各个领域学术研究提供了有力的支持,也推动了学术著作出版以及学术著作索引的编纂。还有,2012年国家新闻出版总署发布的《关于进一步加强学术著作出版规范的通知》,提出要不断增加学术著作的出版规范,并明确强调学术著作要编纂索引,因为索引是学术著作不可或缺的重要组成部分,是反映学术著作出版水平和质量的重要内容,索引编纂规范与否将直接影响出版单位年检、等级评估的结果。

虽然针对资料文献和工具书的索引著作出版表现不算突出,但从历年出版数量上看,这两类索引著作出版数量近几年都有大幅度增长。其中,以资料文献为索引对象的索引著作出版于2001年~2004年、2006年~2010年、2011年~2016年的3个时间段,均呈现出增长态势,并于2015年出版了13部索引著作,是2000年出版数量的116.7%,由此形成针对资料文献编纂并出版索引著作的一个高峰。

针对工具书文献出版的索引著作存在阶段性发展趋势。该类索引著作在2000年~2012年间呈现发展无力的现象,甚至在2008年出现出版低谷,一年内只出版了1种。这一表现或受2007年原国家新闻出版总署颁布的《图书出版管理规定》的影响,因为该文件明确提出当年对辞书、地图、中小学教科书等图书实行资格准入制度。但是到2012年~2016年,针对工具书文献出版的索引著作却呈现出爆发式增长态势,并在2013年和2016年形成了2个出版高峰,分别出版了12部和11部著作,这不能不说是一种特殊现象。

三、索引著作编纂者统计与分析

我们将索引编纂者划分为独立编纂者、合作编纂者以及集体编纂者三类,然后进行统计汇总得知,在587部索引著作的编纂者中,独立编者人数占到259人,该群体出版的索引著作共311部,约占总数的52.98%。以合作形式出现的编纂者有131位,该群体出版了索引著作146部,约占总数的24.87%。集体编纂者人数为106人,该群体出版索引著作为130部,约占总数的22.15%。通过以上数据可知,新世纪以来索引著作的出版,主要依赖于独立编纂者的力量。

表6 索引著作编纂者统计表

编者类型	编者数量	出版数量(部)
独立编者	259	311
合作编者	131	146
集体编者	106	130

为了进一步探究索引著作的编纂者情况,笔者对独立编纂者按照著作责任行为将其分为"主编""编著""编纂""编译"四类。经过辨别原著和数据汇总得知,587 部索引著作中,标注"主编"的共有 189 人,标注"编著"的为 64 人,标注"编纂"的有 55 人,标注"编译"的则只有 3 人。此次由于是对重要索引编纂者进行探讨,因此在下面分析中去除掉"主编"一类的编纂者,仅对标注"编著""编纂""编译"的索引编纂作者进行数据统计和分析,具体数据详见图 7 和表 7。

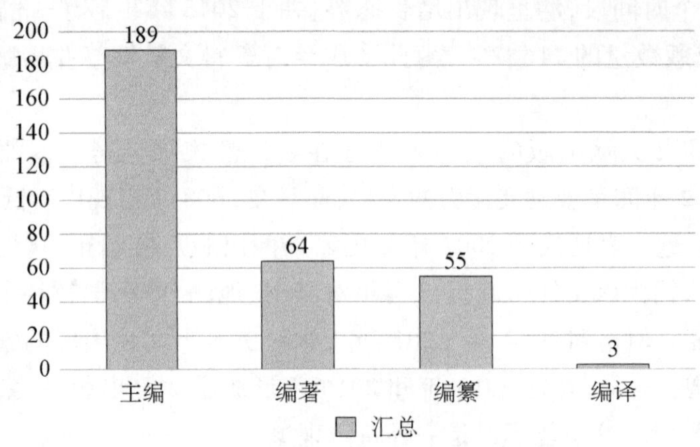

图 7　索引著作编纂者责任分类统计

新世纪以来的 18 年间,编纂且出版索引著作数量最多的是刘殿爵先生,共有 7 部索引著作问世。他与陈方正教授共同完成的大型古籍索引——《先秦两汉古籍逐字索引丛刊》《魏晋南北朝古籍逐字索引丛刊》名扬海内外,被认为是现今最重要的古代文献研究工具书。①

索引编纂数量排名第二的是邹育理先生,18 年来共编著了 5 部索引著作,分别是由法律出版社出版的《中国法律期刊文献索引: 2001》《中国法律期刊文献索引: 2002》,以及北京大学出版社出版的《中国法律期刊文献索引: 2003》《中国法律期刊文献索引: 2004》《中国法律期刊文献索引: 2005》。已经形成系列出版物的《中国法律期刊文献索引》,是我国法律专业难得的二次文献索引,也是国内最为专业、最为齐全的法律文献索引工具。

① 毛建军. 刘殿爵先生与古籍整理[J]. 图书馆理论与实践,2012(12): 55—56,65.

表7 索引著作编纂者排序表

排序	索引编纂者	索引著作数量
1	刘殿爵	7
2	邹育理	5
3	张如安	2
4	幺峻洲	2
5	王宪昭	2
6	王刚	2
7	尚衍重	2
8	邝龚子	2

四、索引著作出版机构统计与分析

我们对新世纪以来出版的索引著作进行出版机构数据统计,在2000年~2017年间出版的索引著作中出现了206家出版机构。按照出版社类型即综合性出版社、专业出版社与大学出版社三类,进一步开展统计分析可知,综合性出版社有81家,专业出版社有88家,大学出版社37有家。

其中,专业出版社推出的索引著作数量最多,共有307部,占总数的52.30%。其次是综合出版社,共出版了189部索引著作,约占总数的32.20%。最后是大学类出版社,共有91部索引著作问世,约占总数的15.50%。不难看出,专业出版社成为近十几年来索引著作出版的“领跑者”。

依据各出版社的主管单位性质,再将涉及索引著作出版的出版机构划分成国家和中央级出版社与地方级(包括省级和地市级出版社)两个级别。透过统计后的数据得知,国家和中央级出版社中有70家出版过索引著作,出版数量为268部,占出版总数的54.03%;地方级出版社中有99家出版社涉猎索引著作出版,出版的索引著作有228部,占出版数总的45.97%。

虽然涉及索引著作出版的地方级出版社数量比国家和中央级出版社多出了29家,但国家和中央级出版社所出版的索引著作数量,却比地方级出版社多出40部。两个数据的明显反转,说明索引著作出版主要集中在国家和中央级出版机构,毕竟相较于地方级出版社,国家和中央级出版社具有更高的知名度、美誉度和强劲的编辑出版实力。

表 8　索引著作出版机构统计表

国家和中央级出版社			地方级出版社		
出版社类型	出版社数量(家)	索引著作数量(部)	出版社类型	出版社数量(家)	索引著作数量(部)
国家级专业出版社	46	171	地方级专业出版社	42	136
国家级综合性出版社	24	97	地方级综合性出版社	57	92
总计	70	268	总计	99	228

针对各出版机构出版索引著作的具体情况展开统计分析,得到的数据显示,新世纪以来索引著作出版数量位列前茅的依次是:国家图书馆出版社(北京)、上海古籍出版社(上海)、中华书局(北京)、线装书局(北京)、中国书店出版社(北京)、上海辞书出版社(上海)、三秦出版社(西安)、商务印书馆(北京)、学苑出版社(北京)、中国民主法制出版社(北京)。这 10 家出版机构 18 年间共出版索引著作 186 部,占到索引著作出版总数的 31.69%,接近三分之一。

国家图书馆出版社、上海古籍出版社、中华书局在索引出版数量上位列三甲。其中,国家图书馆出版社出版有索引著作 49 部,占到出版总数的 8.35%;上海古籍出版社出版索引著作 24 部,占出版总数的4.09%;中华书局出版索引著作 24 部,占出版总数的 4.09%。位居第一的国家图书馆出版社,具体索引著作出版数量比第二位的上海古籍出版社多出一倍还多。另外,新世纪以来出版索引著作的出版机构数量众多,但是出版索引著作数量超过 10 部的出版机构却仅有 9 家,说明索引著作在出版机构层面呈现出相当分散的趋势。

表 9　索引著作出版机构前 10 名统计表

排序	出版社名称	出版社类型	主营领域	索引出版数量(部)	占总数比重(%)
1	国家图书馆出版社(北京)	专业出版社	古籍整理; 工具书编纂	49	8.35
2	中华书局(北京)	专业出版社	古籍整理; 学术研究著作	24	4.09

续表

排序	出版社名称	出版社类型	主营领域	索引出版数量(部)	占总数比重(%)
3	上海古籍出版社(上海)	专业出版社	古籍整理; 学术研究著作	24	4.09
4	线装书局(北京)	专业出版社	古籍整理	17	2.90
5	中国书店出版社(北京)	综合性出版社	古籍影印; 传统文学艺术	16	2.73
6	上海辞书出版社(上海)	专业出版社	工具书	15	2.56
7	三秦出版社(西安)	专业出版社	古籍整理	12	2.04
8	学苑出版社(北京)	专业出版社	科技、教育类图书	10	1.70
9	商务印书馆(北京)	综合性出版社	工具书;翻译作品; 学术著作	10	1.70
10	中国民主法制出版社(北京)	综合性出版社	法律用书;工具书; 人文社科图书	9	1.53

对出版索引数量位居前10的出版机构进行考察后得知,以古籍整理为主营业务领域的出版社共有6家,数量超过了半数,且排名前三的:国家图书馆出版社、上海古籍出版社、中华书局均在古籍整理上形成经营特色。这在一定程度上说明,在索引著作出版领域,以古籍整理为特色的国家和中央级的专业出版社具有强大的实力和优势。其中,位居榜首的:国家图书馆出版社,建社30余年来形成了两大专业出版特色,其一便是编辑出版各种书目、索引等中文工具书,正是基于这一特色,才使国家图书馆出版社在索引著作出版领域,始终占据着第一名的位置。

五、索引著作出版的地域分析

依据587部索引著作的出版地统计数据可知,索引著作的出版主要集中在我国经济相对发达的地区。统计数据反映,2000年~2017年间我国出版索引著作的地区一共有38个,依据城市等级进行划分,出版索引著作的一线城市有14个,共出版索引著作477部,占总数的81.26%;二线城市17个,共出版索引著作79部,占总数的13.46%;三线城市3个,出版索引著作16部,占总数的2.73%;四线城市3个,出版索引著作14部,占总数的2.39%;五线城市就只有有1个,出版索引著作1部,占总数的0.17%。此外,如表10所示,索引著作出版数量排名前5的城市,均属于我国的一线城市。

表10　索引著作出版地域统计表

排序	城市名称	城市等级	索引出版数量(部)	占总数比重(%)	排序	城市名称	城市等级	索引出版数量(部)	占总数比重(%)
1	北京	一线	301	51.28	20	太原	二线	5	0.85
2	上海	一线	82	13.97	21	昆明	二线	5	0.85
3	成都	一线	22	3.75	22	合肥	二线	5	0.85
4	西安	一线	17	2.90	23	广州	一线	5	0.85
5	武汉	一线	15	2.56	24	沈阳	一线	3	0.51
6	南京	一线	14	2.39	25	南宁	二线	3	0.51
7	济南	二线	10	1.70	26	哈尔滨	二线	3	0.51
8	长春	二线	8	1.36	27	福州	二线	3	0.51
9	兰州	三线	8	1.36	28	重庆	二线	2	0.34
10	开封	四线	8	1.36	29	长沙	一线	1	0.17
11	桂林	二线	8	1.36	30	扬州	三线	1	0.17
12	天津	一线	7	1.19	31	西宁	二线	1	0.17
13	南昌	二线	7	1.19	32	苏州	一线	1	0.17
14	呼和浩特	三线	7	1.19	33	石家庄	二线	1	0.17
15	杭州	一线	7	1.19	34	宁波	一线	1	0.17
16	乌鲁木齐	二线	6	1.02	35	牡丹江	四线	1	0.17
17	厦门	二线	6	1.02	36	拉萨	五线	1	0.17
18	郑州	二线	5	0.85	37	贵阳	二线	1	0.17
19	延吉	四线	5	0.85	38	大连	二线	1	0.17

从行政区域分布来看,索引著作出版在华北地区、华东地区、华中地区、华南地区分布相对较多,在西北地区和西南地区分布相对较少。其中,华北地区以首都北京为代表,华东地区以上海市最为突出。北京地区一共出版了301部索引著作,占比51.28%,以独占半壁江山而位居首位;上海地区共出版索引著作82部,占比13.97%,位列第二。

作为首都和全国文化中心，北京出版索引著作的数量是排名第二的上海市出版索引著作数量的3倍还多，这并不使人奇怪。浓郁的学术研究氛围是开展索引编纂和出版的沃土，北京拥有全国最多的出版机构，开展索引编纂和出版工作的优势，其他地区难以望其项背。而上海索引编纂和出版蒸蒸日上，这与中国索引学会坐镇上海，学会会员在上海地区人员最多也有着密不可分的联系。中国索引学会自成立之日起，汇集了以张琪玉教授为代表的索引权威，通过组织索引学术研讨、开展索引编纂服务和业务交流，带来了良好的影响力，自然也推动了上海地区索引编纂和出版的繁荣发展。

六、索引编纂及出版存在的问题

1. 索引著作出版数量偏少

基于以上新世纪以来我国索引著作出版数量的统计分析，可知我国索引著作出版发展趋势相对缓慢。在我国历年出版图书数量每年达到30多万种的大环境下，2000年~2017年间出版索引著作仅为587部，可谓是沧海一粟。

索引著作出版数量整体表现不尽如人意，或受主客观两方面因素影响，例如2012年以来国家环保政策不断收紧，中国纸张行业价格不断上涨，导致印刷型出版物生产成本持续增加。索引著作出版数量少的另一个原因，则是国人对索引的认识不够，索引著作的作用也发挥不足，影响到索引著作的销售数量很小，致使索引著作出版不赢利甚至亏损，出版社也就不愿意策划和出版这类著作了。

2. 索引编纂严重偏向

基于前文中对近18年间索引著作内容的分析可知，新世纪以来我国索引编纂工作仍存在欠缺，主要体现在索引编纂类型存在偏向、索引覆盖学科范围存在偏向、索引编纂对象存在偏向三个方面。

第一，篇目索引编纂独占鳌头，主题索引编纂严重不足。新世纪以来专题索引编纂数量是主题索引数量的7倍之多，且专题索引中又以篇目索引编纂数量为最。要知道主题索引作为一种由关键词、主题词、叙词构成的、较为全面具体的索引类型，虽然编纂难度相对较大，但其对文献内容的检索和揭示是最为理想的；而专题索引则是一种根据索引款目性质，将出版物中具有检索意义的专题索引词或专有名词集中编排以供检索的相对单一的索引。专题索引编纂过多但主题索引严重不足，只能使索引编纂和出版继续处于低级徘徊的阶段，需要尽快扭转这种局面才行。

第二,索引编纂重视人文社科,轻视自然科学。新世纪以来出版的索引著作,其针对的文献对象和揭示的内容,大多以社会科学为主,反映在索引著作出版数量上,人文社科内容的索引竟然比自然科学索引著作多出 350 多部,二者偏差实在太大。此外,索引著作出版主要集中在“历史、地理”、“文学”等热门主题,索引出版数量高度集中,反观自然科学、工程技术等自然科学领域的索引著作实在是少得可怜,如此下去就不得不让人继续担忧下去。

第三,索引编纂对象多以古籍文献为主,针对现当代文献编纂的索引数量相对较少。针对古籍文献的索引著作编纂和出版表现突出不足为奇,这与中国拥有的悠久文化底蕴有着密切联系。中国作为世界文明古国,也是保存古籍文献最多最完整的国家,针对古籍文献开展的索引编纂自然就受重视。但任何事物要讲究均衡,不能过于走偏,针对现当代文献编纂的索引数量明显偏少,则限制了现当代文献的信息揭示,也不利于人们的学习和研究。笔者希望这种现象通过新索引的不断问世而有所改观。

3. 各地区、各出版单位索引出版数量差距明显

基于前文分析可知,我国索引著作出版差距相当明显,主要体现在两个方面:一是,地区间索引著作出版差距很大。2000 年~2017 年间索引著作的出版,主要集中在经济发达的一、二线城市,这些地区出版的索引著作数量竟达到 556 部,占到出版总数的 94.72%;而经济发展程度相对较低的三、四、五线城市,在相同的 18 年间共出版索引著作 31 部,仅占出版数总的 5.28%,用相差悬殊来比喻也不为过。另外,北京作为全国的政治、经济、文化中心,新世纪以来出版的索引著作总数,比其他地区索引著作出版之和还多出 15 部。这种出版富集现象从传承文化、促进索引普及和使用角度来说,也应该逐渐予以扭转。

二是,出版机构间的索引著作出版数量差距也很大。新世纪以来我国出版索引著作的出版单位虽然数量众多,但各出版社之间出版索引著作存在明显差距,索引著作的出版主要集中在出版实力强劲、品种特色突出的国家和中央级专业出版社,而且国家图书馆出版社目前已经显露出一家为大的“苗头”。笔者希望,从我国文化发展平衡的客观需求来考量,索引出版应该结合地域和出版机构的双重因素来布局。索引编纂和出版集中于首都北京本无差错,但应该逐渐降低其数量比重,北京之外的地方出版社应持续发力,多多组织和出版索引著作,由此改变一家独大、一地独大的局面,促进索引著作出版遍地开花。

七、索引编纂与出版的未来发展建议

1. 促进索引编纂与出版“提质增量”

目前,我国索引著作出版特色已日渐鲜明,未来索引著作出版需落足于“提质增量”。随着我国新闻出版业转型升级,索引著作的出版环境在不断改善,诸如《关于进一步加强学术著作出版规范的通知》等新政纷纷出台,会大大促进索引著作的编纂和出版,未来独立出版的索引著作总量增加将是必然之势。

为避免索引著作出版陷入“有量无质”窘境,增加兼具学术价值和实用价值的重量级索引著作数量,各出版机构应狠抓索引著作选题质量,并申报各级各类出版基金或科研课题,来资助重要索引著作的编纂和出版。

索引著作作为知识内容产品,保证内容质量是其生存发展的王道。索引编纂质量的高低取决于索引对文献信息内容的揭示程度以及索引使用者需求的适配程度。未来索引编纂和出版在满足科学、准确、专业等基础准则外,还应实现索引编纂类型多元化发展,促进索引著作实用价值的发挥,还应该不断发掘新的索引出版方式和索引编纂技术,以此多管齐下真正促进我国索引著作数量和质量的同步提高。

2. 平衡索引编纂与出版的偏向问题

根据本文的统计分析,平衡索引编纂现存的品种和数量偏向问题,是我国索引著作编纂与出版的重要任务之一。

首先,在索引编纂对象的选择上需平衡好传统古典文献与现当代文献的比重,目前针对古籍文献的索引编纂偏多,应增加现实性的新出版著作的索引编纂比例。其次,新世纪以来出版的索引著作明显以篇目索引为主,但文献本身信息内容是非常丰富的,多多编纂主题索引会更加适合现代人的检索和应用需求;即便是专题索引,未来也可以增加针对文献中的人名、地名、机构、物产、职官等,编纂更加多样的、有特色的专题索引。第三,要拓宽索引著作覆盖的学科范围,逐步从人文社科文献索引编纂,向自然科学文献索引编纂扩展,以此改善索引内容对于人文社科文献的过度偏差。

3. 走索引编纂与出版的数字化之路

目前出版业在向媒介融合、数字出版的方向发展,因此今后的索引编纂和出版也要适应时代发展的大趋势,走数字化发展之路。其中,索引编纂流程计算机化、索引款目制作人机结合、索引出版集成化是重点要解决的问题。

新世纪之初,在科学技术迭代发展影响下,由王彦祥先生开发的"索引之星2.0"作为国内唯一一款索引软件,攻克了文件兼容性差的难题,实现了索引编纂的人机结合,也实现了中文索引编纂的数字化、自动化,更使中文索引编纂质量大幅提升,这一索引编纂模式值得大力推广。我国索引著作的出版载体已呈现印刷型索引与电子索引并存的新局面,虽然现阶段印刷型索引仍然占据主体地位,但未来电子索引的比重将会日益增加,因此只有在索引编纂与出版坚持走数字化道路,才能迎头赶上并步入新时代发展的快车道。

附录

《中国索引综录续编》补遗

2000 年

[1] 贾东海.《马克思主义民族理论与政策研究资料索引(1949~1999)》. 兰州:甘肃民族出版社,2000 年. ISBN978-7-5421-0751-8

[2] 张秋林.《阶梯黄金时代百科全书-第五册-附录和索引》. 北京:二十一世纪出版社,2000 年. ISBN978-7-5391-1714-1

[3] 柏丽丹.《中文网站网址索引》. 北京:兵器工业出版社,2000 年. ISBN978-7-80132-778-0

[4] 四库未收书辑刊编纂委员会.《四库未收书辑刊-首卷-目录索引》. 北京:北京出版社,2000 年. ISBN978-7-200-03471-1

[5] 郁贤皓.《唐刺史考全编索引》. 合肥:安徽大学出版社,2000 年. ISBN978-7-81052-265-5

[6] 龚联寿.《联话丛编:作者索引》. 南昌:江西人民出版社,2000 年. ISBN978-7-210-02145-3

2001 年

[7] 罗竹风,汉语大词典编辑委员会汉语大词典编纂处编纂.《汉语大词典-附录·索引》. 上海:汉语大词典出版社,2001 年. ISBN978-7-5432-0016-3

[8] 申国美.《国家图书馆藏敦煌遗书研究论著目录索引(1900~2001)》. 北京:

北京图书馆出版社,2001 年 9 月. ISBN978 −7 −5013 −1833 −6
[9] 赵钢.《中西医结合治疗周围血管病文献索引》. 哈尔滨: 黑龙江教育出版社,2001 年. ISBN978 −7 −5316 −3928 −9
[10] 任振泰.《杭州市志: 第十二卷(总目、索引、名录)》. 北京: 中华书局,2001 年. ISBN978 −7 −101 −03257 −5

2002 年

[11] 王刚编著.《中小学课程网络资源索引: 物理化学分册》. 北京: 清华大学出版社,2002 年. ISBN978 −7 −302 −01214 −8
[12] 孟欣,李迅编著.《中小学课程网络资源索引: 语文英语分册》. 北京: 清华大学出版社,2002 年. ISBN978 −7 −302 −01171 −0
[13] 王刚编著.《中小学课程网络资源索引: 数学分册》. 北京: 清华大学出版社,2002 年. ISBN978 −7 −302 −01156 −7
[14] 刘静,安迎编著.《中小学课程网络资源索引: 历史地理分册》. 北京: 清华大学出版社,2002 年. ISBN978 −7 −302 −01148 −6
[15] 刘壮明编著.《中小学课程网络资源索引: 信息技术分册》. 北京: 清华大学出版社,2002 年. ISBN978 −7 −302 −01269 −5
[16] 启功,王靖宪.《中国美术分类全集: 中国法帖全集总目录索引中国历代法帖叙录》. 武汉: 湖北美术出版社,2002 年. ISBN978 −7 −5394 −1210 −0
[17] 华东师范大学中国文字研究与应用中心.《金文引得:春秋战国卷》. 南宁: 广西教育出版社,2002 年 10 月. ISBN978 −7 −5435 −3526 −2
[18] 刘占锋.《中国语汇通检从书: 中国成语通检》. 郑州: 河南大学出版社,2002 年. ISBN978 −7 −81041 −906 −4
[19] 许明.《中国佛教经论序拔记集(索引)》. 上海: 上海辞书出版社,2002 年 9 月. ISBN978 −7 −5326 −1024 −2

2003 年

[20] 叶朗总.《中国历代美学文库: 索引卷》. 北京: 高等教育出版社,2003 年. ISBN978 −7 −04 −012665 −6
[21] 张小莹.《中国共产党十六大精神研究资料索引》. 兰州: 甘肃人民出版社,2003 年. ISBN978 −7 −226 −02863 −8

[22] 叶绍钧.《十三经索引》.北京：中华书局,2003 年.ISBN978 -7 -101 -00299 -4

2004 年

[23] 张嘉星.《闽方言研究专题文献辑目索引(1403～2003)》.北京：社会科学文献出版社,2004 年 11 月.ISBN978 -7 -80190 -232 -7

[24] 王作秋.《世界港口及内陆点索引手册》.北京：人民交通出版社,2004 年 12 月.ISBN978 -7 -114 -05367 -2

[25] 慈怡.《佛光大辞典第十五册、第十六册索引》.北京：北京图书馆出版社,2004 年 11 月.ISBN978 -7 -5013 -2608 -8

[26]《建国以来党政干部违法大案要案索引》编写组.《建国以来党政干部违法违纪大案要案索引》.北京：法律出版社,2004 年 2 月.ISBN978 -7 -5036 -4625 -6

[27] 周春隆,穆振义.《有机颜料索引卡》.北京：中国石化出版社,2004 年 2 月.ISBN978 -7 -80164 -465 -4

2005 年

[28] 高小红.《西部大开发与民族经济研究资料索引(1995～2004)》.兰州：甘肃民族出版社,2005 年.ISBN978 -7 -5421 -1050 -0

[29] 尚恒元,彭善俊.《二十五史谣谚通检》.太原：山西古籍出版社,2005 年.ISBN978 -7 -80598 -694 -0

2006 年

[30] (宋)王钦若著;周勋初校订.《册府元龟第十二册人名索引》.南京：凤凰出版社,2006 年.ISBN978 -7 -80643 -586 -7

[31] 文军.《中国翻译批评百年回眸：1900 年—2004 年中国翻译批评论文、论著索引》.北京：北京航空航天大学出版社,2006 年.ISBN978 -7 -81077 -761 -0

2007 年

[32] 骆永明.《长江三角洲研究文献指引》.北京：科学出版社,2007 年 9 月.ISBN978 -7 -03 -019469 -5

2008 年

[33] 法律出版社法规出版中心.《中华人民共和国分类法典：应用版索引》.北京：法律出版社,2008 年 2 月. ISBN978－7－5036－7957－5

[34] 朱赛虹.《清代御制诗文篇目通检》.北京：同心出版社,2008 年. ISBN978－7－80716－282－7

2010 年

[35] 肖惠华,钱丽云,李惠兰.《彝族文化研究：论文·专著·译文目录索引(1984～2009)》.昆明：云南人民出版社,2010 年. ISBN978－7－222－06678－6

2011 年

[36] 夏征农,陈至立.《辞海(典藏版):第九卷：附录、索引》.上海：上海辞书出版社,2011 年 9 月. ISBN978－7－5326－3353－1

[37] 额尔德尼.《蒙古学论文索引(1996—2005)》.呼和浩特：内蒙古大学出版社,2011 年 6 月. ISBN 不详

2012 年

[38] 陈小野.《中医文献索引和文摘年代一览表》.北京：中医古籍出版社,2012 年. ISBN978－7－80174－994－9

[39] 中华书局编辑部.《丛书集成初编总目索引》.北京：中华书局,2012 年 3 月. ISBN978－7－101－08463－4

[40] 郑培凯.《陶瓷下西洋研究索引：十六至十七世纪中国陶瓷与中外贸易》.昆明：云南科技出版社,2012 年. ISBN978－962－442－350－1

[41] 高国祥.《中国华北文献丛书目录索引卷》.北京：学苑出版社,2012 年. ISBN978－7－5077－3935－0

[42] 刘志基.《中国出土简帛文献引得综录:郭店楚简卷》.上海：上海人民出版社,2012 年. ISBN978－7－208－11135－6

[43] 梁诗正.《石渠宝笈：检索版索引卷》.南昌：江西美术出版社,2012 年 8 月. ISBN978－7－548－01313－6

2013 年

[44] 陈斌.《行书字典：笔画索引》. 西安：三秦出版社,2013 年 4 月. ISBN978 - 7 -551 - 80429 - 5

[45] 陈斌.《行楷书法字典：笔画索引》. 西安：三秦出版社,2013 年 4 月. ISBN978 - 7 - 551 - 80437 - 0

[46] 陈斌.《明清书法字典：笔画索引》. 西安：三秦出版社,2013 年 4 月. ISBN978 - 7 - 551 - 80440 - 0

[47] 陈斌.《五体书法字典：笔画索引》. 西安：三秦出版社,2013 年 4 月. ISBN978 - 7 - 551 - 80434 - 9

[48] 中华人民共和国海关总署办公厅.《(1861—1949)中国近代海关总税务司通令全编：索引卷》. 北京：中国海关出版社,2013 年. ISBN978 - 7 - 80165 - 892 - 0

[49] 杭州市萧山区人民政府地方志办公室.《萧山市志：第四册：索引》. 杭州：浙江人民出版社,2013 年. ISBN978 - 7 - 213 - 05873 - 8

[50] 湖南图书馆.《湖南图书馆单幅文献目录：三：索引》. 北京：线装书局,2013 年. ISBN978 - 7 - 5120 - 1041 - 3

[51] 陈斌.《草书字典：笔画索引》. 西安：三秦出版社,2013 年 4 月. ISBN978 - 7 - 551 - 80431 - 8

[52] 陈斌.《行草字典：笔画索引》. 西安：三秦出版社,2013 年 4 月. ISBN978 - 7 - 551 - 80436 - 3

[53] 陈斌.《章草字典：笔画索引》. 西安：三秦出版社,2013 年 4 月. ISBN978 - 7 - 551 - 80438 - 7

[54] 陈斌.《宋元书法字典：笔画索引》. 西安：三秦出版社,2013 年 4 月. ISBN978 - 7 - 551 - 80439 - 4

[55] 陈斌.《楷书字典：笔画索引》. 西安：三秦出版社,2013 年 4 月. ISBN978 - 7 - 551 - 80430 - 1

[56] 陈斌.《篆书字典：笔画索引》. 西安：三秦出版社,2013 年 4 月. ISBN978 - 7 - 551 - 80433 - 2

[57] 陈斌.《隶书字典：笔画索引》. 西安：三秦出版社,2013 年 4 月. ISBN978 - 7 - 551 - 80432 - 5

[58] 万树.《词律(附索引)》. 上海：上海古籍出版社,2013 年 12 月. ISBN978 -

7 - 5325 - 7026 - 3

2014 年

[59] 吴敏霞.《〈全唐文补遗〉总目索引》. 西安：三秦出版社,2014 年. ISBN978 - 7 - 551 - 80962 - 7

[59] 世界书局整理.《历代人物别署居处名通检》. 北京：中华书局,2014 年. ISBN978 - 957 - 06 - 0512 - 9

2015 年

[60] 中国美术全集编委会.《中国美术全集：1：总目录、索引、年表》. 北京：人民美术出版社,2015 年. ISBN978 - 7 - 102 - 06919 - 7

2016 年

[61] 张庆柱.《三国演义人物谱：陆：司马政权,附录索引等》. 济南：泰山出版社,2016 年. ISBN978 - 7 - 5519 - 0406 - 3

[62] 战葆红,马文大,杨洲,罗云鹏.《未刊清车王府藏曲本目录索引》. 北京：中国社会科学出版社,2016 年 9 月. ISBN978 - 7 - 5077 - 5072 - 0

[63] 宋平生.《中国活字印书总目索引》. 北京：燕山出版社,2016 年 7 月. ISBN978 - 7 - 5402 - 4159 - 9

[64] 姜盼,仇滨.《〈《盛京时报》长春资料选编〉分类索引》. 长春：长春出版社,2016 年 10 月. ISBN978 - 7 - 5445 - 4517 - 4

2017 年

[65] 陈红彦,谢冬荣,萨仁高娃.《清代诗文集珍本丛刊(总目索引提要)(全二册)》. 北京：国家图书馆出版社,2017 年 12 月. ISBN978 - 7 - 5013 - 6242 - 4

[66] 谢水华.《朱子学研究论著索引：1990—2015》. 南昌：江西人民出版社,2017 年 10 月. ISBN978 - 7 - 210 - 09801 - 0

[67] 孔辉.《中国工农红军长征图书书目索引》. 成都：西南交通大学出版社,2017 年 3 月. ISBN978 - 7 - 5643 - 5298 - 1

[68] 杨春光.《赤山湖水文化集萃索引》. 南京：江苏人民出版社,2017 年. ISBN978 - 7 - 214 - 21132 - 3

[69] 朱玉麒,刘子凡.《新疆图志·索引》. 上海:上海古籍出版社,2017 年 4 月. ISBN978-7-5325-8510-6
[70] 刘旭.《全球能源新闻索引:2016》. 北京:石油工业出版社,2017 年. ISBN978-7-5183-1828-5
[71] 贾翠玲.《〈红色中华〉索引:1931 年—1937 年》. 北京:人民日报出版社,2017 年 09 月. ISBN978-7-511-54677-7
[72] 张梅秀.《山西地方志艺文篇目索引》. 太原:三晋出版社,2017 年. ISBN978-7-5457-1078-6
[73] 闫保君,张红梅,王福利.《神经介入器械索引》. 郑州:郑州大学出版社,2017 年. ISBN978-7-5645-4262-7
[74] 确精扎布.《〈元朝秘史〉单词、词尾索引》. 北京:民族出版社,2017 年 12 月. ISBN978-7-105-15234-6
[75] 刘淑莹,陈长宝,孙秀丽.《人参、西洋参现代中文图书索引》. 长春:吉林大学出版社,2017 年 12 月. ISBN978-7-5692-1411-6
[76] 索雅杰,王丽媛.《契丹辽文化研究十五年(2001—2015 年)论著目录索引》. 呼和浩特:内蒙古人民出版社,2017 年 10 月. ISBN978-7-204-15067-0
[77] 黎方银.《〈大足石刻全集〉附录及索引》. 重庆:重庆出版社,2017 年 8 月. ISBN978-7-229-12802-9
[78] 程国赋,郑子成.《中国历代小说刊印研究资料索引》. 南京:凤凰出版社,2017 年 11 月. ISBN978-7-5506-2675-1
[79] 李今庸.《新编黄帝内经索引》. 武汉:湖北科学技术出版社,2017 年 10 月. ISBN978-7-5352-9728-0
[80] 卓玛.《藏族文艺论著资料索引》. 北京:中国藏学出版社,2017 年 8 月. ISBN978-7-80253-995-2
[81] 哈尔滨市地方志编纂委员会编.《哈尔滨市志(1991—2005)索引》. 哈尔滨:黑龙江人民出版社,2017 年 7 月. ISBN978-7-207-11117-3
[82] 布和宝力德.《京肯祭祀研究资料与索引》. 呼和浩特:内蒙古人民出版社,2017 年 3 月. ISBN978-7-204-14673-4
[83] 张善斌.《破产法文献分类索引》. 武汉:武汉大学出版社,2017 年 12 月. ISBN978-7-307-19875-3
[84] 于英杰.《市场监督管理行政执法依据索引》. 北京:中国工商出版社,2017

年 6 月. ISBN978 - 7 - 80215 - 913 - 6

[85] 王炜,王政元.《中国历代货币大系 · 13 · 总索引》. 上海: 上海人民出版社, 2017 年 9 月. ISBN978 - 7 - 208 - 14502 - 3

[86] 逯钦立.《先秦汉魏晋南北朝诗(附作者篇目索引)》. 北京: 中华书局,2017 年 9 月. ISBN978 - 7 - 101 - 12719 - 5

万夙婕　女,北京印刷学院出版专硕研究生,研究方向为编辑出版。

王彦祥　男,北京印刷学院教授,传播学和出版专业硕士研究生导师。中国索引学会副理事长,中国地方志学会编辑出版研究会副会长。

Analysis on the Index Publications in China

— Based on Statistics of Index Works from 2000 to 2017

Wan Sujie　Wang Yanxiang

Abstract: Based on *the China Index Summary* and *the China Index System Yearbook*: *1999 - 2016* compiled by Mr. Ping Baoxing, this article gathers the data of the index works published in China from 2000 to 2017. By using the bibliometric method, the paper analyzes the number of index publications, publishing organizations and publishing regions in China since the 21th century. The collected data shows that the development of index publications in China has been relatively stable, however, the problems such as the small number of index works, the serious bias in indexing, and the huge gap on the strength of the publishers among regions where they are located, remain. Based on the current situation and problems, the authors put forward three specific suggestions for the compilation and publication of index works in China in the future.

Keywords: Index Compilation; Writings on Index; Index Research; *China Index Summary*

学 术 论 坛

试论万事万物皆可索引

邹鼎杰

（国防大学政治学院军事信息与网络舆论系　上海　200433）

摘　要　索引专家张琪玉先生提出万事万物皆可索引，该观点一经提出随即受到国内诸多索引专家和同行认可。本文详细论证了这一观点。在回顾索引发展历程基础上，归纳出索引的广义定义，认为索引是帮助查找事物的符号系统。提出可索引性概念，认为可索引性包括可查找、可描述和可编址三个方面。分析了波普尔三个世界的可索引性，认为世界1中已被认识的部分是可索引的，世界2中的事物不可索引，世界3中的万事万物皆可索引。万事万物皆可索引这一观点具有较强的普适性，可以作为索引员的信念，成为索引学基本定理。

关键词　索引　张琪玉　可索引性

一、引　言

张琪玉先生1954年毕业于北京大学图书馆学系，1977年起在武汉大学图书馆学系任职，1987年调任中国人民解放军空军政治学院图书档案系系主任直至退休。张琪玉先生创建的情报检索语言被认为是新图书馆运动以来中国图书馆学学科理论创新的首次尝试，[①]是图书馆学、情报学和索引学的基础理论，他的诸多索引学论文也被国际知名刊物主动翻译并刊发，推动了世界索引学发展。张琪玉先生笔耕不辍，退休后仍然从事科研工作。万事万物皆可索引这一观点[②]就是他于2003年7月提出，并发表于期刊《图书馆理论与实践》2003年第6期，该篇论文

① 范并思.图书馆学理论道路的迷茫、艰辛与光荣——中国图书馆学暨《中国图书馆学报》六十年[J].中国图书馆学报，2017(1)：4—16.

② 张琪玉.情报语言漫笔(L)[J].图书馆理论与实践，2003(6)：47—49.

也被收录进入《张琪玉索引学论文集》。[①]

万事万物皆可索引提出以后,受到了叶继元、杨光辉、王彦详等国内知名索引专家的推崇,多次在中国索引学会主办的培训会、交流会中倡导这一观点。万事万物皆可索引提法通俗易懂,且蕴含有丰富的学理价值。既可以成为推广索引理论与实践的宣传语,也可以成为索引学理论知识体系的一部分,是索引研究人员和编制人员的基础理念和工作出发点。本文旨在探讨这一观点的科学合理性。在介绍索引发展历程基础上,归纳出索引的广义定义,认为索引是帮助查找事物的符号系统;由此提出可索引性的概念,认为可索引性是指事物能否被索引的属性,将可索引性分为可查找、可描述和可编址。最后讨论了波普尔三个世界的可索引性。

二、何为索引

1. *索引的历史*

在古代,书籍内容篇幅较短,读者可以快速翻阅查找书籍内容,对检索工具的需求并不迫切。随着书籍内容的增长,人们难以通过快速翻阅查找内容,帮助人们检索内容的索引便出现了。世界上最早的索引可以追溯到公元6—9世纪编制的《圣经》索引。[②]《圣经》大约有100万字,多达数十卷。正常人顺序浏览完一遍也需要几天时间,理解并查找特定内容是对人类认知能力的挑战。编制《圣经》索引成为了解决上述问题的方法,《圣经》索引成为了提升查阅书中人物、故事、地点等内容的有效工具。我国的索引萌芽于古代。最早严格意义上的索引通常可追溯到韵书的编写,比如宋初的《礼部韵略》、明代洪武年间的《洪武正韵》。韵书把汉字按照字音分韵编排,实质上构成了检索汉字的一种索引结构。这种在一本书或一套书的附录中,供读者快速查询的索引仍然在当前著作、词典、年鉴等文献中普遍存在。

随着科学研究的发展,论文逐渐成为发表科研成果的形式之一。美国情报学家尤金·加菲尔德于1955年提出了通过文献引用关系来帮助科学家识别感兴趣论文的设想,并于1961年创办了美国科学信息研究所(Institute for Scientific Information, ISI)。ISI于1964年开始出版科学引文索引(*Science Citation Index*,

---

① 张琪玉.张琪玉索引学论文集[C].北京:国家图书馆出版社,2009.

② 贾玉文.《圣经》语词索引及其编制[C].2004年度中国索引学会年会暨学术讨论会论文集,2004:5.

SCI)。随后还产生了工程索引(*the Engineering Index*, *EI*),社会科学引文索引(*Social Science Citation Index*, *SSCI*)等索引,这些索引已经成为国际科研信息检索的常用平台和科研评价的事实标准。① 我国的人文社会科学论文有其独特性,引用文献类型甚为复杂,大量引用存在于文中注、脚注、尾注等,在自然科学论文中极为少见。自然科学引文索引管理办法通常难以直接应用于我国人文社会科学的引文管理。因此,我国独立创建了中国社会科学引文索引②(*Chinese Social Science Citation Index*, *CSSCI*),被该索引收录的期刊俗称C刊。该索引已经成为我国人文社会科学研究成果的重要评价标准。这类索引的初衷是发挥平台作用,帮助科研人员检索到感兴趣的论文,主要检索点包括作者、机构、题名等。随后逐渐被用作科研成果评价的工具。这类索引与书后索引的不同之处在于检索对象由书籍内容变为论文。

随着计算机技术的发展和网络技术的兴起,互联网成为了人类社会发展史上继图书馆之后又一个海量信息聚集地。随着互联网信息的指数级增长,信息的获取成为了又一难题。起初的设计思路是仿照图书馆管理图书办法来构建分类目录,与之对应的产品是华人杨致远等创办的雅虎网站,该网站本质上是一个分类目录,用户通过目录检索网络信息。纸质图书的增长速度通常是线性的,数字时代的网络信息增长符合摩尔定律,呈指数级增长。这种指数级增长带来的规模效应使得分类目录难以有效管理海量网络信息,以谷歌为代表的计算机索引应运而生。这种计算机索引本质上与文后索引类似,通过对网页内容的分析提取出索引词,构建索引词与网页之间的关联。用户通过关键词(索引词)表达检索需求,谷歌向用户提供索引词指向的所有网页。这种索引同时融入了引文索引的论文评价思路,通过网页之间的互引关系计算网页排名。这种计算网页排名的方法进一步帮助用户缩小检索信息的范围。这类计算机索引本质上与文后索引和引文索引具有相同的特点,都是为用户提供的信息检索工具,只是在实现方式更依赖于计算机技术。

除了上述三种索引,生活中也处处有索引。最为常见的索引是医院、学校、政府、商场等大楼比如大楼入口处通常会有一张索引图,用于指示大楼的楼层分布;在电梯入口或电梯内部也会出现楼层的房间分布图。日常办公中我们会用到索

① 邱均平,嵇丽. 美国《科学引文索引》与科学评价研究[J]. 科研管理,2003(4):22—28.

② 苏新宁. 中国社会科学引文索引设计[J]. 情报学报,2000(4):290—295.

引贴,通过对索引贴标注文字或符号,贴到文档特定页码,便于查找;公园里的索引指示牌也是一种引导游客走向正确目的地的索引。广义地讲,一切引导人们找到正确事物的符号均可称为索引。

通过索引的发展脉络可以看出,上述四类索引都具有相同的功能——指示和查找。索引的英文 index,本意就是指向,引导用户查找所需事物。用户通过书后附录中的索引找到正文中需要的内容;通过论文引文索引找到感兴趣的论文;通过关键词索引找到需要的网页;通过路标找到正确的地理位置。除了具有相同的功能,上述四类索引还具有另一个共同的特点——索引词与查找对象之间分离,通过显性的或隐性的关系建立联系。书后索引的索引词与正文内容通过页码建立联系,引文索引通过索引词与论文建立联系,计算机索引通过计算机内部维护的索引词与网页之间的关系建立联系,路标等通过潜在的空间关系与物理位置建立联系。

2. *索引的定义*

《现代汉语词典(第六版)》将索引定义为:“把书刊中的项目或内容摘要记录下来,每条下标注出处页码,按一定次序排列,供人查阅的资料。”词典把索引定义局限在书刊项目和内容,仅包含了书后索引一种,并未将引文索引、计算机索引以及生活中的索引包含在内,较为狭隘。

《索引编制规则(总则)》将索引定义为:“指向文献或文献集合中的概念、语词及其他项目等的信息检索工具,由一系列款目及参照组成,索引款目不按照文献或文献集合自身的次序排列,而是按照字顺或其它可见的顺序编排。”该定义认为索引是一种信息检索工具,揭示了索引的指向功能和检索本质。但是将检索的对象限定在文献或文献集合缩小了索引对象的范围。通过对索引历史的回顾可以发现,索引的对象不仅包括文献,而且包含现实世界的具体实物。《索引编制规则(总则)》编制的主要目的是为文献索引的编制提供规范,尤其是对图书、论文等传统知识型文献的索引手工编制提供参考,并未考虑计算机索引和生活中索引的编制。

本文提出一种广义索引定义,认为索引是一种帮助人们查找事物的符号系统,这个符号系统由索引符号和索引地址组成。这里的事物既包括文献、论文、网页等信息,也包括楼层、房间、道路等实物。索引符号揭示被查找事物内部或外部特征,主要包括语言符号,也可以是线条、图形、图标和图案等。文后索引、引文索引和计算机索引的索引符号主要由语言符号构成,也包括公式等符号。生活中的索引符号较为分散，语言文字可以成为索引符号，图形图标、方向箭头灯也可构成索引符号，比如指引道路方向的路标索引就以箭头作为索引符号。索引地址帮助用户找到检索对象。文献索引中的索引地址主要是页码，计算机中的索引地址通常为 URL，生活索引的索引地址通常不会明确给出，而是用户根据空间自行分析判断。比如楼层各房间的布局图，各个房间的地址可以通过空间格局自行判断。在这种广义定义之下，索引的本质特征仍然是一种检索工具，但并不局限于对信息的检索，而是对一切可检索、可编制事物的检索。

三、万事万物皆可索引

上文中我们讨论了索引的定义，认为索引是帮助查找事物的符号系统，该符号系统由索引符号和索引地址构成。为了考察万事万物皆可索引这一陈述，我们需要在索引定义基础上考察事物的可索引性，寻求判断事物是否可索引的前提。然后根据这些前提考察波普尔三个世界的可索引性。

1. 可索引性

所谓可索引性是指一个事物能否被索引的属性。根据对索引的定义，可索引性包含三个属性：可查找、可描述和可编址。索引是帮助查找事物的符号系统，事物可以被查找是能够建立索引的前提。可描述是指存在描述事物内部或外部特征的符号，索引符号是索引系统的组成之一。可编址是指存在一个帮助找到事物的地址，索引地址是索引系统的组成之一。

索引的本质是事物检索工具，为事物构建索引的前提是事物可以被查找。如果事物处于不可查找状态，索引的构建就无从谈起。是否一切事物都可以被查找呢？答案是否定的。根据马克思主义认识论，只有被认识的事物才具备可查找属性。查找是认识的一部分，处于认识的初级阶段。人们总是首先要发现该事物，才能进一步对其展开研究。发现事物是科学研究的重要内容。人类对世界的认识总是会存在一个边界，边界的内侧是已经被发现并认识的事物，这部分事物具备可查找属性；边界的外侧是尚未被发现更未被认识的事物，这部分事物有待我们去发现和认识，不具备可查找属性。人类认识世界的过程就是不断扩大这个边界的过程。比如，宇宙中的星球早已存在，但是在人类没有发明天文望远镜探索太空之前却是无法被查找的，这些星球就不具备可查找性。人类发明天文望远镜并开始探索太空以后，越来越多的星球被发现，被命名，这些星球就有了可查找性。如果这些星球能够被命名描述,并且轨迹明确可知,那么这个星球就可以被索引。

对于可查找的事物,索引员可以为其设计索引系统,提高人们查找事物的效率。索引系统包含两部分:索引符号和索引地址。文后索引的索引符号通常为人名、地名、主题词等词汇,文后索引的地址通常为页码。数据库形态引文索引的索引词为作者姓名、文章题名、机构名称等检索点,索引地址对用户不可见,通常由计算机维护。计算机索引的索引符号是从网页等文献中提取出的关键词,索引地址通常为网页 URL。生活中的索引词通常也是文字或符号,索引地址通常不直接给出,而是需要用户根据空间方位自行判断。通常情况下,我们总是能够设计出查询事物的索引符号和索引地址的,但并不意味着一切可查找的事物均可设计索引符号和索引地址。能够设计索引符号意味着事物是可描述的。然而在人的精神世界或者意识世界中的某些事物,是难以描述的。我们经常会有只可意会不可言传的东西,就是不可描述的事物。维特根斯坦提到的范式不可言说之物,必须保持沉默,也是指那些不可描述的事物。在人的精神世界中,总存在一些不可描述的事物,这些事物无法被索引。

2. 对波普尔"三个世界"中事物的可索引性考察

张琪玉认为万事万物皆可索引。在讨论清楚事物的可索引性基础上,我们逐一考察世界万物的可索引性。波普尔①在《客观的知识》一书中系统地提出了"三个世界"的理论。他将世界划分为三个:第一,物理客体或物理状态的世界;第二,意识状态或精神状态的世界,或关于活动的行为意向的世界;第三,思想的客观内容的世界,尤其是科学思想、诗的思想以及艺术作品的世界。下面逐一考察这三个世界中事物的可索引性。

波普尔的世界 1 是指物质世界,人们对物质世界的探索是没有止境的,对物质世界的认识边界在不断扩大。但无论怎么扩大,这个边界永远是存在的,人们永远处在探索未知世界的路上。因此,世界 1 中已被认识的事物是皆可索引,世界 1 中尚未被认识的事物不可索引。

世界 2 是指人脑意识世界中尚且无法明确描述的部分,他们或许是能够被个体感知和认识的,但目前处于无法描述状态。不可描述则无法建立索引符号,因此世界 2 中的事物是不可索引的。

世界 3 是指人类意识世界中能够被清晰描述并且通过文字或符号记录下来

① 卡尔·波普尔著.舒炜光,卓如飞等译.客观的知识[M].中国美术学院出版社,2003.

的事物。这部分事物通常被我们称作客观的知识,也是图书情报工作中最为关注的知识。书籍、论文、网页等承载的知识就是世界3中的事物。世界3中的一切事物皆可索引。

四、结 语

本文回顾了世界索引的发展历程,重点介绍了文后索引、引文索引、计算机索引和生活中的索引四种典型的索引,通过提炼四种典型索引的特点,提出了广义的索引定义,认为索引是帮助查询事物的符号系统,由索引符号和索引地址组成。这一索引定义是在原有索引定义基础上的扩充,索引的对象从信息扩充到包含信息和实物在内的一切事物。围绕万事万物皆可索引这一命题,提出了事物可索引性这一概念,认为可索引性包括可查找、可描述和可编址三个特性。考察了波普尔三个世界的可索引性。认为世界1中已经被认识的部分是可索引的,尚未被认识的部分无法索引。世界2中的事物虽然已经被我们认识,但是由于不可言说,所以无法索引。世界3本质上是对世界2中能够被言说事物的语言化和符号化,是可以被索引的。

张琪玉先生提出的万事万物皆可索引这一观点存在一些隐含的前提,即这些事物必须是已经被认识而且可描述的。但这一前提在索引员的工作和生活空间中通常是成立的,因此我们可以认为万事万物皆可索引这一观点是成立的,可以作为索引员的信条,也可以成为索引学基础理论的一条公理。

邹鼎杰　男,国防大学政治学院军事信息与网络舆论系讲师。

Discussion about "All Things May be Indexed"

Zou Dingjie

Abstract: "All things may be indexed", the viewpoint that professor Zhang Qiyu proposed, has been applauded by many index experts. This paper elaborates this viewpoint further. It redefines index as a symbol system to help finding things. That one thing can be indexed means that the thing is findable, describable and addressed.

Keywords: Index; Zhang Qiyu; "All things can be indexed"

社会化媒体在多语言翻译资源构建中的应用研究*

刘伟成　李　权

（武汉科技大学恒大管理学院/武汉科技大学服务科学与工程研究中心　武汉　430081）

摘　要　多语言翻译资源的缺乏是跨语言信息检索的主要障碍之一。随着社会化媒体和以用户为中心的网络模式的迅速发展，产生了大量用户自己创造的网络资源，社会语义网络直接反映用户的动态词汇和语义关系，如社会化标签系统和大众分类法，通过语义连接和分类构成一个大的多语言概念网络。我们分别论述了社会化媒体在双语语料库、多语言词典、多语言本体和多语言大众分类系统等构建方面的应用，并以基于维基百科的应用为例，开发了一个双语平行网页挖掘系统，说明其潜在的应用价值。

关键词　多语言翻译资源　跨语言信息检索　社会化媒体　维基百科　本体　多语言大众分类法

一、引　言

在跨语言信息检索系统中，目前采用的主要方法是查询翻译。翻译方法又可以分为机器翻译和人工辅助翻译，机器翻译采用的主要语言工具是双语词表、词典、平行语料库、本体和中间语言索引等，这些方法简单易行，但是由于缺乏语义描述，在词义消歧方面存在许多缺陷，使检索效率受到很大影响。我们认为目前跨语言信息检索遇到的困难和挑战主要有：词义消歧、词典的覆盖度不够、高质量

* 本文系国家社科基金项目“社会化媒体在跨语言信息检索中的应用研究”（编号：14BTQ058）的研究成果之一。

的语言学资源比较匮乏、词的切分以及命名实体识别还存在一些困难。而对以上几点进行深入分析后发现所有问题的根源在于缺乏一个基础有效的多语言语料库,那么构建一个完善的语料库将对跨语言信息检索研究中面临的各项难题具有非常重要的意义。

随着 web2.0、社交网络和社会化媒体的不断发展,互联网上的数据内容和数据量呈现出爆发增长状态,进入了"大数据"时代,随着维基百科、Twitter 以及 Facebook 等的应用,网络上的语言类型也不断增长,因此对多语言自然语言的处理需求也不断增加。这些大量增加的内容一方面对信息检索提出了新的要求,如最近发展迅速的社会化搜索和即时搜索系统;另一方面,也为信息检索提供了更为丰富的语义资源,包括跨语言语义资源。社会化媒体的迅速发展,产生了大量用户自己创造的网络资源,社会语义网络直接反映用户的动态词汇和关系,如社会化标签系统和大众分类法,这对于构建多语言翻译资源无疑是极为有利的。Diana 等人认为,社会化媒体用户通过网上合作共享语言信息,将通过以下几个方面促进跨语言信息检索的发展:创建多语言资源;用不同的语言对网络资源进行元数据标注;在查询语言和目标语言之间建立映射和地图;对相关的检索结果进行标注。①

二、社会化媒体在语言学资源构建方面的应用

语言学资源的质量对跨语言信息检索系统的性能至关重要。这里我们主要讨论社会化媒体在双语语料库、多语言词典、多语言本体和多语言大众分类系统等构建方面的应用。

1. 在构建双语平行语料库方面的应用

大规模的多语言语料库是研究 CLIR 和机器翻译系统的基础,正所谓"More data are better Data"。大规模双语平行或可比较语料库是构建高质量统计机器翻译系统的重要基础资源。②

---

① Tanase, D. I., Kapetanios, E. Improving cross-language information retrieval by harnessing the social Web [G]// San Murugesan. Handbook of Research on Web 2.0, 3.0, and X.0: Technologies, Business, and Social Applications: Vol. 1, 2009: 277-295.

② ZHANG Xi-lai. Ponder over the pluralism of domestic Wiki development [D]. Beijing: Tsinghua University, 2006.

美国马里兰大学 Resnik 作为早期的研究者,将互联网视为挖掘平行语料库的巨大资源,他们开发的 STRAND(Structural Translation Recognition for Acquiring Natural Data)系统对基于 Web 的平行语料挖掘影响巨大。① 作为社会化媒体最成功的典范之一,维基百科收录的语言种类和词条数量日益增多,截至 2015 年 11 月的统计,共收录 285 种语言编辑的 3 700 余万词条,注册用户超过 5 900 万,总编辑次数突破 21 亿。维基百科中存在大量的双语料资源,鉴于维基百科的特殊结构和链接关系,众多学者基本上将其定位为一个巨大的可比语料库(Comparable Corpus),特别适合平行语料库(Parallel Corpus)的自动构建和挖掘。

Smith 等人通过文献对齐的方式从维基百科中挖掘平行句子来构建平行语料库,并对英语、德语、比利时语和西班牙语进行测试,准确度和效率均有大幅提升,显示了维基百科作为可比语料的巨大潜力。② Hoang 采用基于引导的方法(bootstrapping based method)来计算双语句子的相似性,从维基百科中抽取平行句子,提高了机器翻译系统的准确度,并在英语和越南语翻译的试验中得到证明。③ Zamani 运用局部和全局信息抽取平行句子,利用最大熵二元分类器(Maximum Entropy binary classifier)计算平行句子的相似性(局部信息),然后利用整数线性规划(integer linear programming)根据句子在文献或网页中位置对结果进行优化和反馈(全局信息),实验证明该方法抽取的平行句子准确度高,在机器翻译和跨语言信息检索中取得了很好的效果,且该方法可适用于多种语言。④

2. *构建多语词典*

多语言词典的缺乏、同义词和多义词的消歧对跨语言信息检索的准确性意义重大。如何快速地自动构建这些资源一直是学者们努力的方面。Calzolari 提出了语言学资源构建的 5 个基本原则:互操作性;合作建设(维基模式);资源共享;自

---

① Resnik P., Smith N. A. The Web as a Parallel Corpus [J]. Computational Linguistics, 2003, 29(3), pp. 349 - 380.

② Smith J. R., Quirk C., Toutanova K. Extracting parallel sentences from comparable corpora using document level alignment [C]. NAACL HLT 2010-Human Language Technologies: The 2010 Annual Conference of the North American Chapter of the Association for Computational Linguistics, Proceedings of the Main Conference, pp. 403 - 411.

③ Hoang C., Le A.-C., Nguyen P.-T., Pham S. B., Ho T. B. An efficient framework for extracting parallel sentences from non-parallel corpora [J]. Fundamenta Informaticae, 2014, 130(2), pp. 179 - 199.

④ Zamani H., Faili H., Shakery A. Sentence alignment using local and global information [J]. Computer Speech and Language, 2016, 39, pp. 88 - 107.

动构建和更新;分布式结构。即基于开放内容互操作标准,建设一种分布式语言资源和服务,使用户可以通过网络自由存取。①

在社会化媒体快速发展的今天,人们把互联网和社会化网络视作一个巨大的多语言语料库,自动构建各种多语词典。如维基百科内容丰富,通过维基间的链接(interwiki links)将不同语言表示的同一内容连接在一起,用来自动构建双语或多语词典;通过重定向页面(redirect pages)来识别某概念的不同名称,从而构建某一种语言的同义词词典;维基百科的词义消歧页面(disambiguation pages)代表一个概念或术语的不同含义,以方便用户选择,通过这一功能可以构建多义词词典。这三个方面的词典结合在一起就可以实现跨语言信息检索的查询翻译、词义消歧和查询扩展。② Ye 等人提出一种自动构建跨语言联合词典(CLAD, cross language association dictionary)方法,主要利用维基百科中的概念链(concept link)和多语言链(multilingual link),该方法的有效性在 TREC 和 NTCIR 试验中得到了验证。③

3. 创建多语言大众分类系统

社会化标签(social tagging)也称为合作化标签,是用户为自己的文章、图片、音频、视频等一系列文件定义的一个或多个描述(关键词)。不同的用户创建的标签系统共同构成了一个轻量级的概念结构,被称为大众分类法(folksonomy),与传统分类法不同的是,大众分类法没有清楚的定义和相互之间的等级关系。随着社会化媒体和网络的发展,用户不再是被动的信息使用者,而变成了信息的创建者和组织者,在多元文化和多语言环境下,大众分类系统特别适合用来实践跨语言信息检索。

关于大众分类法在信息标引与分类以及在跨语言信息检索中的应用,许多学者做了大量的研究,其应用可以概括为以下几个方面:(1)建立标签匹配和分类

---

① Calzolari N. Initiatives, tendencies and driving forces for a "lexical Web" as part of a language infrastructure [J]. Lecture Notes in Computer Science (including subseries Lecture Notes in Artificial Intelligence and Lecture Notes in Bioinformatics), 2008,4938 LNAI, pp. 90 - 105.

② Kim S., Ko Y., Oard D. W. Combining lexical and statistical translation evidence for cross-language information retrieval [J]. Journal of the Association for Information Science & Technology, 2015,66(1), pp. 23 - 39.

③ Ye Z., Huang J. X., He B., Lin H. Mining a multilingual association dictionary from Wikipedia for cross-language information retrieval [J]. Journal of the American Society for Information Science and Technology, 2012,63(12), pp. 2474 - 2487.

系统。在社会化媒体中标签代表了用户语义,Overell(2009)利用维基百科和开放目录中的结构模式对社会化标签进行自动关联和分类,如首先将维基百科中的文章进行分类,然后将 Flickr 标签与维基百科中的文章进行关联,这样 Flickr 标签就有了相同的分类。Sigurbjornsson(2008)尝试将 Flickr 标签与 WordNet 建立连接,并且发现 51.8% 的 Flickr 标签可通过这种匹配获得语义类别。Jason(2011)通过用户和词汇的共现技术(co-occurrence)发现多语言标签之间的关系,组织多语言标签词对,从而自动构建多语言大众分类系统,即使是词典中没有出现的新词也能通过这种方式进行有效匹配。① (2)实现基于标签的跨语言信息检索。目前更多的是实现多媒体信息的检索,Melenhorst(2008)和 Huang(2010)分别研究了基于标签的视频和音乐检索,Jason(2011)则更进一步,通过多语言大众分类系统实现查询翻译的转换,实现跨语言信息检索。(3)支持基于社区的社会化合作。标签表达了用户的价值判断并与其他用户分享,多语言大众分类系统的构建也需要多语言用户的广泛合作,目前研究人员更多的是从图片分享网站 Flickr 和社会化书签分享网站 Del. icio. us 获取多语言大众分类资源,正是由于这两个网站跨语言用户多并且用户活跃度高。大众分类系统本质上是集体智慧的一种应用,未来在合作式信息检索与标引以及分类系统的自动构建方面将会发挥越来越大的作用。

4. *在构建多语言本体方面的应用*

“消除机器翻译的歧义性”,始终是制约跨语言信息检索发展的难题。② 20 世纪 90 年代初,在研究语言信息工程领域中,提出一种建立语义知识库的革命性方法,即提出一种构建本体(Ontologies)和本体工程(Ontology engineering)的思想。单语言本体主要采用一种语言描述;多语言本体(Multilingual Ontologies)是本体在不同语种中的具体表示形式,类似于不同语言的语义词典,并在同一概念上实现了跨语言间的链接和标注,是实现跨语言信息检索的一个重要工具,在跨语言信息检索、词义消歧、机器翻译、信息提取、概念检索等方面有重要应用。③

目前构建多语言本体仍是一个非常具有挑战性的工作,从构建方法上可以分

---

① Jason J. J. Discovering community of lingual practice for matching multilingual tags from folksonomies [J]. Computer Journal, 2012,55(3), pp. 337 - 346.

② 刘伟成,孙吉红. 多语言本体构建及其在跨语言信息检索中的应用[J]. 武汉科技大学学报:社会科学版,2008,10(4):73~77.

③ 刘伟成,孙吉红. 跨语言信息检索进展研究[J]. 中国图书馆学报,2008,34(1):88—93.

为自动构建和手工构建,从内容上可以分为通用本体和领域本体。维基百科因具有语言间链结构和丰富的多语言文献资源,其在自动构建多语言本体方面具有天然优势。目前有几个多语言本体项目就是通过自动挖掘和抽取维基百科建立的,如 Cyc(http://www.cyc.com/),Dbpedia(http://wiki.dbpedia.org/),YAGO(https://datahub.io/dataset/yago)和 BabelNet(http://babelnet.org/)。YAGO 首先利用维基百科中的信息框、分类、特色条目星标、跨维基链接和重定向等重要信息挖掘语义关系,然后从地名数据库 GeoNames 获取多语言地名信息,再与英语本体 WordNet 中的概念间关系(如同义词、上下位关系等)建立链接来构筑多语言本体。BabelNet 则更进一步,通过自动集成 WordNet、Wikipedia、Wikidata 等现有的十几种多语言本体资源来建设,目前已经涵盖了 271 种语言,并为用户提供基于 SPARQL 和关联数据标准的查询界面。①

此外,社会化网络也是一个巨大的多语言合作网络,人们愿意贡献自己的才智和内容,来建设一个全球性的多语言词典,像维基百科和其他社会化媒体一样。目前有三个全球性项目正在进行中,他们的共同特点都是采用合作建设模式,即每个用户都可以添加、编辑和存取词汇。①Wiktionary,也称为维基词典,是维基百科的姊妹工程,2002 年 12 月正式上线,维基词典的目的是通过志愿者相互协作创建的方式,建立一个全球性多语言词典。用户在编辑词汇的时候要遵循事先定义好的模板,语言间链接(smart kinks)也需要用户来定义。截止到 2015 年 8 月,共有 172 种语言 1 500 万个词汇。②OmegaWiki 起步于 2004 年,其与维基词典的不同之处是在用户的编辑页面嵌入"Babel template",以便系统自动识别用户熟悉的语言。此外,OmegaWiki 的编辑不是基于词汇而是基于定义好的概念(concept of defined meaning),概念由相应的定义和表示组成。截至目前,该词典包含 483 种语言和 48 865 个概念以及 510 931 个表达,并与维基百科和维基知识库(Wikidata)建立了相应的链接和关联。③Global WordNet Grid,也称为全球词网网格,该项目是 2006 年在韩国举行的第三届全球词网协会会议上提出的,该项目与欧洲词网(EuroWordNet)一样,均起步于普林斯顿大学开发的 WordNet,目前全球约存在 60 种不同语言的词网,全球词网网格期望将它们连接起来,形成一个免费的全球性多语言词网。但区别是 Global WordNet Grid 使用独立于语言的形式

① Ben Aouicha M., Hadj Taieb M. A., Ezzeddine M. Derivation of "is a" taxonomy from Wikipedia Category Graph [J]. Engineering Applications of Artificial Intelligence, 2016, 50, pp. 265-286.

本体作为其语言间索引(Interlingual Index, ILI),同时采用 SUMO(Suggested Upper Merged Ontology)和知识交换格式(Knowledge Interchange Format, KIF)等标准,在为概念增加新的实体和关系时更加清晰和准确。①

此外,构建多语言领域本体也是众多学者研究的热点。基于维基百科构建领域本体的大体流程是:(1)从维基百科网站下载相关领域数据到本地,并入库本地数据库。进行有效子分类提取,作为本体中类的概念集,设定“领域关键词”作为顶层分类。(2)确定本体构建规模,设定本体树形结构层数最大值,进行有效条目提取,作为实例集。(3)将关系表、类的概念集以及实例集按照映射表映射为 OWL 语言,形成本体的形式化表示,本体构建成功。② Carcia 等人提出一种通过大众分类法和关联数据云(Linked Open Data cloud)自动构建领域本体的方法,该方法首先从书签分享网站 Delicious 提取术语,并与外部关联数据云中已经存在的概念和词的等级关系进行关联,有效地建立了一个金融领域的本体。③

三、应用实例:基于维基百科的双语平行网页挖掘系统设计

我们在现有技术的前提下,以维基百科为基础,从启发式算法开始,设计了一个双语平行或可比较网页挖掘系统,用于抽取所需双语平行或可比较双语平行或可比较网页。具体的流程图如图 1 所示。

该系统有如下几个主要步骤:

(1) 获取中英文网页 URL

使用网络爬虫开源软件分别检索维基百科中满足特定要求(例如:中华人民共和国所有的省会城市)的中英文网页,同时获取相应网页的 URL。

(2) 获取命名相似性模板

使用 URL 命名相似性的模板自动发现算法自动发现已采集到的中英文网页 URL 的命名相似性并得到相应的模板。

① Fellbaum C., Vossen P. Challenges for a multilingual wordnet [J]. Language Resources and Evaluation, 2012,46(2), pp. 313-326.

② Küçük D., Arslan Y. Semi-automatic construction of a domain ontology for wind energy using Wikipedia articles [J]. Renewable Energy, 2014,62, pp. 484-489.

③ García-Silva A., García-Castro L. J., García A., Corcho O. Building domain ontologies out of folksonomies and linked data [J]. International Journal on Artificial Intelligence Tools, 2015,24(2), art. no. 1540014 pp. 22.

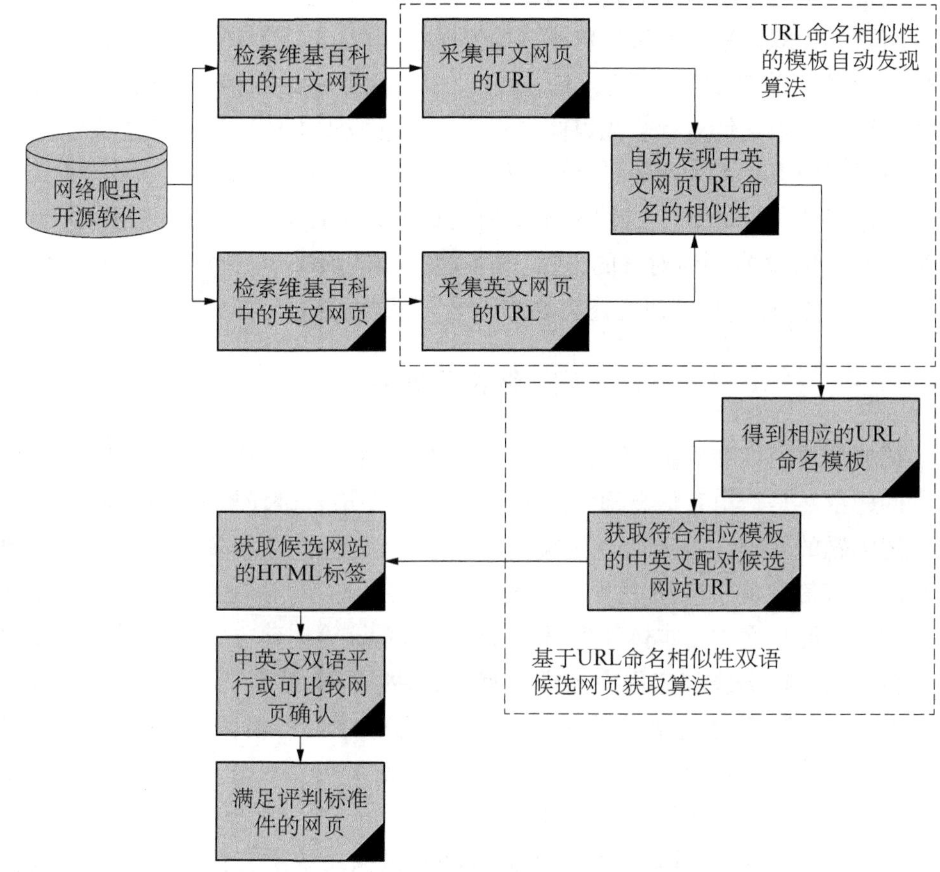

图 1　双语平行或可比较网页挖掘系统流程图

（3）获取中英文配对候选网站

使用基于 URL 命名相似性的双语候选网页获取算法，利用上一步获得的模板获取符合相应模板的中英文配对候选网站。

（4）获取 HTML 标签

修改已有网络爬虫开源软件源代码，抓取上一步获取的中英文配对候选网站的特殊 HTML 标签。

（5）候选网站确认

规定一个评判标准，通过比较 HTML 判断中英文配对候选网站是否符合双语平行或可比较网页的标准，筛选出满足结果的网页结果并保留。

以上5步完成了从命名规则开始到结果确认的流程。在这里我们构建了基于维基百科的双语平行或可比较网页挖掘系统,并提出了双语平行或可比较网页URL命名模板的自动发现算法、基于URL命名相似性的双语候选网页获取算法这两个算法。本文针对社会化媒体在跨语言信息检索中的应用研究过程中,仅仅只考虑了以网页文本为主的目标信息检索,并未对其他类型的多语言信息比如多语言文献等进行分析研究;此外,本节所设计的系统最后一步去除噪声仅仅考虑了采用HTML文本词语对齐的方法,并不能完全清除噪声,还需要进一步发现和完善噪声清除方法,后续研究还需要我们继续探索完善。

四、结论及展望

词典的覆盖度和质量、平行语料库的可获得性、短语翻译、同音异义和一词多义等问题依然是跨语言信息检索的主要障碍,而多语言翻译资源的构建无疑是解决上述问题的基础。由于社会化媒体的合作性、自组织性和多语言性等特点,使其在跨语言信息检索应用中具有理论上的优势,我们分别论述了其在双语语料库、多语言词典、多语言本体和多语言大众分类系统等构建方面的应用,通过前面的分析知道其在实践和应用中同样具有先进性。目前学者们探讨最多的仍是基于维基百科的应用,基于社会化标签和关联开放数据的跨语言信息检索系统正在不断增长,本文以基于维基百科的应用为例,开发了一个双语平行网页挖掘系统,期望能对学者的研究起到借鉴作用。

在下一步研究中,我们将采用不同方法对试验系统进行测试和比较,以发现更多潜在方法和应用价值;尝试扩展系统设计语言的种类,如使用C语言实现某些关键功能,提高系统的效率;完善网站网址判定算法,如尝试增加同义词替代匹配的功能、增加对顶级域名的识别功能等。随着互联网的不断发展和各国人民间交往的不断深入,跨语言的网站网址及信息查询的需求将持续增长,跨语言信息检索系统的研究将更具价值和现实意义。

刘伟成　男,1971年生,武汉科技大学管理学院教授,硕士生导师,武汉科技大学图书馆副馆长,伊利诺伊大学香槟分校访问学者。主要研究方向:信息检索与信息组织。公开发表学术论文60余篇,出版专著2部,主编教材2部。

李权　男,1983年生,武汉科技大学管理学院硕士研究生。

The Research on Application of Social Media in Construction of Multilingual Translation Resources

Liu Weicheng　Li Quan

Abstract: The lack of multilingual translation resources is one of the main obstacles to cross-language information retrieval. The rapid development of social media and user-centered web paradigm has resulted in a large number of network resources that created by users, among which, social semantic network such as social tagging systems and folksonomy consisting of dynamic vocabulary and semantic relationships, constitutes a large multi-language concept network through semantic connection and classification. This paper discusses the application of social media in the construction of bilingual corpus, multilingual dictionary, multilingual ontology and multilingual folksonomy. It also developes a bilingual parallel webpage mining system based on the application of Wikipedia, and demonstrates the potential application value of social media on cross language information retrieval.

Keywords: Multilingual Translation Resource; Cross Language Information Retrieval; Social Media, Wikipedia; Ontology; Multilingual Folksonomy

汉字排检法

汉字检字法与汉语辞书的编纂*

刘善涛

（陕西师范大学文学院　陕西西安　710062；
曲阜师范大学文学院　山东曲阜　273165）

王　晓

（曲阜师范大学国际交流学院　山东曲阜　273165）

摘　要　汉字检字法源远流长，对汉语辞书编纂体例和排检方法的确立影响深远。传统的义类法、部首法和四声韵目法对古代汉语辞书编纂意义重大，但在新旧文化转型和构建的民国时期，汉字检字法的反思、探讨和创制成为学界关注的热点话题，涌现出百余种新型检字法，其中以四角号码检字法、注音字母检字法和改良后的部首检字法成效最大。梳理这段历史，有助于更为清晰地把握新中国成立前汉字检字法与汉语辞书编纂的演变脉络，对当前的辞书编纂也有一定借鉴意义。

关键词　汉字检字法　辞书编纂　发展演变

汉字检字法源远流长，如果从《尔雅》算起，其萌发时期至少在两千年以前，在漫长的历史征途中，汉字检字法研究数经变革，方案纷繁。据杜定友①估计，汉字检字法方案大概有四五百种之多。辞书将语言系统中的词汇按照一定的顺序进行编排，这种顺序是条目编排顺序，它贯穿于辞书正文之中，一部辞书一般只有一种条目编排顺序，也即一种编排法。辞书的作用在于查检，对于不同的使用者来说，条目的编排顺序未必是其所擅长惯用的查检方法，这一点对于具有形音义多

---

* 本文为国家社科基金项目“民国时期汉语语文辞书研究及其数据库建设”（18CYY049）的阶段性成果。

① 孙公望.辞书检索方法的统一及其途径[J].辞书研究，1983(1).

重特征的汉字来说尤为典型,因此,辞书正文条目以何种简便实用的检索方式向使用者呈现出来也成为编者关注的重要问题之一。汉语辞书中检字法的发展与编者对语言的认识和所处的时代背景密切相关,本文简要梳理中华人民共和国成立前,汉字检字法与汉语辞书编纂的互动关系,以期管窥辞书检字方式的发展演变。

辞书的编排法和检字法合称排检法,辞书编纂和词目排检是相伴产生的,早期的古代辞书大都将条目检索和正文条目编排融为一体,缺少成熟稳定的辞书检字体系。到了明清时期,汉语辞书的规模不断扩大,字词查检难度也越来越大,辞书开始在正文之前设立简易的汉字检索页面。这种做法在民国时期的辞书编纂中已经固化为稳定的结构板块,并且伴随着现代辞书文化系统的创立,对旧检字法的批判和新检字法的探索成为学者们研究的热点话题,新创检字法高达百余种,辞书检字表的形式和内容逐渐丰富,为建国后辞书检字表的整理和规范打下了基础。

《尔雅》首创按义类编排条目的辞书体例代表了义类检字法的滥觞,其后的《小尔雅》和《释名》也是采用义类法编纂的汉语辞书。同时,因《尔雅》在传统小学上的特殊地位,在其影响下所形成的"雅书"系列,如三国的《广雅》、宋代的《埤雅》、元代的《埤雅广要》、明代的《骈雅》《通雅》和清代的《别雅》《比雅》等都是按照义类法进行编排的,只是在义类划分标准和划分数目上有所差异。但是,由于受到中国古代文化和传统思想的影响,古人在字词义类的划分上体现出较强的主观性和封建性,分类标准和义类体系不够科学完备,对字词所指称的事物或概念及其关系的认识具有较强的封建意味。汪荣宝、叶澜所作《新尔雅》(1903)被认为是"近代中国第一部具有现代百科学术辞典性质的书籍"①,主要为训释外来词和新术语而编,按照新的学科体系分作14类,体现出一定的现代意识,同时这种"旧瓶装新酒"的辞书编纂方式也反映出《尔雅》式义类法对辞书编纂的影响。随后,伴随着近代科学知识的传入,新概念新词语的丰富,黄摩西主编的《普通百科新大辞典》(1911)收词11 865条,约60万字,参照现代学科门类分政治、教育、格致、实业四大类,63小类,促使了百科词典类型划分的完善。民国时期这种按照现代学科门类编排的检字法在百科和专科辞书中使用较广,但汉语语文辞书中现代意义上的义类排检辞典是在建国后英国P. M. Roget的《英语词语宝库》(Thesaurus of English Words and Phrases, 1852)被引入到中国以后才逐渐明晰的。

① 窦秀艳. 中国雅学史[M]. 济南: 齐鲁书社,2004.

许慎根据汉字隶变之前的小篆字形，以“六书”理论分析汉字的构形特点，概括出形义兼备的540个部首，进而统领全书的9 353个汉字。《说文》因其在中国学术史上的特殊地位，它所开创的部首编排法对汉语辞书的排检产生了深远影响。然而既属初创，不足也在所难免，主要表现便是对“据形系联”原则的贯彻不够彻底，某些部首的排列和字的归属出现混乱。主要原因在于对“方以类聚”的“类”界定不明，也即文字学的部首和检字法的部首在辞书编纂中的抵牾，最终导致“偏旁奥秘，不可意知；寻求一字，往往终卷”[①]的弊端。

伴随着佛教传入所引起的中外语言对比和中国文化学术的进一步发展，再加之四声的发现、音韵学的产生和汉字楷化后变化等因素的影响，辞书排检法在魏晋唐宋时期有了新的发展，主要表现在部首法的改进，韵目法的发明和笔画法的出现三个方面。南朝梁顾野王的《玉篇》以楷书为正体，在删减、增添和改易《说文》部首的基础上最终设立了542个部首，并按照从天文、地理、人伦、颜貌等顺序划分出30类[②]，也即30卷，一定程度上增强了检字的规律性。韵目法是音序法的一种，是在音韵学研究的基础上按照四声、韵目顺序排检词目的方法。唐颜元孙的《干禄字书》虽不是严格意义上的字典，但它较早使用了韵目排检法，全书以四声为次，按韵部排列，对后世音韵类辞书的词目排检起到了示范作用。辽僧行均的《龙龛手鉴》开始试图摆脱部首法“以义归部”的束缚，努力贯彻“依形归部”的原则，将《说文》540部调整为242部，在部首排列上借鉴《干禄字书》的做法，按四声分为四卷，开创了字典并用部首法和音序法的先河。宋司马光整理的《类篇》虽仍沿袭《说文》的540部，但部内各字按韵排列，也算是一种新的尝试。笔画法是按照汉字笔画数进行排列的方法，这与汉字楷化后笔形整齐方正，便于计算的特点密切相关。金王与秘最先将《玉篇》中的单字“区其画段”，按笔画数的顺序重新排列，终成《篇海》，成为我国最先采用笔画排检法的字典。1196年韩孝彦在《篇海》的基础上将《玉篇》的部首按五音四声排列，编成《五音篇》，1208年其子韩道昭在《玉篇》和《龙龛手鉴》的基础上将汉字部首调整为444部，全书部首先按五音三十六字母排列，同一字母下的部首再按声调的平上去入排列，收字较多的部首下的汉字按笔画多少排列，最终命名为《改并五音类聚四声篇海》，简称《四声篇海》。至此，汉字检字的形音义三种方法都已出现，新的排检法实行使辞书逐渐冲

① （宋）徐铉．序［M］//（南唐）徐锴．说文解字篆韵谱．北京：中华书局，1985．
② 周大璞等．训诂学初稿（第三版）［M］．武汉：武汉大学出版社，2007．

破原有部首检字法中字义束缚,开始寻求更为科学合理的汉字排检方法。

明清时期是我国小学的集大成时期,辞书编纂的成熟必然推动排检方法的完善。明梅膺祚《字汇》在辩证分析前人部首排检法的基础上,按照"论其形不论其义"的原则将汉字部首简化调整为 214 部,并在卷首附有部首目录,以笔画为序按照十二地支分为十二集,正文单字排列也以笔画多少为序,使字目排列合理有序,查检方便实用,首次实现了部首排检法从文字学原则向检字法原则的转变,影响后世三百余年,相继被《正字通》《康熙字典》《中华大字典》《辞源》《辞海》等辞书所沿用,在民国时期仍然体现出强大的生命力。

西学东渐以来,欧美传教士进入中国,在编纂汉外双语辞书的过程中,对检字法进行改革,"最初感觉不便而从事创造者,反为西人。盖西人欲究东方之学,必须自识汉字起。而识汉字,对于中国字典部首查法,太形扞格,不便沿用也,故最初以罗马字拼音编制字典,以代替旧作。其后因从音方法,不便初学,多改从形体研究,从事创造。分析归纳,完全科学方法,故所遗制度,均心血结晶,成绩斐然"①。结合印欧辞书编纂体例尝试对中国传统辞书的排检方式进行变革,为汉语辞书检字法的近代转型带来了新的气息,但由于各方面的限制,并未对汉语辞书检字法的改进产生实质性的影响。戊戌变法后,向欧美和日本学习的热潮在全民中广泛铺开,普及教育,启发民智的思想得以盛行,传统辞书及其汉字排检方式受到批判,有识之士纷纷探索识字作文、查检知识的便捷方式,检字法因为是"字书,辞书,索引,书目等,治学之利器也。而此数事者,苟无适当之文字排列法以为之本,则无以神其用。故文字排列法者,尤利器也"②,因此,检字法的改革得到了学界人士的普遍重视。据统计,民国时期新发明的汉字检字法至少有 121 种。就地域来看,上海是汉字检字法发明及论争的中心,在上海创办的《民国日报》副刊"觉悟"是汉字检字法论争的重要学术平台③,商务印书馆、中华书局等出版社也参与其中,并发挥了积极的宣传作用,这些都为新检字法的创制提供了充分的社会氛围和学术环境。

首先吹响近代检字法改革号角的是时任商务印书馆编译所所长高梦旦,1913 年他起草了《改革部首之草案》,设计方案为"但管字形,不管字义,将旧字典之二百十四部,就形式相近者并为八十部,并确定上下左右之部居",从理论上是可行

① 蒋一前. 汉字检字法沿革史略及近代七十七种新法表[J]. 图书馆学季刊,1933(4):631—654.

② 万国鼎. 汉字母笔排列法[J]. 东方杂志. 1926(2):75—91.

③ 平保兴. 民国时期汉字检字法史论[J]. 辞书研究,2014(5):60—65.

的，比原有的部首检字法简洁便利，“但高氏自以为不彻底，故至今未曾发表”[①]。之后，林语堂相继发表了《创设“汉字索引制”议》《论“汉字索引制”及西洋文学》等系列文章，探讨了汉字排检、字典编纂和图书索引等相关问题，推动了汉字排检法的深入探讨。林明确指出“旧有字书，因仍不改者二百有余年；而检法迂缓，隶部纷如，不适今用。当此普及教育之世，检字必有一简便捷速之新法。使学者尽知字典之用，而后自修有道，且检字不至于费时也”[②]，此语虽是对其倡导的“汉字索引制”而作，但对整个检字法的创新有着普遍的指导意义。五四运动后的十余年间，汉字检字法的探讨和创制进入了一个迸发时期，20 年代共发明了 53 种检字方法，30 年代发明了 39 种[③]，抗战爆发后，文化学术受到冲击，有关检字法的讨论也逐渐冷落。除了研制新法外，学者们还撰写文章，据统计，民国时期研究辞书的文章有 230 篇，其中研究排检法的文章就有 125 篇，占 54%[④]，涉及对旧检字法的批评，新检字法的介绍、讨论、对比、评判等各方面的问题。

民国时期对检字法加以探讨的成果丰富，学者众多，有留学归来的林语堂（博士教授）、张凤（博士教授）、洪业（博士教授）等；有大学教授黎锦熙、陈德芸、林汉达（新中国成立后曾任教育部副部长）、万国鼎等；有官僚陈立夫、何公敢、周策勋等；有图书馆学家杜定友（教授）、钱亚新（教授）、沈祖荣（留学归来）等；也有出版界高层，如陆尔奎、陆费逵等，但真正在历史上产生广泛和深入影响的当属四角号码检字法和注音字母检字法的发明，以及对部首检字法的改良。

民国初期图书馆界、出版界、辞书界等对改进汉字检字法的重视为王云五创制四角号码提供了广阔的学术背景。1921 年王氏担任商务印书馆编译所所长后，在辞书编纂，图书编排等工作中对汉字检字法有了更为直接的认识。同时，商务印书馆本身对检字法的重视也是触动他创制新检字法的重要因素，前编译所所长高梦旦不仅积极研究新的部首检字法，还拨款资助林语堂从事新检字法的研究。再加上王云五本身广博的学术积累，知难而上，敢于创新的性格，以及“对于旧部首检字法早不满意，思有以改革之”[⑤]，“不敢必其有成，不过姑妄为之”[⑥]的研究态

---

① 王云五. 号码检字法[M]. 上海：商务印书馆，1925.
② 林语堂. 汉字索引制说明[J]. 新青年. 1918(2).
③ 平保兴. 民国时期汉字检字法史论[J]. 辞书研究，2014(5)：60—65.
④ 涂建国. 汉字与汉字排检法[J]. 图书馆. 2000(5)：43—45.
⑤ 王云五. 岫庐八十自述[M]. 台北：台湾商务印书馆，1967.
⑥ 王云五. 四角号码检字法[M]. 上海：商务印书馆，1925.

度都推动了新检字法的研究。在“好奇心与求知欲”的驱动下,“觉得惟有以号码代替部首,既有无限量之部首可资利用,而各部首之顺序一望而知,实最方便”①,最终用了近四年的时间(1924 年 11 月—1928 年 9 月)创制出四角号码检字法②。此法“完全抛弃字原的关系,纯从楷书的笔画上分析,作根本改革”“以十数代表十笔,而以‘0’兼代表无有笔画之角,这种勾心斗角的组织,真是巧妙极了”③,至今,仍在我国大陆和台湾地区以及日本、新加坡、美国等地继续使用。

注音字母检字法则是汉字音序检字的又一个创新,传统的音韵检字法主要为韵书的编纂和文人们的作文填词而服务,按照韵目进行检索,速度慢,效果差;注音字母检字法则是在民国初期注音字母和国语罗马字(国音字母第二式)的基础上进行辞书编排的方法,字词条目的基本组织顺序是先声母,后韵母,同声同韵的字词按阴阳上去的四声次序或笔画数加以排列。此种检字法的基础是民国时期国语统一会集体商讨拟定,教育部积极推广实行的两套汉字注音方案,科学详备,有着一定的群众基础,在中小学教材和民国时期辞书注音中被积极采用,即使在王云五主编的系列辞书(如《王云五大辞典》《王云五小辞典》《王云五小字汇》)中虽以四角号码为主要的编排方法,但对字头注音也采用了此两套注音方案。在辞书编纂中采用此法进行条目编排的代表性辞书是中国大辞典编纂处编,商务印书馆 1937—1945 年陆续出版的《国语辞典》,该辞典以字率词,字词同时注音,先注注音符号,再注国语罗马字,如“童”注为“ㄊㄨㄥˊ　torng”,该字下有“童便、童仆、童蒙”等词,再依次分别注音。同时,该辞典正文前设有“音序检字表”“部首索引”和“部首检字表”等专门索引,以方便使用者查检字词。新中国成立初出版的《同音字典》(中国大辞典编纂处编,五十年代出版社 1955 年出版)仍采用这种编排方式,之后注音字母检字法逐渐被规范了的汉语拼音检字法所代替,但在中国台湾、新加坡等一些地区仍在使用这种方法。同时,《国语辞典》所构建的正文条目音序排检,字词兼注,书前设置多种索引的方法已成为当前汉语语文辞书编排的主流样式。

新事物的创制一般都会走改革和改良两种路线,二者之间没有绝对的对错,关键在于最终是否能有效地为事物的发展服务,对于汉字检字法也是如此,部首检字法因其具有较长的使用历史和广泛的群众基础,在查检上较之义序法和音序

① 王云五. 岫庐八十自述[M]. 台北:台湾商务印书馆,1967.

② 刘善涛、王晓. “四角号码”检字法的创制与推广[J]. 中国索引,2015(2):57—63.

③ 蔡元培. 四角号码检字法 · 序[M]//王云五. (第二次改订)四角号码检字法. 上海:商务印书馆,1926.

法较为便利，因此高梦旦、胡适、蔡元培、王云五、陆费逵等众学者在反思批判《康熙字典》的基础上寻求改良之路。如蒋一前所述"《康熙字典》在昔人视为识字利器，珍若瑰宝，童而习之，自不感若何困难。其实其查法迂缓异常，检字时须先猜部首，再细算画数求之。如遇同笔数时，即无法得之，非自首至尾，逐一看去不可。如不能检得时，须再从头作起，另猜部首，或重计画数检之始可。部居画数，两无固定标准，迂缓曲折实不便利。故自西文字典及字排之参考工具用书，流入中华，其缺点乃愈显著"①，在中西字典的对比之下，部首法的改革成为大势所趋。民国时期几种较有影响的部首法是高梦旦的归并部首法（1913）、林憾的首笔部首检字法（《觉悟》1928）、陆衣言的新部首检字法（《时事新报》1931）、杜定友的汉字形位排检法（《新闻报学海》1931）等，其中影响较大的应属黎锦熙的"汉字新部首"。该法草创于1933年，见诸于《汉字新部首总歌诀》（1935）、《汉字新部首》（1935）、《〈康熙字典〉部首省并谱》（1935）等系列文章，将《康熙字典》的部首调整简化为120部，并做成提案获得国语统一会的通过。后因抗战全面爆发未能实行，1946年中国大辞典编纂处恢复后所编纂的《新部首索引国音字典》（商务印书馆1949）、《增订注解国音常用字汇》（商务印书馆1949）均将新部首以索引的形式附于书后，最终定名为"国学四系七起笔新部首"。1962年新编《辞海》也采纳了其中所设立的一些新部首。从整体上看，部首法的改良大多停留在理论探讨和个人的研究层面，并未在社会中引起广泛反响，辞书编纂仍然基本沿袭原有的214部，如《中华大字典》（1915）、《辞源》（1915）、《辞源正续编合订本》（1939）、《标准语大辞典》（1930）、《辞海》（1936）等。

辞书检字法经历了两千年的稳步发展，在民国时期终成学术界关注的热点话题，对于汉字检字法的改革，胡适在为王云五所做《四角号码检字法·序》中感慨说"中国字的整理是一件最难的事，然而这件事业却又是不可不做的事：第一，字的分类与排列是一切字典辞书的基础；字的排列不可能，一切词典便不可能；字没有方便的排列法，一切词典便也没有方便的检查法。词典的检查不方便，识字便不容易了。第二，字的次第又是一切'索引'的基本。凡文件的分类庋藏，人名地名编排与检查，书目的编纂，书籍内容细目的翻检……这一类的事皆须有一种公认而易学的次第，方才可以一索便得，一引即至。字的排列没有一定，我们便不能不单靠内容和性质来做编排的标准：如文件须分事类，地名须依省份，人名须依百

① 蒋一前.汉字排检法沿革史略及近代七十七种新法表[J].图书馆学季刊，1933(4)：631—654.

家姓,书目须分四部,那是多么困难的事啊!"①可见检字法研究的必要性和艰巨性,民国时期的检字法研究激荡学术近半个世纪,为辞书编排法的探讨抹上了重重一笔。可是由于政局混乱,社会动荡,相关学科建设的不成熟以及游兵散勇式的研究局面,检字法研究的理论和方法都还有待深入完善,但有关新检字法的各种讨论为我们全面认识汉语字词和汉语辞书的检字问题提供了广阔的视角,为建国后检字法的规范做出了重要贡献,历史之功,不可抹灭。

刘善涛　1985 年出生,山东枣庄人,陕西师范大学文学院在站博士后,曲阜师范大学文学院讲师,硕士研究生导师,国家社科基金项目"民国时期汉语语文辞书研究及其数据库建设"(18CYY049)负责人,主要从事词汇学词典学研究。

王　晓　1984 年出生,河北邯郸人,曲阜师范大学国际交流学院讲师,主要从事古代汉语词汇与训诂研究。

Chinese Character Retrieval Methods and the Compilation of Chinese Dictionaries

Liu Shantao　Wang Xiao

Abstract: Chinese character retrieval methods have a long history, and a profound influence on the compilation of Chinese dictionaries. The traditional character retrieval methods have made outstanding contribution to the compilation of ancient Chinese dictionaries. But in the transformation and construction of the new culture, the research on the new Chinese character retrieval methods have become a hot topic in the academic circle, more than a hundred new methods of character retrieval have emerged. Combing the history can help grasp the evolution of Chinese character inspection more clearly, and the lessons learnt can also be used for reference in current lexicography.

Keywords: Chinese Character Checking Method; The Compilation of Chinese Dictionaries; Development and Evolution

① 胡适. 四角号码检字法 · 序[M]//王云五.(第二次改订)四角号码检字法. 上海:商务印书馆, 1926.

汉字部件排检法

——一种音形相辅的部件查字法

佐建明　程晓佳

（河北省秦皇岛市海港区　066000）

摘　要　汉字自诞生以来，检索难就一直相伴。先哲许慎创部首法，开汉字部件检索之先河，使汉字检索有了规律。但部首法存在着不足，部首只是汉字的一个组字部件，汉字还有除了部首之外的组字部件可以用来排序、检索。笔者在部首法和四角号码原理的启迪下，创出了一种全新的排检方法：根据部件组字时所处的位置排序，使用全部组字部件查检，并且想用哪个部件就用哪个部件，弥补了部首法和四角号码的不足，让人们多方位、多角度地检索汉字，打破了查字部件只能用笔划的常规，成字部件不但可以用笔画，而且还可以用音找到，使汉字在检索上实现“不认识的汉字用音查检”，从而解决查字难。

关键词　部首　部件　位置排序　汉字检字法

一、目的与意义

人们在日常的学习、工作中，遇到不认识的汉字，通常是使用辞书解决。显然查字方法的优劣，会直接影响辞书的使用频率。现有辞书查检不认识读音的汉字使用的是“部首法”。

“部首法”历史悠久、使用广泛，基本适应汉字的结构特点，并且多数汉字与其部首具有意义上的联系，符合人们从形——用部件查字的习惯和要求。虽然部首有位置不固定、有些字难以确定部首的不足，这些弊端使“部首法”备受质疑，但并没有影响到人们查字时对部首法的选择。

其中的原因笔者认为：一是“部首法”可以和“笔画法”配合查字，汉字的部首部件和笔画数都是汉字本身具有的,在查字时,通过确定汉字部首部件可以加深查字人对汉字的印象;二是数笔画的时候,等于又书写了一次汉字,这些对查字人识、记汉字是非常重要的环节。综上所述,可以得出,部首、笔画,因其对汉字特殊的功能,很难或根本不可能被替代,沿用是最好的方式。基于此,本排检法的创新重点放到了汉字的排序上,所用的查检手段是搬来照用(拼音、部首、笔画),其优点是,查字人直接使用,不用再去费时间和精力去学习。研究汉字排检法,应该重视汉字本身,一些带有人为附加的方法,很难被人们接受。

"从汉字本身入手,不附加任何条件",我们给自己定了一条红线。遵循这个原则,我们研究出了"汉字部件排检法"(下称部件法),为使用者提供了一个以完全利用汉字本身的条件排序的,且查检方式、手段是查字人已经熟悉的,简单、快捷的查字新方法。利于人们检索汉字、学习汉字。其意义及优点如下:

第一,完善了部首法的单边检索方式。查检汉字时,让部首法转变成为"部件法"的一个边,由"必须用这个这么查"升华为"想用什么就用什么查";

第二,查检方式、方法简单。用来查字的部件是独体字和常用的字形,是语文的最基础知识,是有查字需求的人就已经掌握的。编者只是把汉字本身具有的,和使用者已经掌握的知识联系到一起;

第三,不认识的汉字可以用音查检。在目标字的全部组字部件中找一个认识的成字部件,利用该部件的读音,查检到不认识的目标字。"部件法"让汉字音、形产生联系,使汉字音形互通;

第四,查检汉字渠道多,尤其适用笔画多的汉字。笔画多,提供的部件就多,查检的方式相对也多。

二、编制原理

汉字分独体字和合体字,独体字由笔画组成,合体字由成字部件和非成字部件组合而成。汉字部件排检法的编制原理可概括为一句话:"由什么组成,就拿什么排序、用什么检索"。根据汉字的组字模式我们发现,一个汉字部件在不同的汉字中会出现在不同的位置:如部件"木",可以出现在"李"的上边,"案"的下边,"相"的左边,"沐"的右边,"想"的左上角,"箱"的左下角,"漆"的右上角,"床"的右下角,"闲"的中间。如何实现从"木"在右上角的汉字序列中检索到"漆",而其他位置上部件是"木"的汉字不同时出现,这就涉及汉字的排序问题了,也是"部件法”的创新重点。按照汉字本身的结构规律及汉字部件组字时所处的位置,“部件法”把检字表、拼音索引、笔画索引分别分成十个部分排序,三表对应,完成对汉字的查检。排序说明具体如下:

(一)检字表排序说明

把汉字按组字部件组字所处的位置在检字表中分为:上边部件、下边部件、左边部件、右边部件、左上角部件、左下角部件、右上角部件、右下角部件、中间部件、包围部件十个部分,同位置、同部件的汉字排一起。

1. 检字表的上边部件收录的是,上边有部件的汉字,把上边部件相同的汉字排列在一起,以汉字上边那个相同的部件为字头,同字头的汉字按笔画数由少到多排列在字头下边。如:“允、台、牟、矣、叁、参、怠、垒”,排列在字头“厶”的下边(字头按笔画由少到多排序)。

2. 检字表的下边部件收录的是,下边有部件的汉字,把下边部件相同的汉字排列在一起,以汉字下边那个相同的部件为字头,同字头的汉字按笔画数由少到多排列在字头下边。如:“宠、笼、茏、龛”,排列在字头“龙”的下边(字头按笔画由少到多排序)。

3. 检字表的左边部件收录的是,左边有部件的汉字,把左边部件相同的汉字排列在一起,以汉字左边那个相同的部件为字头,同字头的汉字按笔画数由少到多排列在字头下边。如:“喆、劼、颉”,排列在字头“吉”的下边(字头按笔画由少到多排序)。

4. 检字表的右边部件收录的是,右边有部件的汉字,把右边部件相同的汉字排列在一起,以汉字右边那个相同的部件为字头,同字头的汉字按笔画数由少到多排列在字头下边。如:“凉、晾、椋、惊”,排列在字头“京”的下边(字头按笔画由少到多排序)。

5. 检字表的左上角部件收录的是,左上角有部件的汉字,把左上角部件相同的汉字排列在一起,以汉字左上角那个相同的部件为字头,同字头的汉字按笔画数由少到多排列在字头下边。如:“邰、能、皴、熊”,排列在字头“厶”的下边(字头按笔画由少到多排序)。

6. 检字表的左下角部件收录的是,左下角有部件的汉字,把左下角部件相同的汉字排列在一起,以汉字左下角那个相同的部件为字头,同字头的汉字按笔画数由少到多排列在字头下边。如:“荇、葎、薇、覆”,排列在字头“彳”的下边(字头按笔画由少到多排序)。

7. 检字表的右上角部件收录的是,右上角有部件的汉字,把右上角部件相同的汉字排列在一起,以汉字右上角那个相同的部件为字头,同字头的汉字按笔画数由少到多排列在字头下边。如“语、唔、悟、捂”,排列在字头“五”的下边(字头按笔画由少到多排序)。

8. 检字表的右下角部件收录的是,右下角有部件的汉字,把右下角部件相同的汉字排列在一起,以汉字右下角那个相同的部件为字头,同字头的汉字按笔画数由少到多排列在字头下边。如:“溧、慄、糜、璨”,排列在字头“米”的下边(字头按笔画由少到多排序)。

9. 检字表的中间部件收录的是,中间有部件的汉字,把中间部件相同的汉字排列在一起,以汉字中间那个相同的部件为字头,同字头的汉字按笔画数由少到多排列在字头下边。如:“问、向、回、同、噩、赢”,排列在字头“口”的下边(字头按笔画由少到多排序)。

10. 检字表的包围部件收录的是,包围结构的汉字,把包围部件相同的汉字排列在一起,以那个相同的包围部件为字头,同字头的汉字按笔画数由少到多排列在字头下边。如:“闯、闺、闲、闪”,排列在包围部件“门”的下边(包围部件按笔画由少到多排序)。

(二)拼音索引排序说明

拼音索引收录的是检字表中的成字部件(字头)。把收录的成字部件(字头)对应检字表分成:上边部件、下边部件、左边部件、右边部件、左上角部件、左下角部件、右上角部件、右下角部件、中间部件、包围部件十个部分。具体排序方法如下:

1. 拼音索引上边部件收录的是,检字表上边部件里全部的成字部件(字头);

2. 拼音索引下边部件收录的是,检字表下边部件里全部的成字部件(字头);

3. 拼音索引左边部件收录的是,检字表左边部件里全部的成字部件(字头);

4. 拼音索引右边部件收录的是,检字表右边部件里全部的成字部件(字头);

5. 拼音索引左上角部件收录的是,检字表左上角部件里全部的成字部件(字头);

6. 拼音索引左下角部件收录的是,检字表左下角部件里全部的成字部件(字头);

7. 拼音索引右上角部件收录的是,检字表右上角部件里全部的成字部件(字头);

8. 拼音索引右下角部件收录的是,检字表右下角部件里全部的成字部件(字头);

9. 拼音索引中间部件收录的是,检字表中间部件里全部的成字部件(字头);

10. 拼音索引包围部件收录的是,检字表包围部件里全部成字的包围部件(字头)。

每个部分把所收录的成字部件(字头)按读音的拼音音节第一个字母排序(A~Z),读音音节第一个字母相同的排一起。拼音索引所收录的成字部件(字头)右边的数字,是检字表的页码。

(三) 笔画索引排序说明

笔画索引中收录的是检字表中所有字头,把所收录的部件(字头),对应检字表分成:上边部件、下边部件、左边部件、右边部件、左上角部件、左下角部件、右上角部件、右下角部件、中间部件、包围部件十个部分。具体排序如下:

1. 笔画索引上边部件收录的是,检字表上边部件里所有的字头;

2. 笔画索引下边部件收录的是,检字表下边部件里所有的字头;

3. 笔画索引左边部件收录的是,检字表左边部件里所有的字头;

4. 笔画索引右边部件收录的是,检字表右边部件里所有的字头;

5. 笔画索引左上角部件收录的是,检字表左上角部件里所有的字头;

6. 笔画索引左下角部件收录的是,检字表左下角部件里所有的字头;

7. 笔画索引右上角部件收录的是,检字表右上角部件里所有的字头;

8. 笔画索引右下角部件收录的是,检字表右下角部件里所有的字头;

9. 笔画索引中间部件收录的是,检字表中间部件里所有的字头;

10. 笔画索引包围部件收录的是,检字表包围部件里所有的包围部件。

笔画索引所收部件(字头)按笔画数由少到多排序,同笔画数的排列在一起,部件(字头)右边的数字是检字表的页码。

(四) 独体字排序说明

独体字由笔画组成,按笔画数由少到多依次排列在独体字检字表。

三、使用说明

(一) 合体字

合体字由两个或者两个以上的部件组成,查字时所使用的查字部件在目标字

的哪个位置,进笔画索引(或拼音索引)的相应位置。如图所示:

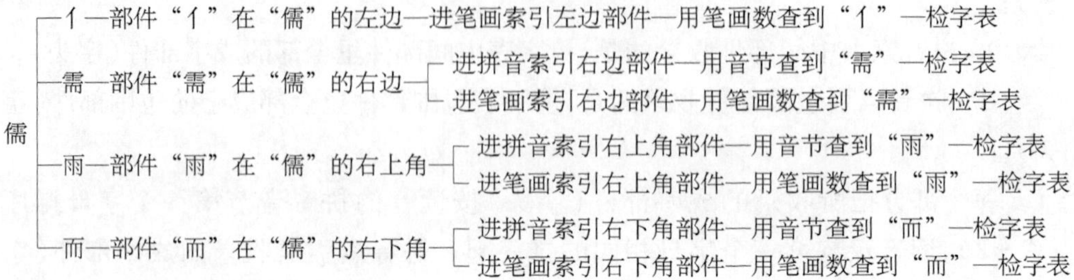

(二)独体字

1. 独体字

“主”—进独体字检字表—用笔画数检索。

(三)包围结构汉字

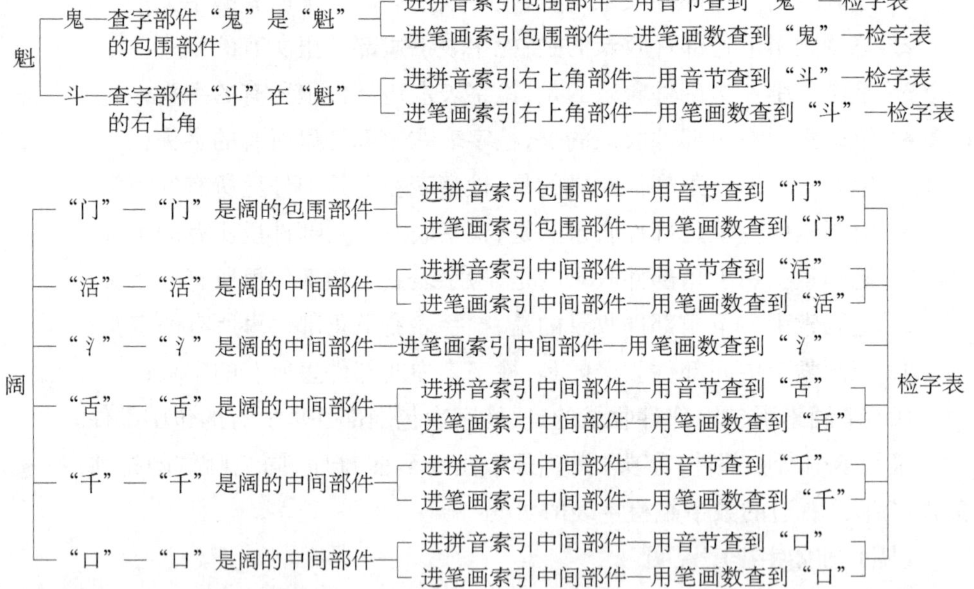

(四)检字表直查

检索汉字时可直接利用检字表,如“李”:

1. 用部件“木”查检“李”,“木”在“李”的上边,进检字表上边部件,四画查到部件(字头)“木”,“木”在上边的汉字按笔画数由少到多排列在字头“木”的下边,从中查到“李”。

2. 用部件“子”查检“李”,“子”在“李”的下边,进检字表下边部件,三画查到部件(字头)“子”,“子”在下边的汉字按笔画数由少到多排列在字头“子”的下边,从中查到“李”。

四、查字部件如何确定、拆分

查字部件包括基础部件(独体部件)、合体部件。基础部件(独体部件)分为成字部件(独体字)、非成字部件“冫”、“氵”、“灬”、“彡”、“刂”、“彳”……;基础部件(独体部件)不可以拆分,合体部件可以拆分成若干个基础部件(独体部件),如“贺”上边部件“加”可以拆分成“力”和“口”。

五、实际效果

(一)和音序法对比

使用音序法得以认识目标字的读音为前提。使用“部件法”查检不会读音的汉字时,查字人可以通过目标字中成字部件的读音,查找到目标字,从而实现不认识的汉字用音检索。如:“孺”:“部件法”可以通过“孺”左边的“子”的读音、右边“需”的读音、右上角“雨”的读音、右下角“而”的读音查检到“孺”。

(二)和部首法对比

部首只是汉字组字部件中的其中之一,如:“孺”,部首法只能通过左边部件“子”配合右边部件“需”的笔画数查找到“孺”。“部件法”可以利用汉字全部的组字部件查检。如:“孺”,通过左边的“子”的读音(或笔画数)、右边“需”的读音(或笔画数)、右上角“雨”的读音(或笔画数)、右下角“而”的读音(或笔画数),都能查找到“孺”,从而解决查字难。

六、适用范围

1. 适用于有本民族语言的少数民族的人们学习汉字。

2. 港台地区的繁体字存在笔画多、用笔画检索更困难问题,因此“部件法”特别适用于繁体字的检索。

3. 为学生检索汉字提供多条渠道,培养孩子多角度思维的能力。

“汉字部件排检法”借鉴了先哲许慎“部首法”和王云五先生“四角号码”查字

法的原理。“部首法”的边、“四角号码”的角,这两个原理,对“部件法”的研制起到了源头的作用。

佐建明　1968 年生,男,汉族,自由职业者,河北省秦皇岛市人,2008 年开始从事查字法研究。

程晓佳　1994 年生,女,汉族,河北省武安市人,河北科技师范学院人力资源管理专业学生(大三),2017 年开始参与“中华汉字排检法”的研究工作。

On New Method for Chinese Character Retrieval

Zuo Jianming　Cheng Xiaojia

Abstract: Since the birth of Chinese written language, the difficulty of retrieval accompanied. The ancient scholar, Xu Shen, created the “radicals mothed” for finding Chinese characters, that made retrieval rules but had its own flaw. The author of this paper suggests a new method by sorting the position of the component group from the characters. The parts of the character can not only be found by strokes, but also by sound.

Keywords: Chinese Character Retrieval; The Chinese Radicals Method

索引与数据库事业

奋战八载　终结硕果

——写在《日、美、俄20世纪中国人物传记文献目录》杀青之际

傅德华

（复旦大学历史系　上海　20433）

摘　要　中外学术界目前尚未有一本可通过三种语言供检索20世纪中国人物传记文献的工具书，《日、美、俄20世纪中国人物传记文献目录》弥补了这个短板。准确地讲应该是四种语言，因前三种语言的每一条都被译成中文。更为重要的是此书的内容不仅时间跨度长，整整100年，且所收录的资料来源广，涉及日、美、俄三个国家的学术界有关中国人物传记文献，包括专著、报纸、期刊和论文集中的文献资料，收录人物数量达5 000余人，前所未有。项目工作组奋战八载，编辑与出版这部文献目录，为中外学者进一步研究20世纪中国人物传记文献，提供了一本不可多得的具有很高学术价值和实用价值的工具书。

关键词　日美俄学术界　20世纪　中国人物　文献目录

奉献给学术界的这本百余万字的《日、美、俄20世纪中国人物传记文献目录》（以下简称《人物传记目录》），是以姜义华为首席专家的国家社科基金重大项目“20世纪中国人物传记资源整理与数据库建设研究”（10&ZD097）的最终成果之一。本项目共有六个子项。自2010年11月27日立项，2017年11月27日准予结项，直至项目成果付梓出版，先后历时八载。这是复旦大学历史系资料室编纂出版的汇集海外20世纪中国人物传记文献的一部力作。

20世纪80年代，改革开放初始，迎着学术界欣欣向荣的新局面和灿烂的前景，原历史系资料室主任王明根先生带领资料室的同仁，历时八年于1990年编纂出版了《辛亥以来人物传记资料索引》（以下简称《辛亥人物索引》），得到全国学

界的广泛好评,日本学者山田辰雄和卫藤沈吉也颇为赞赏,称此书"为中外学术界做件功德无量的好事"。《辛亥人物索引》曾荣获全国图书情报学会优秀成果三等奖。嗣后,傅德华先生接过王明根先生的接力棒,又经过 20 年的努力,在前书的基础上,于 2010 年编纂出版了《20 世纪中国人物传记资料索引》(以下简称《世纪人物索引》),为学术界检索和查阅百年中国人物传记资料提供了极大的便利。并于当年获得了国家社科基金重大项目的立项。这是历史系资料室得到周谷城、吴浩坤、陈匡时、余子道、姜义华、黄美真等教授关心与支持的结果,同时也是历史系资料室参与前两本书编辑的同仁集体智慧的结晶。煌煌 1 600 万字四大本的《世纪人物索引》获中国索引学会成立 20 周年优秀索引成果一等奖,是改革开放后中国索引学会成立以来取得的重大成果之一。

这本《人物传记目录》与历史系室编纂与出版的《世纪人物索引》工具书相比,具有如下几个特点:

这次问世的《人物传记目录》,收录的中国人物传记的内容有新突破,不仅收录港澳台学术界的研究成果,还有日本、美国以及俄罗斯(含原苏联)学术界有关研究中国 20 世纪人物传记文献目录,且日、美、俄三种文字都译成了相对应的中文,这对中国学术界了解海外的研究动态及学术成果,并对相关人物做进一步深入研究,是十分有意义和有价值的。这是其一。

《人物传记目录》收录的日本、美国、俄罗斯(含原苏联)学术界研究 20 世纪中国人物传记的文献资料,其内容十分丰富。其中,日文有 3 320 篇、英文 3 700 余篇、俄文 2 480 余篇,共计为 9 500 余篇,涉及百年历史人物近 12 000 余人。这些海外的文献资料被收录整理后,大大丰富了 20 世纪中国人物传记的研究范围,拓展了人们的研究视野,若将其与中国学术界的研究成果相比较,即可发现一些新资料、新观点和新的有待进一步研究的课题。尤其是日、美、俄三国刊载的传记文献目录,除少数被译成中文收录到《世纪人物索引》中外,几乎都是以往不曾知晓的。诸如 1907 年由美国人托马斯·密勒(Tomas F. F. Millarol)在上海以他名字命名创办的《密勒氏评论报》(1917—1953)中所收录的《中国人名录》,40 余年间共收了 1 500 余位中国人(配有图片),其中三分之一是《世纪人物索引》未收录的,图文资料显得更有价值。还有如 1912 年由英国人贝尔(H. T. Monttague Bell)创刊的《中华年鉴》(1912—1939),原拟在中国出版,后因国内形势关系改在伦敦出版。近 30 年间,共收录了 660 余位中国人的传记,其中不乏被忽略的中国人,不少资料为国内报刊所罕见。《人物传记目录》所收录的英文人物传记资料,亦包括部分英语国家以及国内出版的英文传记文献资料。这些新增的资料来源,丰富了本书的学术价值和资料的文献价值。这是其二。

在一本工具书中同时用三种语言即可检索到所需查找的20世纪中国人物传记文献资料,这不仅在国内难寻,在国外也同样是绝无仅有。《人物传记目录》涉及的三种语言分别为英文、日文和俄文。使用多语种在一本工具书内查找到需要的中国人物传记的文献资料,有利于对所涉及的人物进行比较研究,再将其与中国本土的学者研究成果加以比对,有利于对历史人物做出公平、公正、合乎史实的评价,更易于发现其中的异同及其焦点问题。这是本书与其他同类性工具书所不同的地方,也是本书的最大亮点。这是其三。

在检索途径上,《人物传记目录》比《世纪人物索引》显得更加先进。一是它与我们所承担的国家社科基金重大项目的数据库相匹配,只要打开项目数据就能查阅到本书全部文献资料的内容,一检即得。除此之外,在本书后附有日文、英文、俄文三种语言的“作者索引”,是《世纪人物索引》,包括《辛亥人物索引》都不曾有的。除以单位署名的作者外,共收录6 000余位以个人署名的作者,且每位作者在本书内共发表多少篇人物传记的文章,以及收录在何种报纸和杂志上,包括年月日、年卷期,通过检索书后作者索引,一目了然。这是其四。

《人物传记目录》日、美、俄共三个子项目的中国世纪人物传记的全部内容,时间跨度从1900年至1999年,可称得上是个系统工程,涉及三种语言与多个国家,将搜集到的三种语言的每一条资料做成中外文对应的文本,难度极大,实非易事。但世上无难事,只要肯攀登。经过本项目工作组成员于翠艳老师(英文部分的主要负责人),傅德华老师(日文和俄文的主要负责人),包括各子项目的负责人和主要参与者,群策群力,排除万难,终于将其完美收官,从而赢得了评审专家们的一致好评。该项目最终获得成功,再次验证了习近平总书记所说那句格言:“一勤天下无难事,人间万事付艰辛”。这是其五。

在本书即将付梓之际,正赶上中国改革开放走过四十年的历程,我们首先要感谢改革开放给我们带来的如此美好的大环境,否则很难想象,在八年时间内,完成如此之浩大工程。从这个意义上讲,我们是十分幸运的。其次要感谢国家社科基金重大办聘请的诸位专家多次给予本项目的指导,不断提出具有指导意义的建议,包括对结项报告及最终成果的中肯批评。再次,喝水不忘掘井人。我们还要感谢本项目首席专家姜义华教授为项目的立项和结项以及指导项目的开展所付出的辛劳,包括积极参与项目召开的多次研讨会、出版会议讨论集等方面所做的一切。还有历史系两届党政系统领导自始至终给予本项目的关心与支持。

在历时八年的时间里,各子项目负责人以及项目工作组的成员,不忘初心,牢记使命,为保证本项目顺利开展和结项,东奔西走不辞辛苦搜集中外文资料,校勘初稿,不厌其烦地指导复旦文、理、医学科的近400名勤工助学的本科生、硕士和博士生,几乎放弃所有的双休日和节假日,全身心地投入其中,克服重重困难,最终得以获准结项,真可谓天道酬勤,功夫不负有心人。这是其六。

项目工作组在给国家社科基金重大办的结项报告中曾实事求是地写道:"由于本项目收编范围较广,需要收录的传主众多,直接参编人员较少,水平存在局限,恐不免仍会有一些差错,将在使用中一经发现,即随时在数据库中予以更正,敬请读者鉴谅。"

傅德华　复旦大学历史系教授,复旦大学任重书院专职导师,中国索引学会理事。

An Abundant Harvest after Eight Years' Intensive Effort

— Written at Finishing of *the Catalogs for Biographical Literature of Chinese Figures in the 20th century in Japanese, American, and Russian Scholarship*

Fu Dehua

Abstract: This book fills the gap that none of a single reference book could accomplish. It could be used to search the biographical literature of Chinese figures in the 20th century by three languages. This reference book covers a long span of a whole hundred year and includes a wide range of sources. It is unprecedented that this book covers the biographical literature of over 5000 Chinese figures involved in Japanese, American, and Russian schorlarship, including monographs, newspapers, periodicals, and collected papers. The project lasted eight years and will provide a precious reference with high academic and practical value for Chinese and foreign scholars to further study the biographies in the 20th century.

Keywords: Japanese, American, and Russian Academia; Chinese Biographies; Catalog

红军长征研究的主要内容与热点问题*

——基于关键词词频分析、文献检索经验和目录编制体会的考察

韩洪泉[1,2]

（1 复旦大学马克思主义学院　200433）

（2 国防大学政治学院　200433）

摘　要　1934 年至 1936 年的红军长征，是中国共产党历史和中国人民解放军历史上的重大事件，在中国历史以至世界历史上也都具有重要影响。长征故事发生在并不遥远的过去，长征精神已融入中华民族的基因和血脉，长征文化则流光溢彩、璀璨深沉，引领我们走向更加美好的未来。80 多年来，围绕长征及其相关问题的学术研究，积累了极其丰富的成果。总体而言，长征研究中的主要内容和热点问题（很多也是难点问题）相对集中，关于这些问题的研究成果也最为丰富。对这些问题的分析，可以帮助我们对长征研究有更准确的把握，并为推进长征学术研究提供有益借鉴。

关键词　红军长征　学术研究　学术热点　《长征论著目录》

红军长征是一页波澜壮阔的历史，也是一门博大精深的学问。80 多年来，围绕长征及其相关问题的学术研究，积累了极其丰富的成果。长征研究内涵丰富，点多、线长、面广，涉及诸多领域和学科，通过从各个维度对长征进行深度还原和全面解读，为我们建构、描绘和呈现了一幅幅真实可信、丰富生动的历史图景。总体而言，长征研究中的主要内容和热点问题（很多也是难点问题）相对集中，关于这些问题的研究成果也最为丰富，下面重点结合有关学者的研究，特别是笔者编

* 本文系国家社科基金一般项目“新时代长征文化的弘扬与发展研究”（19BKS122）的阶段性成果之一。

纂《长征论著目录》的体会,[①]从三个角度作以考察。

一、基于关键词词频分析的考察

对长征文献的高频关键词进行分析,是考察长征研究热点问题的一个有效方法。根据严明教授对中国知网(CNKI)中关于"红军长征"的期刊文献进行的分析,词频在100次以上的关键词有:

> 中央红军(921),国民党军(575),四渡赤水(572),革命根据地(489),军委纵队(381),苏维埃政府(338),红二十五军(317),反"围剿"(316),长征精神(313),红一军团(294),红三军(294),红六军团(275),战略转移(274),西路军(261),徐向前(256),红军长征(253),右路军(246),黎平会议(243),军事路线(243),雪山草地(237),湘江战役(228),红二方面军(225),中革军委(223),毛泽东(221),陈昌浩(221),遵义会议(218),长征路上(216),红三军团(214),聂荣臻(201),国民党反动派(199),革命精神(196),胜利会师(187),中国革命史(185),三人团(178),张国焘(176),红九军团(173),两河口会议(167),民族政策(164),渡黄河(163),革命斗争(161),朱德(154),懋功(小金县)(153),革命传统(146),俄界会议(145),三年游击战争(142),逃跑主义(141),红军战士(140),周浑元(138),小叶丹(136),强渡大渡河(132),陕北苏区(131),战役计划(130),日本帝国主义(126),主力部队(125),周恩来(124),红四团(122),毛尔盖(122),红军时期(121),飞夺泸定桥(116),红二军团(115),遵义城(114),抗日前线(111),战略方针(110),中华苏维埃(108),吴起镇(107),红五军团(106),埃德加·斯诺(106),红军主力(105),女战士(105),猴场会议(103),西行漫记(101),彝海(结盟)(100)。[②]

正如该文作者所说,在一定程度上,关键词数量的多少反映出研究的广度,关键词词频的高低则可以反映出研究的深度。从上面的分析可以看出,关于"红军

---

① 韩洪泉.千淘万漉 吹沙得金——《长征论著目录》编纂札记[M]//中国索引学会编.《中国索引》(第二辑).上海:复旦大学出版社,2017:110—114.

② 严明.关于我国"红军长征"研究的期刊文献分析[J].西南民族大学学报(人文社科版),2016(6).

长征”相关研究的重点主要集中在长征各部队的研究、重要人物的研究、重要战役的研究、重要会议的研究、民族宗教政策及统战工作的研究、长征精神的研究等方面。不过在笔者看来，这种分析的局限在于：其一，该文所统计和分析的文献，是以中国知网期刊全文数据库“K264.4”（红军长征）为中图分类号、以“红军长征”为主题进行检索的结果，故不能涵盖长征研究的全部论文资料，中国知网期刊全文数据库中因检索条件所限而排除在外的文献、中国知网其他数据库中的文献、中国知网收录范围之外的文献，自然不在少数；其二，如该文作者所指出的，分析的文献在关键词标引方面存在诸多问题，如20世纪90年代中期以前发表的论文大多未标引关键词（绝大多数已在收入数据库时由系统按关键词自动标引技术给出关键词），许多论文存在关键词太少、太泛以及不准确、不规范、不统一等问题。这些都不可避免地会影响到词频分析的科学性和精准度。不过总体而言，在目前的技术条件和研究现状下，该文的分析比较准确地反映出了长征研究的概貌。

二、基于文献检索经验的考察

2015年起，笔者着手编制《长征论著目录》，以期对80年来长征研究情况作一系统梳理。在资料搜集过程中，以网络系统检索为主、纸质文献检索为辅，通过多种检索方式反复交叉进行。著作部分主要来源于国家图书馆、上海图书馆、复旦大学图书馆、国防大学图书馆的数字图书馆检索信息，论文部分主要来源于中国知网文献全文数据库、国防大学数字图书馆检索信息，辅以万方数据知识服务平台、维普中文期刊服务平台等补充检索信息，并参考了多种相关专业书目和索引。

以在中国知网检索论文资料为例，曾先后使用200多种检索词，通过“主题”“篇名”“关键词”“摘要”“全文”等内容检索条件，兼用“作者”“作者单位”等检索控制条件，反复交叉进行检索；一部分权威刊物和重点载体，则采用逐期逐篇检索的方式。[①] 检索中重点使用的检索词包括：

（1）长征相关指称：如长征，红军长征，战略转移，西征，两万五千里，二万五千里，北上，红飘带，“西窜”，“追剿”等等。

① 韩洪泉．千淘万漉　吹沙得金——《长征论著目录》编纂札记［M］//中国索引学会编．《中国索引》（第二辑）．上海：复旦大学出版社，2017：110．

(2) 长征相关部队番号:如中央红军,红一方面军,红二方面军,红四方面军,红25军,红2、6军团,红2军团(红3军),红6军团,红1军团(红1军),红3军团(红3军),红5军团(红5军),红8军团,红9军团(红32军),红4军,红9军,红30军,红31军,红33军,红7军团,红10军团,红15军团,北上抗日先遣队,西征军,左路军,右路军,红军陕甘支队,红军抗日先锋军,西方野战军,西路军等以及若干师、团及重要部队番号(如红34师、红18团等),等等。(部队番号中的阿拉伯数字与汉字形式,分别进行检索。)

(3) 长征重要战役战斗:如文市战斗,信丰战斗,汝城战斗,郴县、宜章战斗,湘江战役,独树镇战斗,突破乌江战斗,土城战斗(青杠坡战斗),遵义战役,四渡赤水,打鼓新场战斗,鲁班场战斗,嘉陵江战役,老木孔战斗,金沙江战斗(巧渡金沙江),强渡大渡河战斗,泸定桥战斗(飞夺泸定桥),袁家沟口战斗,包座战斗,腊子口战斗,绥崇丹懋战役,天芦名雅邛大战役,突破澧水、沅江封锁线,直罗镇战役(奠基礼),东征战役,来宾铺战斗,西征战役,岷洮西战役,静会战役,甘南战役,山城堡战役,等等。

(4) 长征重要会议:如通道会议,黎平会议,猴场会议,遵义会议,青杠坡会议,扎西会议,鸡鸣三省会议,苟坝会议,会理会议,两河口会议,卓克基会议,芦花会议,沙窝会议,毛尔盖会议,巴西会议,俄界会议,哈达铺会议,榜罗镇会议,吴起镇会议,盘县会议,下寺湾会议,瓦窑堡会议,保安会议,大相寺会议,等等。

(5) 长征重要人物:群体如三人团,三人军事指挥小组,(强渡大渡河)十七勇士,(飞夺泸定桥)二十二勇士,女红军;中国人如毛泽东、周恩来、朱德、博古、张闻天、陈云、王稼祥、任弼时、邓小平、张国焘、彭德怀、林彪、刘伯承、贺龙、聂荣臻、徐向前、叶剑英、罗荣桓、李富春、徐海东、萧克、关向应、王震、王树声、董振堂、李先念、许世友、方志敏、寻淮洲、杨成武、陈树湘、小叶丹等;外国人如李德(奥托·布劳恩、华夫)、勃沙特(薄复礼)、埃德加·斯诺等。

(6) 其他长征相关信息:如长征的多个出发地,多次会师,多次落脚点选择等;长征相关遗址、遗迹、陈列馆、纪念园、纪念碑等;长征精神及系列子精神,如遵义会议精神、黎平会议精神(三敢精神)、六盘山精神等;长征文化重要作品名称(不含长征字样及前述检索词者),如《万水千山》、《地球的红飘带》、毛泽东长征诗词等;长征重要学者、研究机构、有关团体等;其他与长征有关的信息元素,如雪山、草地、娄山关、甬道、转兵、密电,等等。

如果说前引研究者基于关键词频的分析,是在检索结果范围之内考察长征文献所研究的重点内容和相关范畴,那么笔者这种基于检索经验的分析,则是借助长征研究的重点内容和相关范畴来搜集研究文献。就反映和把握长征研究的主要内容与重点问题这一点而言,这两种方法可谓相反相成,殊途同归。

三、基于目录编制体会的考察

编纂目录是一项系统工程,如果说广泛搜集资料要靠"千淘万漉",那么分类编辑排序则要靠"精挑细选",同时需要对长征研究体系和各个分类主题有一个总体把握和基本认知,同时也要兼顾到长征研究成果的实际分布情况。在笔者最初的设想中,《长征论著目录》计划分"论文卷"和"著作卷",每卷均按 16 个一级主题分类,其下再行细化。这 16 个一级主题是:总体研究,红一方面军与长征,红二方面军与长征,红四方面军与长征,红二十五军与长征,红军东征与西征,红军长征在各地,长征中的会师,长征中的会议,长征中的中国共产党,长征中的红军,长征精神,长征文化,长征人物,长征故事,相关专题。应该说,这种分类主要是以长征历史进程和长征学科特点为考量的。但在完成全部资料的检索后,发现长征研究的实际情况与原来的设想有较大差距,有许多热点问题研究成果异常丰富,也有许多重点问题研究成果却十分稀缺。这种研究成果分布的不平衡性,既清晰地反映出长征研究中的热点和弱点所在,也在客观上要求对论著目录的编排进行调整。

经过调整后,"论文卷"按 8 个一级主题分类,这 8 个一级主题是:总体研究、长征历程、长征中的中国共产党与红军、长征在各地、长征精神、长征文化、长征人物、相关专题。每一大类下设置概论(综论)、二级主题、相关问题、资料与书评等,二级主题下设置概述、三级主题、其他、资料与书评等,三级主题下根据情况设置四、五级主题。如"长征历程"一级主题下设 10 个二级主题,分别是:概论,中央红军(红一方面军)长征,红二、六军团(红二方面军)长征,红四方面军长征,红二十五军长征,北上抗日先遣队,红军东征与西征,长征中的会师,长征落脚点选择,资料与书评。其中"中央红军(红一方面军)长征"二级主题下设 8 个三级主题,即:概述,长征初期行动,湘江战役,四渡赤水,其他重要战役,其他重要行动,相关问题,资料与书评。其下再行细分。"著作卷"则主要依据主题和体裁设置类目,全卷按体裁分为 5 大类(研究类,资料类,纪实类,文艺类,工具书),每一大类下分别按主题或体裁再行细分。总体来看,这样的分类编排虽然难称尽善(比如一些交叉仍未避免、一些主题还可细分等),但这样的分法以长征的历史进程和研究成果为依据,架构了学科内容体系,打通了相关知识领域,兼顾了研究成果均衡,从而能够比较全面准确地反映出长征研究的概貌和特征。

通过对各主题下长征文献的数质量分析,可以比较清楚地考察长征研究的重点和热点问题。比如,关于长征基本问题的研究中,长征的决策与准备、长征的意义与地位、长征一词的使用与演变、遵义会议与毛泽东领导核心地位确立的过程、长征的里程问题、九九密电问题等,多年来一直是学界重点关注和持续讨论的对象,形成了争鸣局面和丰富成果。再比如,关于长征历史过程的研究中,对中央红军的长征研究成果最为丰富,其中又相对集中于湘江战役、遵义会议、四渡赤水等问题上;近年来对其他各支红军的长征与会师、红一方面军的东征与西征以及长征中的若干重要行动都展开了研究,填补了以往研究中的若干空白。再比如,关于长征中的中国共产党与红军的研究中,长征与马克思主义中国化、长征时期党的建设、长征时期党的民族宗教理论与实践、长征时期的军队建设等问题的研究较受关注,"大遵义会议"或称"遵义系列会议"的研究成果较丰,围绕党和红军召开的一系列重要会议进行了广泛深入研究。再比如,关于长征文化的研究中,长征精神起步较早,近年来长征子精神的研究成为各地方长征研究中的一个重点;长征文化相关领域的研究方兴未艾,学术界关于长征路线"申遗"、"长征学"建构等问题的讨论比较热烈。再比如,关于长征人物的研究中,毛泽东、周恩来、朱德、张闻天、陈云、邓小平、张国焘等的研究成果较多,关于长征中的两个"三人团"、"三人军事指挥小组"以及长征中的女红军群体的研究较受关注。此外,一些相关问题如中国革命与长征、国民政府与长征、共产国际与长征、长征的海外传播、泛化长征等的研究,也都有所涉及,各有进展。

韩洪泉　1981 年 12 月出生,山东沾化人。复旦大学马克思主义学院博士研究生,国防大学政治学院副教授。主要研究方向为中共党史、中国人民解放军史、马克思主义中国化等。在《党的文献》《中国军事科学》《军事历史》《军事历史研究》等刊物发表论文 100 余篇,多篇被《新华文摘》等转载。

The Main Contents and Topics of the Research on the Long March of the Red Army: Investigation on the Analysis of Keyword Frequency and Experience of Document Retrieval and Catalogue Compilation

Han Hongquan

Abstract: The Long March of the Red Army is an important event in the history of the Communist Party of China and the Chinese People's Liberation Army. It is a very important event in the history of China, and even in the history of the world. The Long March took place in the not-too-distanced past, but its spirit is now a part of the gene and blood of the Chinese nation. The brilliant and profound culture of Long March is leading us to a better future. Over the past 80 years, academic researches on the Long March and the related topics have accumulated abundant achievements. Generally speaking, the main contents and topics, many of which are also difficult, in the study of the Long March, are relatively concentrated by researchers and have achieved richly. By analyzing these topics, we can grasp the research of the Long March more accurately, therefore, provide a useful reference to promote the academic research of the Long March.

Keywords: The Long March of the Red Army; *The Bibliography and Index of the Long March*

《胡适日记全集》《顾颉刚日记》《顾颉刚年谱》三书索引评析

鲍国海

（上海大学图书馆　200444）

摘　要　对《胡适日记全集》《顾颉刚日记》《顾颉刚年谱》三书的索引进行评析，指出三书书后索引分别存在缺少人名（词目）笔画目录，无词目间参照系统，中、外文人名词目重复收录和索引校对失误等问题。提出应从便于读者使用的角度出发，做好索引词目选择、完善参照系统指引、加强词目校对等工作，以提高日记、年谱索引的编制质量。

关键词　胡适　顾颉刚　日记　年谱　索引编制　评析

一、《胡适日记全集》《顾颉刚日记》索引评析

日记属于不公开文献，它是一种专门记录个人所思所想、所见所闻、所作所为的私密性文献载体，具有较高的史料价值。有些名人的日记在他们去世之后，由后人出版，是一种供读者和研究者了解名人历史经历、个人贡献等信息的重要而特殊的文献类型。由台北联经出版公司出版的两本名人日记——《胡适日记全集》[①]（以下简称《胡适日记》）和《顾颉刚日记》[②]各有一卷人名索引。

胡适（1891—1962），安徽绩溪人，原名嗣穈，学名洪骍，字希疆，笔名胡适，字适之。中国近现代著名思想家、文学家、哲学家。以倡导“白话文”、领导新文化运动闻名于世。《胡适日记》由台湾联经出版事业股份有限公司于2004年出版，共10卷（含索引一卷），收录胡适1906至1962年所写的日记，时间跨度长达五十余

① 胡适. 胡适日记全集[M]. 台北：联经出版事业股份有限公司，2004.

② 顾颉刚. 顾颉刚日记[M]. 台北：联经出版事业股份有限公司，2007.

年，其间虽有缺写和短时中断，但总体上是完整的。《日记》内容涉及到中国近现代的思想学术、文化教育、内政外交和社会变迁等诸多方面。因此，它不仅是研究胡适个人，也是研究整个近现代中国的非常珍贵的原始资料。①

顾颉刚（1893—1980），原名诵坤，字铭坚，江苏苏州人。他一生治学，著作等身，对中国古代史、历史文献学、历史地理学、民俗学等学科建设和发展做出了突出的贡献，在中国近代学术史和思想史上具有重大而深远的影响。《顾颉刚日记》由台湾联经出版事业股份有限公司于 2007 年出版，600 多万字，共 12 卷（含索引一卷）。本书是顾颉刚先生一生治学、读书所作的笔记，从 1914 年起，至 1980 年逝世，从无间断（部分年份缺失）。通过这些文字，可以供后人了解他对中国古代文化的政治、社会、经济、宗教、思想等方面的见解，具有很高的史料价值。

在使用这两书索引过程中，笔者发现存在一些问题有待探讨。现结合对这两种日记索引的评价，对日记索引编制略述已见，抛砖引玉，以求正同行。

（一）《胡适日记》《顾颉刚日记》人名索引概述

《胡适日记》第 10 卷为人名索引，共 518 页，收录人名词目 11 044 个，外文人名词目 3 153 个，其中个别有重复，如“蒋介石”既出现在中文人名中，但也以“Chiang, Kai-shek（蒋介石）”的形式出现在英文人名中，实际上它是一种对中国人名的威妥玛式的拼写，还有“Chiang, Madame（蒋夫人）”这是另一种威妥玛姓氏加称谓的表现形式。

《顾颉刚日记》第十二卷为人名索引，共 737 页，索引共有词目 22 231 个，其中，正式词目 22 198 个，参见词目 39 个。词目按人名笔划排列（繁体字）。人名条目以列举正式姓名为原则，字号及别名则以括号（ ）附记在后。普世共知的笔名或亲人的小名，见于《日记》中次数较多的也予收录，但指明其本名。如鲁迅（见〈周树人〉）、鲁弟（见〈顾诚安〉）。表 1 列举了《日记》人名索引的著录格式，出处包括：所在卷和页码。有些词目后的括号内还有对词目的说明，如孟小冬。

人名索引的出处表示为：卷，页码，词目表现方式详见表 1。

① 曹伯言.《胡适日记全集》整理说明［M］//胡适. 胡适日记全集. 台北：联经出版有限公司，2004：158.

表1 《胡适日记》《顾颉刚日记》词目表现方式举例

《胡适日记》	《顾颉刚日记》
人名14 197个	人名22 231个
一湖【2】705	一千紅(藝人)【1】33,35,604
丁文江(在君)【2】662,694,696…	一中(筆名)【6】366
丁文江夫人(丁在君夫人,丁太太)【6】499,【7】61,74…	丁一【7】515【8】326,330,…
二程(程顥及程頤)【5】25,【7】37,38…	丁山(丁山夫)【1】785,786,…
上田真次郎(Teijiro Uyeda)【7】333,335… 於學忠(Yu Hsueh-chung)【6】669【7】220,221… 大內(日眾議員)【4】327 大同和上(即神秀)【4】398,521… 神秀(秀禪師,秀和尚,北秀)【4】380,…398,…521…	丁山夫人(陶夢雲)【4】738,… 丁文江(在君)【1】308,… 丁文淵(月波,鑒修)【3】353,… 丁玉章(丁醫生,女醫)【6】400,402 丁玉衡(遼寧省秘書長)【9】713,714 大鳥正健【6】277 勾踐(句踐)【4】307… 孟小冬(梅蘭芳妾,後歸杜月笙)【11】680

(二)《胡适日记》《顾颉刚日记》人名索引评析

1. 缺少笔画目录

此两种日记索引都缺少人名笔画和字母目录,不便于读者使用。为此,笔者专门编写了《胡适日记》《顾颉刚日记》索引笔画及英文字母目录,见表2。

表2 《胡适日记》《顾颉刚日记》人名索引笔画、字母目录

《胡适日记》		《顾颉刚日记》
一畫 3	A 377	一畫 1
二畫 3	B 381	二畫 1
三畫 6	C 394	三畫 8
四畫 10	D 404	四畫 13
五畫 37	E 411	五畫 73
六畫 46	F 415	六畫 86
七畫 64	G 421	七畫 109
八畫 108	H 429	八畫 202
九畫 131	I 440	九畫 244
十畫 156	G 441	十畫 281

续表

《胡适日记》		《顾颉刚日记》
十一畫 191	K 429	十一畫 351
十二畫 250	L 440	十二畫 476
十三畫 278	M 441	十三畫 524
十四畫 297	N 456	十四畫 560
十五畫 310	O 469	十五畫 586
十六畫 339	P 474	十六畫 642
十七畫 349	Q 481	十七畫 659
十八畫 357	R 481	十八畫 675
十九畫 362	S 488	十九畫 683
二十畫 368	T 501	二十畫 696
二十一畫 372	U 505	二十一畫 703
二十二畫 375	V 506	二十二畫 730
二十三畫 376	W 507	二十三畫以後 731
二十四畫 376	X 516	西文部分 732
二十五畫 376	Y 516	拾遺 734
	Z 518	

2. 词目参照系统有待完善

对于人名词目中出现的别名、字、笔名等,《胡适日记》索引没有参照指引,不便于读者检索正文以及集中揭示人名信息。笔者将一些差错和笔者的更正列于表3。

表3 《胡适日记》人名索引差错举例及更正表

原词目及出处	更正后的词目及出处
大同和上(即神秀)【4】398,521… 秀(嵩山秀,即神秀)【5】7,10 神秀(秀禪師,秀和尚,北秀)【1】5…	大同和上 見 神秀 秀 見 神秀 神秀(大同和上,秀,秀禪師,秀和尚,北秀,嵩山秀)【1】5…
大照(即普寂)【5】285 普寂(大照)【5】285,286	大照 見 普寂 普寂(大照)【5】285,286

续表

原词目及出处	更正后的词目及出处
牛頭融大師(牛頭,即慧融)【4】682,689 融(牛頭融,即慧融)【5】7 慧融(牛頭)【4】480,657	牛頭融大師 見 慧融 牛頭 見 慧融 融 見 慧融 慧融(牛頭,牛頭融大師,融)【4】480,657
王利賓(蘭君,即王韜)【7】144,150 王瀚(蘭君,即王韜)【7】144 王韜(原名利賓,改名瀚,字瀨今)【7】143,144…	王利賓 見 王韜 王瀚 見 王韜 王韜(原名利賓,改名瀚,字瀨今)【7】143,144…
可(大弘可,可禪師,即惠可)【4】429,430… 慧可(惠可)【5】283,284… 惠可(慧可)【4】380,381…	可 見 惠可 慧可 見 惠可 惠可(可,慧可)【4】380,381…
君朔(伍光建筆名)【5】479 伍光建(昭扆)【5】478,479	君朔 見 伍光建 伍光建(昭扆,君朔)【5】478,479
金和尚(金和上,即無相禪師)【4】409,479… 無相禪師(金和尚)【4】409,479…	金和上 見 無相禪師 金和尚 見 無相禪師 無相禪師(金和上,金和尚)【4】409,479…
信大師(信禪師,大醫信,即道信)【4】393,406… 道信【4】388,389	信大師 見 道信 大醫信 見 道信 道信(大醫信,信大師)【4】388,389
胡洪騂(胡適)【9】98,247… 胡嗣穈(胡適)【4】57 胡鐵兒(胡適筆名)【1】73	胡洪騂 見 胡適 胡嗣穈 見 胡適 胡鐵兒 見 胡適筆名 胡適(胡洪騂,胡嗣穈,胡鐵兒)【1】73…
娟(曹麗娟,即曹珮聲)【4】97,99… 曹珮聲【3】26,231…	娟 見 曹珮聲 曹麗娟 見 曹珮聲 曹珮聲(娟, 曹麗娟)【3】26,231…
徐韋曼(丁文江夫人)【7】304,312 丁文江夫人(丁在君夫人,丁太太)【6】499…	徐韋曼 見 丁文江夫人 丁在君夫人 見 丁文江夫人 丁太太 見 丁文江夫人 丁文江夫人(徐韋曼,丁在君夫人,丁太太)【6】499…
素(鶴林素,即玄素)【5】7,122,148 玄素【5】122	素 見 玄素 玄素(素)【5】7,122,148
能(大鑒能,即慧能)【5】6,9… 慧能(盧氏)【4】370,373…	能 見 慧能 大鑒能 見 慧能 盧氏 見 慧能 慧能(大鑒能,即慧能,盧氏)【4】370,373…

续表

原词目及出处	更正后的词目及出处
康華(胡健中筆名)【9】558,560 胡健中【9】98,247…	康華 見 胡健中 胡健中(康華)【9】98,247…
萬家寶(曹禺)【7】382 曹禺(萬家寶)【7】382	萬家寶 見 曹禺 曹禺(萬家寶)【7】382
荷澤(荷澤大師,即神會)【4】440,485… 會(東京會,即神會)【5】7 神會(會和尚,荷澤大師)【4】369,371…	荷澤 見 神會 荷澤大師 見 神會 會和尚 見 神會 東京會 見 神會 會 見 神會 神會(會,會和尚,東京會,荷澤,荷澤大師)【4】369,371…
雁宕山樵(陳忱)【4】223 陳忱(遐心,雁宕山樵)【4】223	遐心 見 陳忱 雁宕山樵 見 陳忱 陳忱(遐心,雁宕山樵)【4】223
暉(百嚴暉,即懷暉)【5】6,122… 懷暉【5】10	暉 見 懷暉 百嚴暉 見 懷暉 懷暉(暉)【5】6,10…
粲(即僧璨)【5】285 璨(鏡智璨,即僧璨)【5】6… 僧璨【4】389,405…	粲 見 僧璨 璨 見 僧璨 鏡智璨 見 僧璨 僧璨 (粲,璨,鏡智璨)【4】389,405…
屢奴羅(即摩奴羅)【4】418 摩奴羅(摩拿羅)【4】403,413…	屢奴羅 見 摩奴羅 摩拿羅 見 摩奴羅 摩奴羅(摩拿羅,屢奴羅)【4】403,413…
疑古(錢玄同)【7】88 錢玄同(錢夏,逸谷)【2】633	疑古 見 錢玄同 逸谷 見 錢玄同 錢夏 見 錢玄同 錢玄同(錢夏,逸谷,疑古)【2】633…
摩訶衍(即求那跋陁羅)【4】403… 求那(求那跋陀,求那跋陁羅,求那跋陀羅,Gunabhadra)【4】391…	摩訶衍 見 求那跋陁羅 摩訶衍 見 求那 摩訶衍 見 求那跋陁羅 求那(求那跋陀,求那跋陁羅,求那跋陀羅,摩訶衍,Gunabhadra)【4】391…
魯王(朱以海)【4】391… 朱以海(明監國魯王,字巨川,號恒山,常石子)【9】442…	魯王 見 朱以海 朱以海(明監國魯王,字巨川,號恒山,常石子)【9】442…

续表

原词目及出处	更正后的词目及出处
鲁迅(周樹人)【4】391… 周樹人(豫才,鲁迅)【3】136…	鲁迅 見 周樹人 豫才 見 周樹人 周樹人(豫才,鲁迅)【3】136…
盧慧能(即慧能)【5】579 慧能(盧氏)【4】370…	盧慧能 見 慧能 盧氏 見 慧能 慧能(盧氏,盧慧能)【4】370…
興龍(阮福周法名)【9】816 阮福周【9】816	興龍 見 阮福周 阮福周(興龍)【9】816
蕭衍(梁武帝)【6】414… 梁武帝【1】457…	蕭衍 見 梁武帝 梁武帝(蕭衍)【1】457…
應誼(宋以忠夫人)【7】7… 宋以忠夫人(應誼)【8】48…	應誼 見 宋以忠夫人 宋以忠夫人(應誼)【7】7…
魏武帝(曹操)【2】313… 曹操(孟德)【2】214…	魏武帝 見 曹操 孟德 見 曹操 曹操(孟德,魏武帝)【2】214…
觀川居士(洪述祖)【1】299,300 洪述祖(蔭芝,蔭之)【1】285…	觀川居士 見 洪述祖 洪述祖(蔭芝,蔭之,觀川居士)【1】285…

《顾颉刚日记》人名索引对词目间的关系有两种表示方法,见表4。其中,"见"共32个,"即"7个。这两者的含义相同,即将不提供出处的非正式词目,指向正式词目。从索引编制规范化而言,应统一用"见"更佳。此外,笔者还发现,该索引的参照系统有待完善,以顾颉刚第二任妻子为例,词目按"殷履安"排列,但在日记中出现的是她的名字"履安",对于初次接触《日记》的读者,无法在索引中找到"履安"的词条,因此也就给他们的使用带来了不便。《顾颉刚日记》中对鲁迅有多种称呼,但本书的参照系统仅提供一个检索参照,遗漏了诸如"周豫才""唐俟"等词目的参照。同样,沈雁冰的词目也遗漏了"茅盾"词目参照。此类情况在本索引中不在少数,在此恕不一一枚举。

从索引的编制要求而言,笔者认为人名索引对于《日记》中提及的所有人名,事无巨细一一列举,大可不必,而应当有所取舍,应将重点放在重要词目的参照方面。因此,在编制索引之前,应当确定收词标准,加以规定。

表 4 《顾颉刚日记》人名索引差错举例及更正表

原词目及出处	更正后的词目及出处
丁陶夢雲(丁山夫人,見〈陶孟雲〉)	陶孟雲(丁陶夢雲,丁山夫人)【6】571,…
玄珠(茅盾,見〈沈雁冰〉)	沈雁冰(茅盾,玄珠)【1】139,…
克利爾(即〈顧立雅〉,Creel)	顧立雅(Creel,克利爾)【3】190,…
鲁迅(即〈周樹人〉)	周樹人(鲁迅,周豫才,周)【1】446,… 唐俟(鲁迅另一筆名)【11】466,…

此外,《胡适日记》人名索引还存在着中文与英文姓名重复收录问题,其结果见表 5,出处省略。个别译名不一致,有待统一。

对于表中列出的重复部分,可以采用"见"方式,将英文人名见中文人名,如:"Anacreon 见 阿難",然后将英文人名"Anacreon"出处合并到中文人名"阿難"出处中,并在中文人名括号标注其英文人名"阿難(Anacreon)"即可,便于读者完整查找该人名的信息。如表 5 所示。

表 5 《胡适日记》索引中、英文人名词目重复对照表(按英文字母顺序排列,出处省略)

英 文 人 名	中 文 人 名
Anacreon(阿難)	阿難
Bacon(弗蘭西司・倍根)	培根
Bergson(柏格森)	柏格森
Bryan, Wm. J.(白來恩)	白來恩
Chang, H. T.(張學曾)	張學曾(舜卿)
Chang, Miss Eileen(張愛玲)	張愛玲
Chao, Y. R.(趙元任)	趙元任(宣仲,Yuan Ren Chao)
Chen, Yin-ke(陳寅恪)	陳寅恪
Chiang, Kai-shek(蔣介石)	蔣中正(介石,介公,蔣先生,老蔣,總司令,主席,蔣總統,總裁)
Chiang, Madame(蔣夫人)	蔣夫人 宋美齡(蔣夫人)
Chipman, Alice(杜威夫人)	杜威夫人
Confucius(孔子)	孔子(丘,仲尼,孔夫子,孔二先生)
Copernicus(哥白尼)	哥白尼
Descartes(笛卡兒)	笛卡兒(笛卡爾)

续表

英文人名	中文人名
Dewey, John(杜威)	杜威
Bewey, Lucy	杜威露雪(杜威女士)
Ecke, Tseng Y. H.(曾幼荷)	曾幼荷
Fairbank, John K.(費正清)	費正清
Ferguson, Dr. I. C.(福開森)	福開森
Franklin, Benjamin(弗蘭克令)	弗蘭克林
Fu, Mengchen(傅孟真)	傅斯年(孟真)
Gibbon(吉本,吉朋)	吉本
Goethe(歌德,貴推)	歌德
Greene, Roger S.(顧臨)	顧臨(顧林)
Hegel(黑格爾)	黑格爾
Heizer, C. W.(亥叟)	亥叟
Homer(荷馬)	荷馬
Hsu, Fu-kuan(徐複觀)	徐複觀
Hu, Mrs.(胡適夫人江冬秀)	江冬秀
Huang, Wen-shan(黄文山)	黄文山
Huxley, Thomas Henry(赫胥黎)	赫胥黎
Ibson(伊卜生)	易卜生(伊卜生)
James, Walter C.(任春華)	任春華
Johnston, R. F.(莊士敦)	莊士敦
Jusus(耶穌)	耶穌
Lee, Kan(李幹)	李幹
Lee, S. C.(李紹昌)	李紹昌
Li. K. C. (K. C. L. 李國欽)	李國欽(炳麟)
Li, President Tsung-jen(宗仁)	李宗仁(德鄰,德公,代總統)
Lincoln, Abraham(林肯)	林肯
Lowell(洛威爾)	洛威爾(哈佛校長)
Mah, Bert W.(馬如榮)	馬如榮
Marx, Karl	馬克思(K. Marx,馬克司,馬克斯)
Mill, John Stuart(穆勒,約翰·密爾,約翰彌爾)	穆勒(穆勒約翰)

续表

英文人名	中文人名
Monroe, Paul(孟羅,孟祿)	孟祿(孟錄,孟羅)
Mott, Dr. John R.(穆德)	穆勒
Newton(奈瑞,牛敦)	牛頓
Nietzsche(尼采)	尼采
Patt, Hauks(卜舫濟)	卜舫濟
Phillip, Hope(費荷浦)	費荷浦
Plato(柏拉圖)	柏拉圖
QV(胡適筆名)	
Ren, S. D.(任稷生)	任嗣達(稷生)
Rockefeller, John. D. Sr.(石油大王洛克斐勒,洛克非老)	洛克非老
Russell, Bertrand(羅素)	羅素
S. H. C.(陳衡哲)	陳衡哲(莎菲)
Shakespeare(莎氏,莎士比亞,蕭士比,蕭思壁)	莎士比亞(莎氏,沙翁,蕭士比亞,蕭士壁,蕭氏)
Shaw, Bernard(蕭伯納)	蕭伯納
Snow Boat(雪艇,王世傑)	王世傑(雪艇)
Sophia(莎菲,陳衡哲)	陳衡哲(莎菲)
Spencer, Herbert(斯賓塞)	斯賓塞(斯賓塞爾)
Stalin(司太林)	史達林(史大林,史丹林,司大林)
Stuart, J. Leighton(司徒雷登)	司徒雷登(司徒來登,J. Leighton Stuart)
Tagore, Rabindranath(泰戈爾)	泰戈爾
Tchekofv(契可夫)	契可夫(柴霍甫)
Tolstoi, Lyof N.(Tolstoy,托爾斯泰)	托爾斯泰(托爾斯太)
Tsiang, T. F.(T. F. 蔣廷黻)	蔣廷黻
Wang, C. C.(王景春)	王景春(兆熙)
Wang. F. Y.(王方宇)	王方宇
Welly(劉馭萬)	劉馭萬(Welly)
Williams, Edith Clifford (C. W.,韋蓮司女士)	韋蓮司女士(C. W.)
Yen, Marshal(閻錫山)	閻錫山(百川,百公,閻公,督軍,總司令)
Yan, Miss Hilda(顏雅清)	顏雅清(Hilda Yen)
Yen, W. W.(顏惠慶)	顏惠慶(駿人,駿老)
Yen, W. Y.(嚴文鬱)	嚴文鬱
Yu, Ta-Wei(俞大維)	俞大維

(三)日记索引编制要求

1. 完整揭示日记内容

仅有人名索引无法满足读者对日记正文的检索需要。结合《胡适日记》第一卷与《顾颉刚日记》的内容,表6中列举其他索引词目供参考。这些词目包括:机构名(如学校名)、地名、组织名、书名、报刊名(包括日记作者文章及著作)、专名(如事件名)等。只有充分地在索引中反映日记的这些内容,才能使索引发挥更大的作用。

表6 《胡适日记》《顾颉刚日记》词目类型

《胡适日记》词目	《顾颉刚日记》词目	词目类型
上海【1】3	北京【1】451	地名
中國公學【1】3	中山大學【1】448	学校名
	“新信仰”(吴稚暉)【1】449	文章名(作者名)
南昌教案【1】116		事件
	研究所(北京大學研究所)【1】448	机构
安徽旅滬學會(旅滬學會)【1】25,27,28		组织
《近思錄》(朱子)【1】32	《石鼓音存》(鄭樵)【1】445	书名(作者名)
淞滬鐵路【1】38		专名
“歡送徵兵之感情”(胡適)【1】43	“二十五周年紀念册應修正處”(顧頡剛)【1】447	日记作者文章
《新聞報》【1】50	《現代評論》(期刊)【1】446	报刊名
《朱砂痣》【1】68	《醉酒》(戲劇)【1】451	戏剧名
Universal History(Peter Parley)【1】6		书名(作者名)

注:英文书名和文章名分别用斜体、中外文文章题目用双引号表示。

2. 建立索引参照系统

在编制日记索引过程中,必须建立参照系统,即将某一词目的多种表达形式,指向一个正式词目集中反映。如对人名中的字、别名、笔名、英文译名的不同表示等均可采用此法,见表3更正。此外,对于同一作者所写的著作文章,可以用二级词目的形式,列于该人名之下,便于读者集中检索。

3. 加强索引质量控制

索引编制完成后,要仔细认真校对,把好事办好。《胡适日记》和《顾颉刚日记》人名索引中出现的一些差错,如果认真校对,是完全可以避免的。如《胡适日记》索引最后一页的"Z"字母下的第一个词,Zadeikis 就遗漏了首字母"Z"。

二、《顾颉刚年谱》人名索引评析

年谱始于宋代,极盛于明清,是一种具有中国特色的文献类型,它根据年代顺序,逐年记录谱主人生经历,为后人了解和研究谱主的生平和贡献提供了一个独特的途径。

《顾颉刚年谱》(以下简称《年谱》)初版于 1993 年,增订本[①]将原书附录中的"著述目"内容分别并入相应谱文中并附有人名索引。本文对《年谱》人名索引进行评价,对年谱索引的编制略述己见。

(一)《年谱》人名索引评析

《年谱》共 515 页,《人名索引》(以师友为主)35 页,占总书的 6.8%。索引收录 821 个人名词目,按人名繁体字笔画顺序排列,出处为年,月,见表 7,本索引无词目参照系统。

表 7 《年谱》词目举例及更正

原索引词目	更　正
二畫 丁山 1926.12 1943.2 1948.4	
三畫 于飛(李文衡) 1943.12 1946.1	于飛(李文衡) 1943.是年 1946.1
四畫 王國維(靜安) 1921.11 1922.4 1924.4,6,12…	
五畫 平岡武夫 1937.4 1940.年末 1978.9	
十畫 埃伯哈特(WOLFRAM EBERHARD) 1935.1 1971.是年	
十九畫 譚惕吾(慕愚,健常) 1924.4,6 1926.1 1934.10.1935.11	正文應為譚慕愚,譚惕吾為她後改名,

① 顾潮.顾颉刚年谱(增订本)[M].北京:中华书局.2011.

1. 增加参照系统

从表7可见,《年谱》没有采用参照系统处理人名词目的关系,即没有将人名括号内的另用名指向正式人名,如对于像谱主非常赏识的譚惕吾女士,原名为譚慕愚,字健常,应在人名索引中表示为:"健常 见 谭惕吾";"慕愚 见 谭惕吾"。此类词目还有一些,也应按此处理,限于篇幅,恕不一一赘述。

2. 增加索引词目类型

笔者认为,一个完整的年谱索引,只提供人名索引是远远不能满足读者和研究者对谱主内容的检索要求的。因此,还应当增加诸如著作名、事件名、地名,组织名、机构名、专词等词目。表8是笔者根据《年谱》列出的词目,出处为《年谱》页码。

表8 增补后的《年谱》索引词目举例

新增词目	词目类型
八國聯軍 12	专词
《三字經》8	书名
《千字文》8	书名
中日戰爭 8	事件
中國社會黨 26,29,30…	组织
日俄戰爭 15	事件
北京大學歌謠研究會 58	组织
白壽彝 234,…《悼念顧頡剛先生》473	他人作品,采用二级词目表示
江蘇 7	地名
《辛丑合約》13	专词
京師大學堂 16	学校
常州中學 17	学校
亞東圖書館 85	机构
康有為(长素)《新經偽學考》36《孔子改制考》36	他人作品,采用二级词目表示
《新民叢報》15	报刊名
武昌起義 25	事件
《東方雜誌》15	报刊名
《時報》17	报刊名
姚際恒《詩經通論》85	他人作品,采用二级词目表示
強學會 8,9	组织

续表

新增词目	词目类型
商務印書館 15,94	机构
錢玄同《孔家店老伙計》102	他人作品,采用二级词目表示
樸社 80,85…	机构
蘇州 7,10	地名
顧頡剛《古史辨》473…《古史辨第一册自序》8,9,10…《玉淵潭憶往》8,9《我在北大》7,21《我在辛亥革命時期的觀感》10,12《李石岑講演集代序》10	谱主作品,采用二级词目表示

3. 加强索引质量控制

笔者曾就索引质量控制写过一篇短文,①专门谈及对索引编制工作一定要加强质量控制。《年谱》除了上文提及的缺少词目间的参照系统之外,在出处方面还存在差错。笔者抽查了索引第一页,本页共有词目 15 个,出现差错就有 7 个,差错率达 46.7%,更正见表 8。

由此看来,索引的编制质量应当引起作者,编者的重视。

表 9 《年谱》索引勘误表

原索引	更　正
白壽彝 1933.4	白壽彝 1933.年初
丁君匋 1947.4 1948.年首 1949.年首	丁君匋 1947.是年 1948.是年 1948.是年
于右任 1909.年末	于右任 1909. 8
于省吾(思泊) 1936.8 1949. 8	于省吾(思泊)正文未见 1949.是年
于飛(李文衡) 1943.12	于飛(李文衡) 1943.是年
于道源 1931.7	于道源 正文未见
大村西崖 1926. 年末 1928 年末	大村西崖 1926.是年 1928 是年
戈公振 1927.年末	戈公振 1927.是年

① 鲍国海.学术著作书后索引质量控制刍议:兼评《中国近代疾病社会史(1912—1937)〈人名索引〉》[J].中国索引,2015(4):34—36.

(二) 年谱索引编制要求

要做好年谱的索引编制工作,应当注意如下几点:

(1) 必须从思想上高度重视,以对读者认真负责的态度做好此事;

(2) 要尽量从读者的使用角度出发,从年谱中选择词目,包括人名、机构、事件、专名、地名等,并做好词目间的参照指引,尤其是对于人名词目,必须充分揭示人名在正文中出现的各种情况,以避免遗漏;

(3) 加强索引的审校工作,将差错率降到最低。索引工作是一项功德无量的事业,它将为读者和研究者利用年谱提供极大的便利,因此,需要我们的索引工作者、出版者和作者共同努力来完成这个光荣而又艰巨的任务。

三、结　论

综上所述,无论是日记还是年谱的索引编制工作都是一项功在当代、利在千秋的事业。索引的编制者必须做到认真仔细,精益求精。对索引词目的选择、词目间的参照系统建立、索引校对等项工作,都应当花大力做好。唯有如此,索引才能真正起到让使用者按图索骥、事倍功半的作用。

鲍国海　男,1957 年生,上海大学图书馆副研究馆员。研究方向:中国科技期刊文献计量研究,信息检索,索引编制评介。

Critiques on the Index of Complete Works of *Hu Shi's Diary*, *Gu Jiegang's Diary* and *Gu Jiegang's Chronicle*

Bao Guohai

Abstract: This article analyzes the indexes of *Hu Shi's Diary Complete Works*, *Gu Jiegang's Diary and Gu Jiegang's Chronicle*. It points out that some problems exist in the index at the end of these three books, such as the lacking of a bibliographic catalog of names, and the absence of an inter-bibliographic reference system. Also, Chinese and foreign names should not be repeatedly collected. The index should be proofread before publishing. The article concludes that in order to improve the quality of dairy and chronological indexes, indexers should carefully select index entries, improve the guidance of the building of a reference system and promote the proofreading of index entries.

Keywords: Hu Shi; Gu Jie Gang; Diary; Chronicle; Indexing.

中国大陆 ESI 上榜机构及学科深度分析

李　津　赵呈刚

（清华大学图书馆　北京　100084）

摘　要　深入分析 ESI 各学科世界排名前 1% 的研究机构，构建世界排名前千分之一/前万分之一的评价指标，了解中国大陆研究机构的情况及强/弱势学科分布，为国家及各研究机构学科发展提供参考。

关键词　ESI　研究机构　排名前千分之一　排名前万分之一　学科

一、研究背景

Essential Science Indicators（基本科学指标，简称 ESI）是一个基于 Web of Science 核心合集数据库的深度分析型研究工具。ESI 对全球所有研究机构在近 11 年中发表的文献类型为 article 或 review 的 SCI-E（Science Citation Index Expanded）和 SSCI（Social Sciences Index）论文进行统计，按总被引频次高低确定衡量研究绩效的阈值，每隔两月发布各学科世界排名前 1% 的研究机构（以下称为"上榜机构"）。

ESI 上榜机构，以及各机构上榜学科，已成为当今世界范围内普遍用以评价高校、研究机构、国家/地区国际学术水平及影响力的重要指标之一。近几年来，国内有不少评价机构定期公布国内上榜机构，公布的参数一般包括：国际排名、上榜学科数、论文数、引用次数、篇均被引频次等，是从上榜学科数的角度揭示机构排名。但是，随着中国科技实力的发展，仅从世界排名前 1% 的上榜学科数已经不能很好地区分强势/弱势机构，以及强势/弱势学科。ESI 上榜机构对国内科研机构的指导意义绝不仅仅限于此，我们可以从更多的角度了解中国以及各机构各学科的发展态势，用以指导学科建设。

本研究拟以 2018 年 5 月份公布的 ESI 数据为例，从宏观了解整个中国的上榜机构及其学科分布，并通过构建世界排名全球前千分之一/前万分之一的指标，了解中国强势/弱势学科。从而从全球视角和国内视角为各科研机构学科建设规划提供借鉴。

二、研究方法及检索策略

1. 研究方法

ESI 各学科世界排名前 1% 的研究机构是依以下方法确定的：对全球所有研究机构在近 11 年中发表的文献类型为 article 或 review 的 SCI-E(Science Citation Index Expanded)和 SSCI(Social Sciences Index)论文进行统计，按总被引频次高低确定衡量研究绩效的阈值。学科的划分，是将上述数据库及文献类型的期刊及论文按照 22 个学科大类进行划分，其中每一种刊划分一个类别。但是对如 Nature、Science 这样的综合类期刊会将其划分至“Multidisciplinary”，其中的论文会再划分至 22 个大类，论文的分类方式如下：按照施引文献的学科分类进行划分，如果多数的施引文献属于某一类别，则将该论文划分至该类。

在研究过程中，我们首先需要下载分析所需要的参数，主要参数包括：全球排名、机构名称、国别、论文数量、引用次数、本学科上榜机构数等。以此为后续计算的基础。

2. 检索策略

数据库：Essential Science Indicators

检索时间：2018 年 6 月 4 日

数据时间范围：January 1,2008-February 28,2018

发布时间：2018 年 5 月

检索方法：

(1) 从 ESI 数据库分别下载 22 个学科的参数：全球排名、机构名称、国别、web of science 文献数量、引用次数等。

(2) 标注该学科上榜机构总数。

(3) 筛选 Countries/Regions(国家/地区)为“CHINA MAINLAND(中国大陆)”的机构确定为本研究分析机构。

(4) 计算该机构全球上榜百分位(即：占全球前 1% 的百分位)。

特别说明：本研究所述国内研究机构仅包含中国大陆，不包含港澳台地区。

三、数据分析

1. 中国大陆上榜机构分析

根据 2018 年 5 月公布的 ESI 数据，全球共有 5 578 个机构上榜，其中中国大陆上榜机构350个(约占全球上榜机构总数的6.3%)。位居全球上榜国家第二位，仅次于美国(见表1)。

表1　全球上榜机构TOP5国别分布

国家/地区	上榜机构数	国家/地区	上榜机构数
USA	902	JAPAN	217
CHINA MAINLAND	350	SPAIN	191
FRANCE	228		

全球22个学科均上榜的机构有37个,其中64.9%左右集中在美国(24个机构),而中国大陆仅含1个机构(中国科学院)。

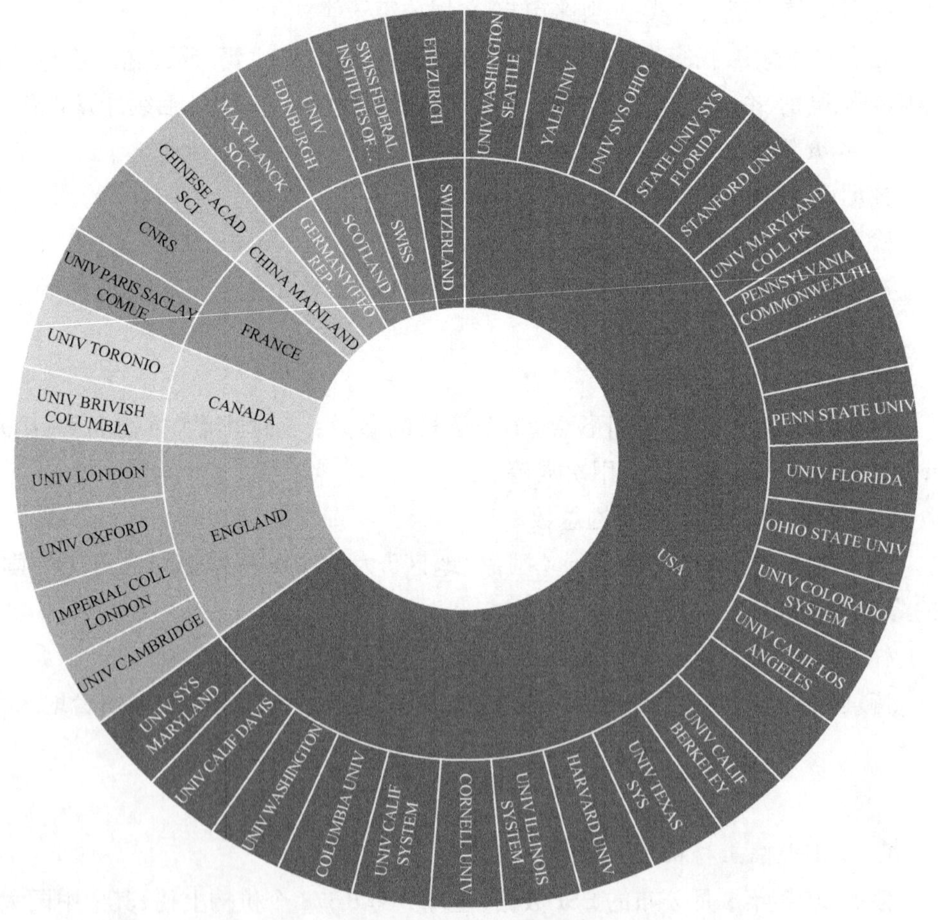

图1　全球22个学科均上榜的机构

中国大陆上榜机构 350 个,其中有 27 个机构上榜学科数大于 10 个(见图 2)。

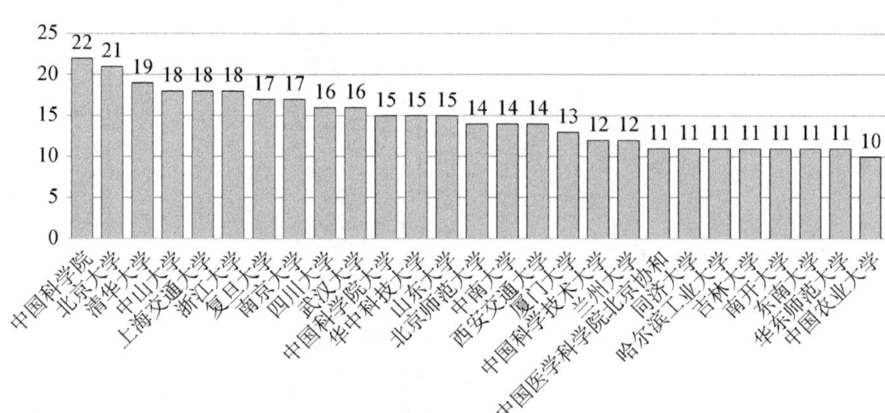

图 2　中国大陆上榜机构中上榜学科数大于 10 个的机构

2. 中国大陆领先机构分析

ESI 一般仅揭示进入全球前百分之一的机构。随着中国科研实力的发展,上榜机构数量和质量都在不断增加,为了更好地揭示领先机构,我们构建了“全球前千分之一”及“全球前万分之一”的分析指标,并筛选出此类机构进行分析。

2018 年 5 月公布的 ESI 数据显示:中国大陆有 56 个机构进入全球前千分之一;有 6 个机构进入全球前万分之一。其中从学科角度看,中国科学院表现最为突出:有 16 个学科进入全球前千分之一,有 10 个学科进入全球前万分之一(数据见图 3)。此外,从进入全球前万分之一的学科来看,清华大学、中国科学院大学均有 2 个学科进入全球前万分之一,浙江大学、上海交通大学、哈尔滨工业大学均有 1 个学科进入全球前万分之一(数据详见表 2)。

3. 中国大陆强势学科

中国部分学科在全球排名很靠前,甚至居于世界首位。综合考虑进入全球前千分之一和前万分之一两项指标,筛选出中国大陆的强势学科。筛选标准为同时满足以下三个条件:

1. 进入全球前 1% 的机构数占本学科上榜机构数的比例大于 10%;
2. 进入全球前千分之一的机构数占本学科机构数的比例大于 2%;
3. 该学科有机构进入全球前万分之一。

通过分析可见,CHEMISTRY、ENGINEERING、MATERIALS SCIENCE 为中国大陆的强势学科(详见表 3)。

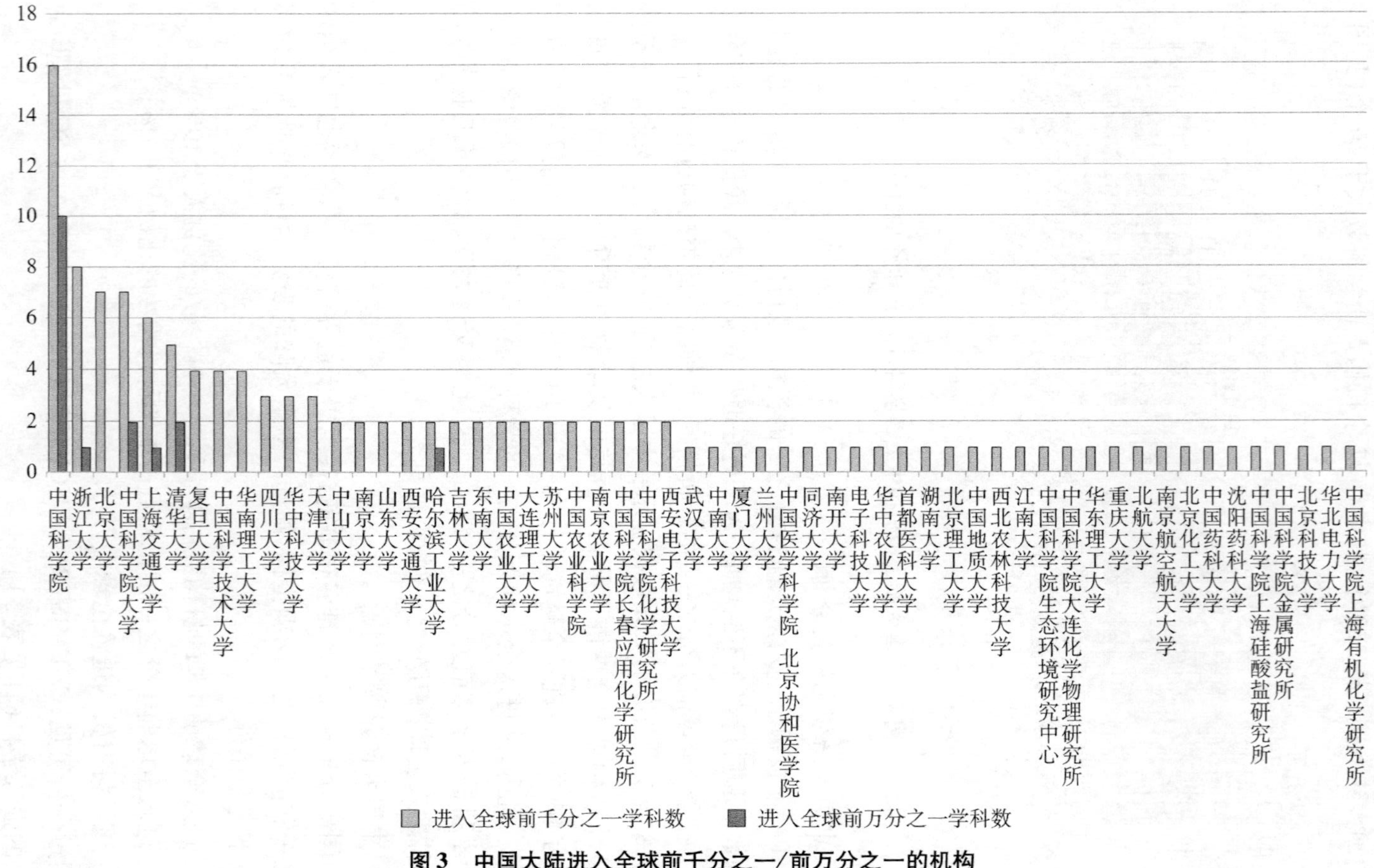

图3 中国大陆进入全球前千分之一/前万分之一的机构

表 2　中国大陆进入全球前万分之一的机构及其学科

机构名称（英文）	机构名称（中文）	AGRICULTURAL SCIENCES	BIOLOGY & BIOCHEMISTRY	CHEMISTRY	COMPUTER SCIENCE	ENGINEERING	ENVIRONMENT/ ECOLOGY	GEOSCIENCE	MATERIALS SCIENCE	PHYSICS	PLANT & ANIMAL SCIENCE
CHINESE ACAD SCI	中国科学院	Y	Y	Y	Y	Y	Y	Y	Y	Y	Y
TSING HUA UNIV	清华大学					Y			Y		
SHANGHAI JIAO TONG UNIV	上海交通大学					Y					
ZHEJIANG UNIV	浙江大学					Y					
UNIV CHINESE ACAD SCI	中国科学院大学			Y					Y		
HARBIN INST TECHNOL	哈尔滨工业大学					Y					

注:“Y”表示进入全球前万分之一

表 3 中国大陆机构上榜学科分布情况

	AGRICULTURAL SCIENCES	BIOLOGY & BIOCHEMISTRY	CHEMISTRY	CLINICAL MEDICINE	COMPUTER SCIENCE	ECONOMICS & BUSINESS	ENGINEERING	ENVIRONMENT/ECOLOGY	GEOSCIENCE	IMMUNOLOGY	MATERIALS SCIENCE
全球本学科上榜机构数	768	966	1 163	4 032	409	306	1 324	878	631	694	797
中国大陆本学科上榜机构数	**66**	**67**	**159**	**122**	**52**	**6**	**154**	**59**	**39**	**21**	**125**
进入全球排名前千分之一机构数	9	1	27	9	7		24	3	4		23
进入全球前万分之一机构数	1	1	2		1		5	1	1		3

	MATHEMATICS	MICROBIOLOGY	MOLECULAR BIOLOGY & GENETICS	MULTIDISCIPLINARY	NEUROSCIENCE & BEHAVIOR	PHARMACOLOGY & TOXICOLOGY	PHYSICS	PLANT & ANIMAL SCIENCE	PSYCHIATRY/PSYCHOLOGY	SOCIAL SCIENCES, GENERAL	SPACE SCIENCE
全球本学科上榜机构数	241	422	737	110	806	817	688	1 148	621	1 366	153
中国大陆本学科上榜机构数	**30**	**16**	**39**	**3**	**31**	**56**	**40**	**70**	**6**	**34**	**2**
进入全球排名前千分之一机构数	1	1	1	1		7	4	7			
进入全球前万分之一机构数							1	1			

4. 中国大陆弱势学科

根据中国实际情况，全球前千分之一这个指标能够更好地区分出强/弱势学科。因此我们筛选出中国大陆没有进入全球前千分之一的学科，将其定义为"中国大陆弱势学科"。通过分析可知：中国大陆共有 6 个学科无机构进入世界前千分之一（详见表 4）。

表 4　中国大陆无机构进入世界前千分之一的学科

序号	学　科	序号	学　科
1	SOCIAL SCIENCES, GENERAL	4	SPACE SCIENCE
2	NEUROSCIENCE & BEHAVIOR	5	ECONOMICS & BUSINESS
3	IMMUNOLOGY	6	PSYCHIATRY/PSYCHOLOGY

分别将以上学科的中国大陆上榜机构及其排名展示如下，能够更好地看出中国大陆在以上学科的全球实际地位，为该学科的学科规划提供更加直接的借鉴指导。

表 5　SOCIAL SCIENCES, GENERAL 中国大陆上榜机构及其国际排名

INSTITUTIONS	本学科的全球排名	本学科上榜机构数	全球上榜机构中的百分位
CHINESE ACAD SCI	205	1 366	15.01%
PEKING UNIV	235	1 366	17.20%
FUDAN UNIV	384	1 366	28.11%
TSING HUA UNIV	416	1 366	30.45%
CHINESE CTR DIS CONTROL & PREVENT	468	1 366	34.26%
BEIJING NORMAL UNIV	509	1 366	37.26%
ZHEJIANG UNIV	513	1 366	37.55%
SUN YAT SEN UNIV	522	1 366	38.21%
SHANGHAI JIAO TONG UNIV	530	1 366	38.80%
INST GEO SCI NAT RESOURCES RES CAS	614	1 366	44.95%
UNIV CHINESE ACAD SCI	625	1 366	45.75%
WUHAN UNIV	640	1 366	46.85%

续表

INSTITUTIONS	本学科的全球排名	本学科上榜机构数	全球上榜机构中的百分位
NANJING UNIV	789	1 366	57.76%
RENMIN UNIV CHINA	806	1 366	59.00%
HUAZHONG UNIV SCI & TECHNOL	811	1 366	59.37%
CHINESE ACAD MED SCI PEKING UNION MED COLL	861	1 366	63.03%
SHANDONG UNIV	906	1 366	66.33%
XIAN JIAOTONG UNIV	931	1 366	68.16%
XIAMEN UNIV	947	1 366	69.33%
CENT S UNIV	1 015	1 366	74.30%
SICHUAN UNIV	1 027	1 366	75.18%
INST VERTEBRATE PALEONTOLOGY PALEOANTHROPOL CAS	1 052	1 366	77.01%
CHINA AGR UNIV	1 069	1 366	78.26%
E CHINA NORMAL UNIV	1 085	1 366	79.43%
TONGJI UNIV	1 121	1 366	82.06%
HARBIN INST TECHNOL	1 189	1 366	87.04%
CHINESE ACAD SOCIAL SCI	1 204	1 366	88.14%
SOUTHEAST UNIV	1 210	1 366	88.58%
UNIV SCI & TECHNOL CHINA	1 238	1 366	90.63%
DALIAN UNIV TECHNOL	1 247	1 366	91.29%
BEIJING INST TECHNOL	1 267	1 366	92.75%
SHANGHAI CTR DIS CONTROL PREVENT	1 283	1 366	93.92%
NANJING MED UNIV	1 319	1 366	96.56%
CAPITAL MED UNIV	1 358	1 366	99.41%

表 6　NEUROSCIENCE & BEHAVIOR 中国大陆上榜机构及其国际排名

INSTITUTIONS	本学科的全球排名	本学科上榜机构数	全球上榜机构中的百分位
CHINESE ACAD SCI	129	806	16.00%
CAPITAL MED UNIV	234	806	29.03%
PEKING UNIV	261	806	32.38%

续表

INSTITUTIONS	本学科的全球排名	本学科上榜机构数	全球上榜机构中的百分位
FUDAN UNIV	271	806	33.62%
BEIJING NORMAL UNIV	294	806	36.48%
SHANGHAI JIAO TONG UNIV	302	806	37.47%
SICHUAN UNIV	410	806	50.87%
SUN YAT SEN UNIV	416	806	51.61%
FOURTH MIL MED UNIV	420	806	52.11%
HUAZHONG UNIV SCI & TECHNOL	425	806	52.73%
SHANGHAI INST BIOL SCI	458	806	56.82%
ZHEJIANG UNIV	459	806	56.95%
CENT S UNIV	465	806	57.69%
INST PSYCHOLOGY CAS	472	806	58.56%
NANJING MED UNIV	483	806	59.93%
CHINESE ACAD MED SCI PEKING UNION MED COLL	508	806	63.03%
CHINA MED UNIV	547	806	67.87%
THIRD MIL MED UNIV	552	806	68.49%
NANJING UNIV	557	806	69.11%
SHANDONG UNIV	561	806	69.60%
TIANJIN MED UNIV	577	806	71.59%
SECOND MIL MED UNIV	644	806	79.90%
UNIV ELECT SCI & TECHNOL CHINA	657	806	81.51%
XIAN JIAOTONG UNIV	667	806	82.75%
SUZHOU UNIV	670	806	83.13%
NANTONG UNIV	692	806	85.86%
SOUTHERN MED UNIV	695	806	86.23%
CHONGQING MED UNIV	708	806	87.84%
SOUTHEAST UNIV	717	806	88.96%
QINGDAO UNIV	772	806	95.78%
TSING HUA UNIV	783	806	97.15%

表 7 IMMUNOLOGY 中国大陆上榜机构及其国际排名

INSTITUTIONS	本学科的全球排名	本学科上榜机构数	全球上榜机构中的百分位
CHINESE ACAD SCI	154	694	22.19%
CHINESE CTR DIS CONTROL & PREVENT	248	694	35.73%
ZHEJIANG UNIV	305	694	43.95%
FUDAN UNIV	316	694	45.53%
SUN YAT SEN UNIV	319	694	45.97%
SHANGHAI JIAO TONG UNIV	323	694	46.54%
CHINESE ACAD MED SCI PEKING UNION MED COLL	337	694	48.56%
PEKING UNIV	347	694	50.00%
SHANGHAI INST BIOL SCI	399	694	57.49%
SECOND MIL MED UNIV	417	694	60.09%
CAPITAL MED UNIV	457	694	65.85%
HUAZHONG UNIV SCI & TECHNOL	483	694	69.60%
SHANDONG UNIV	514	694	74.06%
THIRD MIL MED UNIV	595	694	85.73%
NANJING MED UNIV	609	694	87.75%
JILIN UNIV	621	694	89.48%
WUHAN UNIV	622	694	89.63%
CENT S UNIV	622	694	89.63%
SICHUAN UNIV	677	694	97.55%
NANJING UNIV	684	694	98.56%
TSING HUA UNIV	689	694	99.28%

表 8 SPACE SCIENCE 中国大陆上榜机构及其国际排名

INSTITUTIONS	本学科的全球排名	本学科上榜机构数	全球上榜机构中的百分位
CHINESE ACAD SCI	40	153	26.14%
NATL ASTRON OBSERV CAS	103	153	67.32%

表 9　ECONOMICS & BUSINESS 中国大陆上榜机构及其国际排名

INSTITUTIONS	本学科的全球排名	本学科上榜机构数	全球上榜机构中的百分位
PEKING UNIV	124	306	40.52%
TSING HUA UNIV	185	306	60.46%
CHINESE ACAD SCI	275	306	89.87%
RENMIN UNIV CHINA	296	306	96.73%
SHANGHAI JIAO TONG UNIV	299	306	97.71%
XIAN JIAOTONG UNIV	302	306	98.69%

表 10　PSYCHIATRY/PSYCHOLOGY 中国大陆上榜机构及其国际排名

INSTITUTIONS	本学科的全球排名	本学科上榜机构数	全球上榜机构中的百分位
CHINESE ACAD SCI	258	621	41.55%
PEKING UNIV	299	621	48.15%
INST PSYCHOLOGY CAS	339	621	54.59%
BEIJING NORMAL UNIV	389	621	62.64%
CENT S UNIV	580	621	93.40%
SICHUAN UNIV	581	621	93.56%

四、小　结

通过对 ESI 各学科世界排名前 1% 的研究机构的深入分析，构建“全球前千分之一”和“全球前万分之一”的分析指标，针对中国大陆 ESI 上榜机构及学科情况进行分析，得出结论如下：

（1）根据 ESI 2018 年 5 月公布的数据，中国大陆共有 350 个机构上榜，约占全球上榜机构总数的 6.3%。从各国上榜机构数来看，位居全球第二位，仅次于美国。全球 22 个学科均上榜的机构有 37 个，其中中国大陆机构仅 1 个（中国科学院）。

（2）中国大陆有 27 个上榜机构的上榜学科数大于 10 个。56 个机构进入全球前千分之一；6 个机构进入全球前万分之一。

(3) 6 个进入全球万分之一的机构是: CHINESE ACAD SCI(中国科学院)10 个、TSING HUA UNIV(清华大学)2 个,UNIV CHINESE ACAD SCI(中国科学院大学)2 个,ZHEJIANG UNIV(浙江大学)1 个,SHANGHAI JIAO TONG UNIV(上海交通大学)1 个,HARBIN INST TECHNOL(哈尔滨工业大学)1 个。

(4) 中国大陆的强势学科为: CHEMISTRY、ENGINEERING、MATERIALS SCIENCE。

(5) 6 个弱势学科分别是: ECONOMICS & BUSINESS、IMMUNOLOGY、NEUROSCIENCE & BEHAVIOR、PSYCHIATRY/PSYCHOLOGY、SOCIAL SCIENCES, GENERAL、SPACE SCIENCE。

李　津　清华大学图书馆信息参考部情报分析组组长,馆员。
赵呈刚　清华大学图书馆信息参考部副主任,副研究馆员。

Analyses of Essential Science Indicators (ESI) Top Institutions from Mainland China

Li Jin　Zhao Chenggang

Abstract: This paper analyzes the top 1% of the world's top research institutions in ESI, and constructs evaluation indicators to measure the research institutions in mainland China, the strong and weak discipline distribution. It is to provide references for the planning of disciplines development in the country.

Keywords: Essential Science Indicators (ESI); Research Organizations List; Ranking Index

索引与数据库技术

网络大数据条件下索引数据库技术发展初探*

陈　菊　王兰成

（国防大学政治学院军事信息与网络舆论系　上海　200433）

摘　要　要实现大数据的快速应用，索引及相关技术的发展将起重要的作用。本文首先论述在网络大数据条件下索引数据库技术创新发展的必要性，然后阐述现阶段索引数据库技术发展的现状和存在的问题，最后初步探索并总结网络大数据条件下索引技术及相关数据库创新发展理论。

关键词　索引理论　索引技术　大数据　互联网

近年来，随着互联网科学、信息技术的飞速发展，大数据时代已经到来，各行各业正发生着翻天覆地的变化。如何实现大数据的快速应用，索引及相关数据库技术的创新发展势在必行。索引通过对网络大数据进行深层组织管理形成特征数据库，可以大大加快大数据的查询进度甚至可以直接扫描定位，极大地推进网络大数据的挖掘和应用。本文拟就网络大数据条件的索引技术及相关数据库发展理论进行初步探讨，旨在引起业内相关学者的关注，共同推进新时期索引数据库技术的创新发展。

一、网络大数据环境下索引数据库技术的新需求

网络大数据，顾名思义，主要是指“人、机、物”在网络交互过程中所产生的大量数据。① 它们经由网络产生、通过网络进行分析处理和使用，故称为网络大数

* 本文系国家社科基金课题（15BTQ078）、全军军事学研究生科研专项和学院“十三五”科研专项的课题成果之一。

① 中国电子信息产业发展研究院. 中国大数据发展指数报告[R]，2018.

据。网络大数据涉及的范围非常广泛,在经济、军事、文化等领域都发挥着重要作用。

网络大数据有其自身突出的特点。它类型多样、结构复杂,包括结构化数据流、半结构化数据流和非结构化数据流。结构化数据流是指数据的结构固定,可被单一分类表示。非结构化数据流是指数据没有固定的结构、通常情况下无法被归为某一类,只能保存为不同类型的文件。半结构化数据介于两者之间。目前来看,未来的数据大部分是半结构化或者非结构化的数据。网络大数据与其他数据相比,其本质的个性就是它的涌现性。相关研究人员很难准确预测其结构、规模、功能等。

随着 Hadoop 技术的不断普及,Hive、Spark、HBase、Storm 等一系列新的名词不断出现在我们面前。我们不得不考虑,当大数据和大索引结合后有什么好处呢? 显然,索引可以大幅度加快大数据的检索速度;索引可以显著加速查询进程;索引可以大幅提高系统的性能。通过使用大索引,可以有效提高数据的分析处理速度,为高效处理网络大数据提供了可能,所以研究网络大数据环境下的索引技术及相关数据库理论有非常重要的现实意义。

二、现阶段索引数据库技术发展的现状和存在的问题

大数据对索引的发展提出了新要求,包括数据更新的方法、高效及时的处理、拓展兼容的设计等。大数据带来的是全新的处理模式,索引的理论也要随之变化。在网络大数据时代,数据的时效性有限,当下的很多信息会迅速地被新的信息覆盖。大数据的量是不断递增的,数据格式不断变化,要允许不同的数据类型持续加入。

传统的索引有手工和计算机两种编制方式。随着数字化、网络化等科学技术的发展,索引研究的对象也逐渐发展到了数字型,从而产生了网址索引、网页索引、搜索引擎、索引数据库、全文数据库等。索引技术的发展伴随着数据库技术的蓬勃发展。传统的关系型数据库目前主要存在如下几个问题。首先,索引数据存储于本地,容灾性比较差。其次,索引数据的迁移成本高昂。最后,数据一致性的设计难度较大。传统型数据库对硬件的要求太高。索引数据需要长期存在内存中,以保证能够快速地访问数据。

三、网络大数据条件下索引数据库技术创新发展的初步探索

网络大数据条件下的大索引技术离不开数据库的创新发展。在设计大规模数据库的时候,首先要考虑两个特性：并行式和分布式。并行数据库同时执行多个节点,它们共同处理一个问题,通常有严格的执行步骤和反馈时间。分布式数据库则完全不同,它强调处理过程分布于不同的节点,对上提供透明性。其透明性包括位置透明性和任务透明性。所以,并行和分布是矛盾的两个方面。我们不期望并行数据库能在很短的时间内处理大量的请求。它的设计初衷是为了处理某一个大问题,并不是大量的小问题。在设计运行大规模集群软件的时候,因为设计目的不一样,一般不要求同时追求这两者。

1. 并行数据库①的存储、执行和管理技术

并行数据库并行使用多个 CPU 和磁盘,它将诸如装载数据、执行查询等操作并行化,从而大大提升响应和处理的性能。并行数据库主要由三个模块组成：执行引擎、存储引擎和管理功能模块。

建设这样的大规模集群数据库,首先要考虑的是节点的风格,其中最重要的就是主节点。主节点负责生成执行计划、元数据管理、SQL Parser、任务调度、任务提交等功能。目前主节点主要分为专职 Master 和无专职 Master。两种方式各具特点,适用的场景各有不同。在大规模集群下,无专职 Master 的架构优势更加明显。尤其值得一提的是,这种架构比较容易向“多 Master”架构发展。比如 Gbase8a、Vertica 已经支持这样的部署方式。从发展趋势看,多 Master 架构可能是未来发展的重点。它可以提供良好的扩展性和高可用,同时也保持了数据节点的对等性。

在存储引擎中需要重点考虑数据的分布。按行进行 Hash 分布是并行数据库的重要特征。相对于其他方式而言,这种方式能够精确控制数据的摆放,能够提供足够的用于优化处理的存储信息。这种高度耦合的非透明方式带来了明显的好处,但同时也引入了问题。系统设计者不得不面对其扩展性、高可用性方面的损失。“鱼与熊掌不可兼得”。完成了数据分布之后就要考虑 Hash 后的数据在节点中如何存储。通常的存储方式有三种：按行、列或者行列混合存储。行存储、列

① 钱进,张楠,徐菲菲. 大数据下并行知识约简与知识获取[M]. 北京：科学出版社,2018.

存储这两种存储方式有明显的特性。行存储的装载速度普遍比列存快,但访问的效率比列存慢许多。所以需要依据实际的应用需求来选择具体的存储方式。如果是一次装载完毕、后续多次查询的分析应用型数据库,一般是选用列存储的方式。最后要考虑的是硬件设计。目前典型的并行数据库一般使用 SAS 磁盘,虽然 HDFS 容量更大、价格便宜,但性能和可靠性稍差。目前,磁盘的速度是并行数据库发展最大的瓶颈问题。它大大制约了其效率和可扩展高可用的兼得。虽然磁盘的速度难以匹配摩尔定律要求的速度,但是电子盘和内存是可以的。随着后两者的价格快速下降,并行数据库又将面临一次重大变革,并有望解决鱼和熊掌兼得的难题。

并行数据库的组件分工(软件模块)将越来越细化。除了主节点、数据节点两类以外,接入节点、协调节点、安全节点、元数据节点、日志节点、SQL 节点等等可能会被单独分析出来。在节点分工细化的基础上,还可以通过加载硬件进行针对性的优化设计。存储的瓶颈一旦通过电子盘和内存的方式解决,网络架构就变得非常关键。虽然典型的 MPP 架构对网络通常要求不高,不过在一些特殊的场景,例如装载和非分布键查询,对网络传输的性能要求就比较敏感。因此基于 Infiniband 的 RDMA 将来可能会变得很必要。

2. 分布式数据库①的存储、分表和分库技术

发展网络大数据环境下的索引技术,我们更要聚焦分布式数据库的创新发展理论。首先是分布式数据库的存储问题。就目前网络大数据的处理规模和存储形式来看,已经实现了从 TB 级、PB 级乃至 EB 级的提升。在此基础上的索引数据量也是大幅跃升,为了更好地控制数据存储成本,提高系统整体的并发吞吐率,设计者要积极研究出更为有效的存储模式,从而满足目前索引数据分布式存储的迫切要求。Google 搜索引擎的 3 大核心技术:MapReduce、GFS、BigTable,就是分布式数据处理技术的具体实现。Apache 软件基金会推出的 Hadoop 和 HBase 系统(源码开放),已经实现了编程模型(MapReduce)、分布式数据库和分布式文件系统。Yahoo、IBM、Facebook、百度等公司大量应用了 Hadoop 系统,使得该系统在业界获得了快速的发展。作为新兴的技术体系,分布式数据访问大大促进了大规模网络信息的处理及应用。这种数据存储方式是索引技术发展的一个重要环节,其发展前景非常可观。当然也不能回避仍然存在的一些局限性,针对网络

① 于戈,申德荣.分布式数据库系统:大数据时代新型数据库技术.2 版[M].北京:机械工业出版社,2016.

大数据进行索引存储时,常常面临数据总量极大规模、响应速度要求高、数据类型异构多样等难题,仍然需要开发扩展度更高的EB级分布式数据存储框架。设计者需要不断优化适应数据布局的存储方法,以提高索引大数据存储和处理效率,降低整个系统的建设成本,从而实现高效、高可用的索引大数据分布式存储。

分布式数据库的分表和分库设计是索引数据库技术发展的重要方面。分表解决的是数据量过大的问题,分库解决的是数据库性能瓶颈的问题。

当一张表被频繁插入或者被联合查询,其响应速度明显变慢时,就可以考虑分表操作。进行分表处理后,单表的并发能力提高,写作操作的效率也随之提高,插入数据库需要重新建立索引的数据量也明显减少。

当单台数据库的存储空间明显不够,单台服务器已经无法支撑查询量时,就需要对该数据库进行分库设计。分库分为垂直拆分和水平拆分。例如,文献型数据库,可以把文献数据中不存在强关联关系的表放在不同的服务器中,比如几乎无关联的国内、国际文献。在垂直拆分的基础上,还可以根据文献的作者进行水平拆分。水平拆分如果能预估规模,越早做成本越低。分库设计需要处理的是跨数据库的事务响应、路由和组装等问题。

关系型数据库在数据量跃升时检索性能会明显下降。针对网络大数据,如果所有的索引数据存于同一张表,必然会迅速超过数据库表可承受的最大值。单纯的分表操作虽然可以解决数据量过大的问题,但无法解决过多请求并发访问同一个库的响应速度问题。但分表也有其特殊的适用场景。比如事务问题,作为最常见的分表请求,同在一个库却不需要考虑分布式事务。过多的数据库实例不利于运维管理也决定了分表操作在实际应用中还会长期存在。综上所述,最佳实践是合理地综合使用分库和分表操作。

基于网络大数据的索引应用对各行各业的发展都有着积极的影响,对索引数据库的建设以及相关的知识工程建设也有着显著的推动作用。但大数据的海量规模以及复杂性、异构型、涌现性等自身特征,很大程度上阻碍了索引数据库技术的进一步开发和应用。因此,加强索引数据库技术的研究和开发,形成相对统一的标准,对网络大数据的开发和应用至关重要。

3. 网络大数据时代索引数据库技术以人为本的发展理念

在今后的网络大数据发展中,我们仍然要注重以人为本的发展理念。在这个高新技术激烈竞争的时代,所有的竞争归根结底还是人才的竞争。人的需求不断推进技术的创新发展。大数据时代的大索引技术以数据分析为前提,进行科学探索,实现科学决策,都离不开人在其中的卓越创造力。目前,机器的智能分析在某些领域虽然已经赶上甚至超越了人类,但人的思维具有不可预估的创造性,机器分析始终无法代替人类的思维活动。人们在大数据发展进程中扮演着不同的角色,是生产者,也是使用者,但更多的是参与者。我们要通过人的意识能动,推动大数据时代索引数据库技术的创新发展。在今后的大数据大索引发展中,要持续加强以人为本的理念,不断促进该系列理论进一步变革创新。

四、结 语

网络大数据具有显著的复杂性、不确定性、自身涌现性等特征,结合索引数据库技术的自身特性进行深度分析和探究,能发挥索引的自身优势,进一步体现网络大数据的价值功能。就目前的发展现状来看,新时期的索引数据库技术面临着很大的机遇和挑战。进一步加强索引数据库技术的研究,对于促进网络大数据高效访问、实现信息深层次开发,捍卫网络空间数字主权、促进战略新兴行业崛起,以及国民经济核心产业的创新发展,都有着非常积极的作用。

陈　菊　国防大学政治学院军事信息与网络舆论系研究生。
王兰成　国防大学政治学院军事信息与网络舆论系教授、博士生导师。

The Development of Index Database Technology under the Condition of Network Big Data

Chen Ju　Wang Lancheng

Abstract: The development of indexes and related technologies play an important role in the rapid application of big data. Firstly, this paper discusses the necessity of innovation and development of index technology under the condition of large network data, then expounds the current situation and existing problems of index development at this stage, and finally preliminarily explores and summarizes the theory of innovation and development of index technology and related database under the condition of large network data.

Keywords: Index Theory; Index Technology; Big Data; Internet

基于 T-reap 理论的关系数据库索引构建

高　宾　张思龙

（国防大学政治学院军事信息与网络舆论系　上海　200433）

摘　要　随着时代的发展和社会的进步，数据库索引在人们的生活和工作中发挥着越来越重要的作用。在关系数据库中，T-reap 索引作为一种新型的数据检索方式，由于其具有“单独唯一的对数据库（表）中的一个或一类数据进行排序的存储结构”，因而在实际应用中逐渐体现出它的优越性。当前，深入研究基于 T-reap 理论下的关系数据库索引构建，不仅对索引的创新有促进作用，同时对实际工作具有十分重要的现实指导意义。

关键词　T-reap 理论　数据库　索引构建

随着信息技术的发展，数据库在人们的生活和工作中扮演着越来越重要的角色。在关系数据库中，T-reap 索引作为一种“单独唯一的对数据库（表）中的一个或一类数据进行排序的存储结构”，逐渐体现出它的优越性。简单地说，T-reap 索引的作用就相当于图书的目次，可以根据目次中的页码快速找到所需的内容。

一、T-reap 的理论表征

T-reap 理论，又称平衡二叉树（Balanced Binary Tree）或平衡树理论。T-reap 是一种具有二叉搜索树和堆合并构成的新型数据结构。之所以称其为“平衡树”，是因为它的名字取了 Tree 和 Heap 各一半。作为一种新型的数据结构，T-reap 具有特殊的性质：①一棵树与它所属子树的高度差的绝对值不超过 1；②左右两个子树都是一棵平衡二叉树；③堆和树的性质是冲突的；④二叉搜索树满足左子

树 <根节点 <右子树。因此,在平衡二叉树数据结构中,并不是以单一的键值作为节点的数据域,每个节点的数据域包含 2 个值 A 和 B。在 T-reap 中,A 值和原来的二叉搜索树一样,满足左子树 <根节点 <右子树,B 值满足堆的性质,根节点的 B 值小于等于(或大于等于)左右节点 B1、B2。

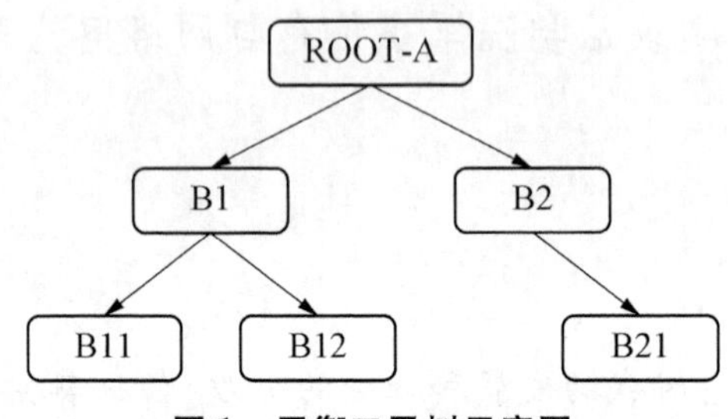

图 1　平衡二叉树示意图

在实际过程中,我们可以形象地把一个数据库比作一棵枝繁叶茂的大树,如果对一棵"数据树"进行查询、搜索等操作,所花的时间与数据库的大小(即树的高度)成正比。基于这样的思考,我们就可以从两个角度开展工作,以提高检索效率,其一是,改造数据库的结构,让它更便于检索,形象地说就是"修剪树",让树维持矮矮胖胖的好身材,也就可以实现缩短检索周期的目的;其二是,创新索引算法,目的是以较短的时间完成上述工作,总体也能节省较多的时间和精力,本文以"T-reap"理论为立足点,力求对此问题有所突破。关于 T-reap 检索的性能,可以说如果一次检索需要访问 4 个节点(这里的节点也相当于树的枝杈),数据库系统设计者利用磁盘预读原理,把节点的大小设计为一个页,那读取一个节点只需要一次 I/O 操作,完成这次检索操作,最多需要 3 次 I/O 操作。T-reap 的优点在于其节点只存 key,大大地减少了节点的数量,那么每个节点就可以存放更多的记录,"数据树的更矮了",I/O 操作自然就会相应减少。由于数据记录越小,每个节点存放的数据就越多,树的高度也就越小,I/O 操作就少了,检索效率自然而然就高了,因此,T-reap 也就拥有了更好的性能。

二、基于 T-reap 的索引构建与访问

实际上,索引提供的是指向存储在数据库中指定列中的数值的指针,然后根据指定的排序顺序对这些指针排序。数据库使用索引以找到特定值,然后顺指针找到包含该值的行,这样可以使对应于数据库的程序语言执行得更快,可

快速访问数据库中的特定信息。当表中有大量记录时,若要对表进行查询,目前通常采用全表检索或建立索引。全表检索,是将所有记录一一取出,和查询条件进行逐个比对,然后返回满足条件的记录,这样做优点是检全率比较高、差错少,缺点是会消耗大量数据库系统时间;建立索引,就是在表中进行条件检索,然后在索引中找到符合查询条件的索引值,优点是省时省力、效率较高,缺点是容易出现漏检的情况。总体来说,这两种方法各有利弊,但实践总要随着理论的创新不断突破,T-reap 理论的出现为索引的构建带来了新的思路和方法,值得尝试。

本文采用的 T-reap 理论构建索引,索引表由索引关键词和索引地址构成,最终索引可以用数据页面的形式存储起来,以备查询。组织形式为自上而下建立,大树叶节点用以存放数据表,多个数据页生成一个中间节点的索引段,再由多个中间节点组成高级索引页面,以此类推直到高层 Root-A 层。这个过程中,高层索引页的值是下层节点中关键词库中的一员,可随时调用。为了方便在实际工作中的使用,这里笔者将完整的程序作了相应简化,具体程序如下:

```
void rightRotate(Treap * & a)
{
   Treap * b =a ->left;
   b ->father =a ->father;
   if (a ->father ->left =a){
            a ->father ->left =b;
   }else{
            a ->father ->right =b;
   }
   a ->left =b ->right;
   b ->right ->father =a;
}
Treap * insert(Treap * & p, int key)
 {
   if (p ==NULL) {//特殊处理根结点
```

```
        p =new Treap;
        p ->left =p ->right =NULL;
        p ->key =key;
        p ->father =NULL;
        p ->weight =cnt ++;
        return p;
    }
    if (p ->key >key){
        if (p ->left ==NULL){
            p ->left =new Treap;
            p ->left ->left =p ->left ->right =NULL;
            p ->left ->key =key;
            p ->left ->father =p;
        }else{
            return insert(p ->left, key);
        }
    }else if (p ->key <key){
        }
    }
}
```

一般来说,对于基于T-reap的索引访问,根据需要访问数据文件里的数据时,会有两种类型的I/O操作方式:①随机访问。即每次读取一个数据块,在实际程序中一般通过等待程序"db file sequential read"来完成;②顺序访问。即每次读取多个数据块,一般通过等待程序"db file scattered read"来实现。第一种方式则是访问索引里的数据块,而第二种方式的I/O操作属于全表扫描,等待程序可以根据实际获取物理I/O块的方式来命名的。事实上,T-reap索引虽然为一个树状的立体结构,但对应到数据文件里的相应排列,笔者更愿意将其形象化地转化为平面的形式,因为科研的目的就是要化繁为简,让人一看就懂。形象地展示出来也就是像下面这样:

/根/分支/分支/叶子/…

/叶子/分支/叶子/叶子/…

/叶子/分支/叶子/叶子/…

/叶子/分支/叶子/…

/叶子/分支/…

……

从上图就可以很清晰的看出来，当需要访问某个索引数据项的时候，首先从根节点开始，根据所要查找的数据，从而知道其所在的下一层的分支节点，然后访问下一层的分支节点，再次同样根据数据访问再下一层的分支节点，如此这般，直到访问到最底层的叶子节点。可以看出，其获得物理 I/O 块时，是一个接着一个，按照顺序，串行进行的。在获得最终物理块的过程中，我们不能同时读取多个块，因为我们在没有获得当前项的时候是不知道接下来应该访问哪个数据的。因此，在索引上访问数据块时，会对应到“db file sequential read”等待程序，其根源在于我们是按照顺序从一个索引项跳到另一个索引项，从而找到最终的索引项的。那么对于全表扫描来说，则不存在访问下一个块之前需要先访问上一个块的情况。全表扫描时就要访问所有的数据，因此唯一的问题就是尽可能高效地访问这些数据。因此，这时可以采用同步的方式，分步骤分批次获取多个数据。

三、实例分析

综上所述，索引可以认为是某个数据库中若干数据的集合，同时也是指向表中物理标识这些值的数据页的逻辑指针清单，索引提供指向存储在表的指定列中的数据值的指针，然后根据指定的排序顺序对这些指针排序。数据库使用索引以找到某个数据，然后顺指针定位到包含该值的准确位置，这样步骤可以使对应于数据库中的后续程序执行得更快，实现快速访问数据库（表）中的特定信息的目的。以某市大学新生入学注册学籍表为例，不同的学校会有不同的专业设置，然而根据学号、姓名、成绩等内容对其进行排序、查找、增加和删节是基本的操作。在实际的学籍管理工作中，索引能起到的作用还很多，这里仅就简单例子做一说明。

1. 基于 T-reap 的学籍索引排序

表 1　某大学新生入学注册学籍表

所在院系	新生姓名	年龄	学号
Cedar 大学外语系	张　伟	21	20172001
Elm 学院化学系	刘　艳	21	20172006
Maple 高院外语系	吴林林	19	20172002
Pine 大学中文系	赵鹏飞	21	20172007
Oak 研究所外语系	葛勇易	20	20172003
Cedar 大学中文系	汪　兵	20	20172008
Elm 学院化学系	曹蕾蕾	19	20172004
Maple 专科中文系	蔡俊杰	21	20172009
Pine 大学化学系	孙胜男	21	20172005
Oak 研究所生物系	蒋红旗	20	20172010
……	……	……	……

按照 T-reap 理论构建索引,因此在学号这列按照某种算法,可得到相应的排序输出,本文为简单明了地展示 T-reap 索引过程,因此采用升序的模式,对学生的学号进行了重排列(见表 1)。通过索引对数据库中的相关数据进行排序不同于物理排序,物理排序是改变记录存放的物理位置,而索引排序相当于是为一本书附加了一个详细的目录,这个目录可以是按所需的要求来决定先后顺序的,它记录的不是库中记录的实际内容,而只是各记录在库中的位置。所以,建立索引所需的空间花费比物理排序要小得多,还有利于防止产生数据冗余以及由此产生的数据更新时容易造成的数据的不一致性。为了较好地演示 T-reap 的功能,按照学号排序只是较为简单的一种,在实际的工作中,类似的操作还很多,也较为复杂,常见的模式还有按照姓名进行检索,按照成绩进行排序,还可以按照某课程成绩进行排序操作等。然而,不论是何种操作,其准确定位、快速查找、精准获取的意义是不变的,都是为了对实际工作提供显而易见的帮助和便利,这些方面在学校的学籍管理工作中,可以得到非常明显的体现,暂且不论当前的理论体系和运算模型是否完善,毫无疑问的是此种算法已经提供了相当多的便利,大大简化了在工作中对数据输出的种种要求,如表 2 所示。

表 2　基于 T-reap 理论构建索引后的新生学籍表

所在院系	新生姓名	年龄	学号
Cedar 大学外语系	张　伟	21	20172001
Maple 高院外语系	吴琳琳	19	20172002
Oak 研究所外语系	葛勇易	20	20172003
Elm 学院化学系	曹蕾蕾	19	20172004
Pine 大学化学系	孙胜男	21	20172005
Elm 学院化学系	刘　艳	21	20172006
Pine 大学中文系	赵鹏飞	21	20172007
Cedar 大学中文系	汪　兵	20	20172008
Maple 专科中文系	蔡俊杰	21	20172009
Oak 研究所生物系	蒋红旗	20	20172010
……	……	……	……

2. 基于 T-reap 的学籍索引查询

在对学籍档案进行索引创建之后，每次在对学生的学籍进行查询时，检索系统首先会检查学籍表上的索引项，再进行具体查询操作。当执行“select * from 学籍档案表 where 学号 =‘20172002’”条件查询时，检索系统安装程序首先对学籍的索引项，从根目录项开始进行逐个对比，逐渐到最末端。具体说来，当查找 20172002 时，逐个比对每个索引关键词，并查看索引地址，最终指向第 17 页的“吴琳琳”。在查询效率方面，经过实践的检验，可以发现基于 T-reap 的学籍索引查询比通常的途径要提高很多。如果应用程序非常频繁地更新数据或磁盘空间有限，则可能需要限制索引的数量。在学籍表较大时再建立索引，表中的数据越多，索引的优越性越明显，可以基于数据库表中的单列或多列创建索引，多列索引有利于区分其中一列可能有相同值的行。如果需要经常同时搜索两列或多列或按两列或多列排序，索引也很有帮助。例如，如果经常在同一查询中为姓和名两列设置判据，那么在这两列上创建多列索引将很有意义。

3. 基于 T-reap 的学籍索引更新

索引能够轻易将查询性能提高几个数量级，“最优”的索引有时比一个“好的”索引性能要好两个数量级，而创建一个真正“最优”的索引经常需要重写查询。具体说来，在学籍表上补充完善学籍信息时，使用基于 T-reap 的学籍索引就相对容易得多,基本上按照两个步骤的操作就可以完成。然而,并非所有的数据库都可以使用基于 T-reap 的索引,作为通用规则,只有当经常查询索引列中的数据时,才需要在表上创建索引。索引占用磁盘空间,并且降低添加、删除和更新行的速度。首先判断"页字节点是否有空行",如果有空行,那么直接插入要补充完善的内容就可以了;如果没有空行,则对下一页子节点进行操作即可。总体而言,无论是哪一种操作,都十分简便易学,无非是分裂了原有的节点结构,使 T-reap 的学籍档案增高一层,但并无破坏原有布局;同样,删除操作与增加操作一样,使 T-reap 的学籍档案减少一个层级,数据库结构并未发生改变。

四、结束语

基于上述分析可知,索引是存储引擎用于快速找到所需数据的一种运算方式,一个性能良好的索引对于数据库的性能和效率至关重要,因此不断优化索引的性能、完善索引的功能,成为了当前数据库索引的两大发展方向。相比于其他的索引模式,T-reap 索引之所以能够展现出较高的查询效率,主要原因可总结为两个方面:第一,T-reap 是多路搜索树,查询 T-reap 中任意一个节点,最多需要访问 m 个节点,m 为树高,无疑比遍历全表找到所需数据效率要高;第二,对于硬件的 IO 操作是非常耗时耗力的,而因为数据的庞大,数据库中数据都是以文件的形式存储的,如果每访问一个节点中的一个数据就进行一次 IO,损耗将非常大,而 T-reap 索引巧妙地将一个节点的大小设置了一页的大小,每次磁盘读取一页的数据就能在一次 I/O 的情况下将整个节点的数据读出来。从应用前景来看,T-reap 索引具有运算快速、占据空间小、指针准确等特点,可以使 T-reap 索引运用到很多的工作领域,比如说公司、政府和学校等大型数据库的管理和运维当中,有效提高大型数据库检索时的效率和准确度。当然从实际使用过程中,T-reap 索引也暴露出很多的不足需要逐步的去完善,比如代码较为繁琐、功能实现复杂、需要较高的硬件做支撑等。

高　宾　中国人民解放军国防大学政治学院图书情报与档案管理专业博士研究生,研究方向:网络信息管理。

张思龙　中国人民解放军国防大学政治学院图书情报与档案管理专业博士研究生,研究方向:网络舆情预测。

Construction of Relational Database Index Based on T-reap Theory

Gao Bin　Zhang Silong

Abstract: Databases is playing a more important role in daily lives and work nowadays. In the relational database, the T-reap index is a separate, unique, one (or one type of) data in the database(table). The storage structure gradually reflects its importance on the capability of sorting. The research on the index structure of the database can provide practical guidance significance in the practical work.

Keywords: T-real Theory; Database; Index Construction

浅论数据库技术发展与索引编制系统建设

王弘毅

（国际关系学院信息科技学院　北京100091）

摘　要　索引数据库的建设是基于数据库技术开发的一种应用，它随着索引加工技术和数据库信息处理技术的发展而不断发展，其应用经历了层次网状数据库、关系数据库、网络数据库和大数据环境数据库四个阶段。运用数据库管理系统创建索引可以提高索引编制系统的数据库性能，但增加索引带来新的问题是在建设索引编制系统中所要权衡的。数据库技术发展与索引编制系统建设紧密相关，基于数据库技术形成的智能索引服务，正在为传统索引提供一个更为广阔的数字资源和技术应用环境。

关键词　数据库　索引编制　信息技术　信息系统

一、引　言

自20世纪80年代以来，以索引编制工作为核心的索引编制管理系统，经历了从单机书目类管理到网络工作流程，融信息处理、知识管理和辅助决策于一体的索引编制智能化管理系统。索引编制数据库功能随着数据库技术的发展而发展，其应用经历了层次网状数据库、关系数据库、网络数据库、大数据环境数据库等。① 运用数据库系统创建索引可以大大提高索引编制系统的数据库性能，针对索引编制系统数据库索引的特点而设计的数据库索引列有其原则。传统索引是印刷时代一种提供信息检索的方法和工具，基于数据库技术的智能索引服务为传统索引提供一个更为广阔的数字资源和技术应用环境，索引的对象可以是传统的印刷文

① 论数据库技术的发展史.［EB］. http://www.softhouse.com.cn/news/show/229.html 2015.

献,也可以是新型的电子书、数字报和网络文献等,可以将索引深度拓展到关联名称、分布成分和专题用途等,通过不同的维度对知识进行索引,并以用户的需求对索引结果进行排序。因此,数据库技术发展与索引编制系统建设是紧密相关的。

二、数据库技术发展与索引编制

索引编制数据库功能随着数据库技术的发展而发展,其应用经历了多个阶段。

层次网状数据库的第一代阶段。第一代数据库技术产生于20世纪60年代后。从结构来看,层次数据库的数据模型是有根的定向有序树,网状模型对应的是有向图,这两种数据库奠定了数据库技术发展的基础。但这代数据库的发展并没有能够实现对现实世界复杂事物的抽象描述,加上当时计算机在处理普通工作事务中的普及率很低,因此几乎没有相应的索引编制管理数据库是基于该模型来实现的。

关系数据库的第二代阶段。第二代数据库是1970年IBM公司的E. F. Codd发表论文提出的,主要特征是支持关系数据模型,现实世界中的各种实体以及实体之间的各种联系均可用关系模型来表示。关系数据库系统的出现,促进了数据库的小型化和普及化,基于关系型的数据库的软件如雨后春笋般蓬勃兴起,如IBM公司的DB2、Informix,甲骨文公司的Oracle,微软公司的MS SQLServer及收购的FoxBase等。[①] 这一时期许多高级语言可以用来开发索引文件管理系统,数据库逐渐可以脱离开发环境独立存在于软件系统后台。基于关系数据库的管理系统成为软件市场的主流,如财会类、教育平台类、人事管理类软件等。这一阶段的书目索引管理系统仅限于单机使用,对于图书文献管理也多是目录级检索,并未在全文检索中实现真正的索引功能。

网络数据库系统的第三代阶段。随着科学技术的不断进步,各个行业领域对数据库技术提出了更多需求,关系型数据库已不能完全满足需求。1990年提出了第三代数据库管理系统,其基本特征是支持数据管理、对象管理和知识管理,保持和继承第二代数据库系统的技术,有良好的可移植性、可连接性、可扩展性和互操作性等。由此衍生出多种新的书目索引数据库技术,如C/S技术开发的局域网共

---

① ISO/IEC DIS 29500 标准. [EB]. http://www. iso. org/iso/pressrelease. htm? refid =Ref1123. 2015.

享书目数据库管理系统、面向互联网B/S结构的全文数据库管理系统和分布式异构数字文献数据库系统。目前常见的图书档案系统已经基本上都是B/S结构的,其稳定性安全性都有了大幅度提升,分布式的异构数据库还可以使全国各地的数字机构文献组合成一个庞大的资源库,有助于云服务的开发和运作。XML数据库技术①的发展对全文索引数据库的开发起着关键作用,许多关系数据库提供的检索工具可以用来全文检索、模糊检索、同义检索和关联检索,其中某些工具支持XML则可消除将XML文件作为纯文本检索所带来的问题。② 但当前应用的许多索引编制系统还有差距,尚处在二、三代阶段之间。

大数据环境下数据库的新阶段。NoSQL数据库③是该阶段的重要特征,它不仅能够依靠节点轻易提升性能和增大规模,更重要的是突破了关系数据库结构定义不易改变和数据定长的限制,可以支持不定义表的结构,可以使用复杂的查询条件,在处理连续信息(包括全文信息)和非结构信息(重复数据和变长数据)中,有着传统关系型数据库所无法比拟的优势,从而得以聚合大数据环境下的各种非结构化数字文献、工具书和各种文件数据。在数据库技术发生飞跃性进步和革新的同时,索引数据库开发和管理系统的建设也进入了新的阶段,索引数据库的建设是基于数据库技术开发的一种应用,智能索引编制系统随着索引加工技术和数据库信息处理技术的发展而进步。

三、数据库系统的索引功能及特点

1. 关系数据库系统的索引功能

数据库索引是数据库管理系统中一个排序的数据结构,用来协助快速查询、更新数据库表中的数据。如中国知网数据库检索中的关键词、主题检索、作者检索等均是在分类、主题标引的基础上组织信息资源,形成有序化的知识库,从而提供信息检索服务的。对多个正文文本建立索引的基本思想,就是把正文看成一个个的关键词集合,然后用这些词组成一些适合快速检索的数据结构。

一个索引文件就是一个已经排好序的关键词的列表,其中每个关键词指向一个数据库索引表,该表中记录了该关键词出现的文档集合以及在该文档中的出现

① XML时代离我们有多远?.[EB].http://jpkc.sysu.edu.cn/sjkxt/12/yjfz/XML.doc.2015.

② 张彬.基于XMLDB的文献档案数字化管理平台[D].上海:上海交通大学,2010.

③ 佐佐木达也.NoSQL数据库入门[M].北京:人民邮电出版社,2012.

位置。如定义某工具书文章的索引集为:

[索引词;内容摘要;(所在数据库编号,出现次数,{出现位置})]

则部分索引数据表示如下:

[数据库;介绍计算机数据库的组织;(#1207,1,7)(#2408,2,19,34)……]

[信息检索;广义的信息检索包括信息组织过程;(#2408,1,67)(#3742,3,11,122,226)……]

[索引编制;索引数据库的建设是基于数据库技术开发的一种应用;(#2948,3,45,267,587)(#3693,5,39,423,765,809,1024)……]

……

当要检索关于"索引编制"方面的文章时,可直接取出其索引表即可得知,编号为2948和3693的论文都是包含"索引编制"这个关键词的,且能知道包含了多少次,以及在各个文档中的具体出现位置。如果同时需要"数据库"和"信息检索"两方面的文章,则可以直接将两个索引表取交集,就能得到所有符合条件的集合,编号2408即是。从中可以省掉对整个数据库每一篇文档逐个查找的代价,以快捷地获取结果。虽然对索引表进行集合运算需要一些运算空间,且当文件发生变化时需要同时维护相关索引(集合),但由于索引支持高效检索,所以应用相当广泛,特别是应用于如光盘的数据检索等。

关系数据库系统创建了索引,则可以大大提高索引编制系统的数据库性能:

(1) 可以大大加快索引数据库的检索速度,这也是创建索引的最主要的原因;

(2) 通过创建唯一性索引,可以保证索引数据库表中每一行数据的唯一性;唯一索引是指不允许其中任何两行具有相同索引值的索引,当现有数据中存在重复的键值时,大多数数据库不允许将新创建的唯一索引与表一起保存,并防止添加将在表中创建重复键值的新数据,例如,在id_doctor表中博士论文作者的姓名上创建了唯一索引,则任何两篇论文都不能有同姓名的作者;

(3) 可以使多个索引表之间的连接便捷,维护数据参考完整性的实现;

(4) 在使用分组和排序子句进行数据检索时,可以显著减少索引查询中分组和排序的时间;

(5) 可以在查询的过程中使用优化隐藏器,通过使用索引提高系统的性能。

但是增加索引也有一些不足,如:创建索引和维护索引要耗费时间,这种时间随着数据量的增加而增加;索引需要占物理空间,除了数据表占数据空间之外,每一个索引还要占一定的物理空间,如果要建立聚簇索引,那么需要的空间就会更大;当对表中的数据进行增加、删除和修改的时候,索引也要动态的维护,这样就降低了数据的维护速度。这是我们在建设索引编制系统中所要考虑和权衡的问题。

2. 创建数据库索引的若干特点

现代的数据库管理系统一般都提供了在数据库表中的某个或某些列上建立索引的功能。针对索引编制系统数据库索引的特点,哪些列上创建或不宜创建数据库索引,一般来说,应该有以下的基本原则:

(1) 在经常需要查询的列数据上建索引,可以加快索引编制系统数据库检索的速度;

(2) 在作为索引编制系统数据库主键的列数据上建索引,可以确保该列数据的唯一性并组织好表中数据的排列结构。主键索引是唯一索引的特定类型,该索引要求主键中的每个值都唯一,当在查询中使用主键索引时,它还允许对数据的快速访问;

(3) 在经常用于连接的列数据上建索引(数据库术语中我们称这些列为外键),可以加快索引编制系统数据库表连接的速度;

(4) 在经常需要根据范围进行搜索的列数据上建索引,因为索引已经排序则指定的范围是连续的,可以使索引编制系统数据库操作便捷;

(5) 在经常需要排序的列数据上建索引,因为索引已经排序,可以利用索引的排序加快索引编制系统数据库排序查询时间;

(6) 在经常使用在条件子句中的列数据上建索引,可以加快索引编制系统数据库检索的条件判断速度。

(7) 在查询中很少使用或者参考的列数据上不适宜创建索引,既然这些列很少使用,那么有无索引并不能提高查询速度,相反增加了索引会降低索引编制系统的维护速度和增大了空间需求;

(8) 只有很少数据值的列数据上不适宜增加索引,由于这些列的取值很少,例如人物大事记索引中的性别列,在查询的结果中,结果集的数据行占了表中数据行的很大比例,即需要在表中搜索的数据行的比例很大,增加索引并不能明显加快检索速度;

(9) 索引编制系统数据库中 text, image 和 bit 类型的列数据上不适宜增加索引,因为这些列的数据量或者相当大或者取值很少;

(10) 索引编制系统的数据修改需求远高于检索时不适宜创建索引,修改性能和检索性能是一对矛盾,当增加索引时会提高检索性能但会降低修改性能,当减少索引时会提高修改性能但会降低检索性能。

四、索引编制系统中数据库技术的应用

索引编制系统中,索引对象是文档或者文档集合中的单词等,用来存储这些单词在一个文档或者一组文档中的存储位置,是对文档或者文档集合的一种最常用的索引机制。搜索引擎的关键步骤就是建立索引表。索引一般表示为一个关键词,然后是它的频度和位置,相当于为互联网上网页做了一个索引,就如一本书的目录,用户想看哪一个主题相关的章节,不必从书的第一页到最后一页的查找,而是直接根据目录即可找到相关的页面。索引编制往往又有不同于目录的特色,例如,可以编制大事记而不受章节目的约束,可以编制人物记而不受书页码限制而跳转,等等。

使用索引倒排文件可以实现索引编制系统的数据库查询。首先,按照需求以人工或智能的方式把文档里的可能成为关键词的词组划分出来,称为文本切词;然后,对于每个关键词建立它的倒排表,然后把所有倒排表按关键词排序存入文件,形成索引倒排文件。文件中除了记录那个关键词对应哪些文档外,还应该有关键词在文档中的出现位置和出现次数等;最后,经常需要对索引倒排文件里的关键词再次建立索引结构。至此,可以基于索引倒排文件将查询变成几个集合之间的交、并等运算而得到最后结果。在数据库中同一字段内截取记录,将截取的记录放到倒排文档中去比较,如果存在此截取记录则只将该记录的记录号输入,如果找不到表明此记录是第一次进入数据库,则将数据与记录号一起写入到倒排文档中。

设原书目数据库文件 booklist 和主题、作者索引倒排挡文件 thelis、aulis 结构为:

[booklist]

记录号(JLH)	作者(ZZ)	内容摘要(NZ)	主题概念(ZTC)
1	煊包余	数据库检索概论	计算机数据库,信息检索
2	沃森	计算机局域网络基础	计算机网络

续表

记录号(JLH)	作者(ZZ)	内容摘要(NZ)	主题概念(ZTC)
3	詹姆斯	计算机网络与索引软件	计算机网络,索引编制
4	丁康鸿	分布式数据库组织	计算机数据库,计算机网络
5	希善斯	广义的信息检索包括信息组织过程	信息检索,信息组织
6	煊包余	索引数据库的建设是基于数据库技术开发的一种应用	索引编制,计算机数据库

[thelis]

主题索引(ZTid)	记录位置集合(jls)
计算机数据库	1,4,6
信息检索	1,5
索引编制	3,6
计算机网络	2,3,4
信息组织	6

[aulis]

主题索引(ZTid)	记录位置集合(jls)
煊包余	1,6
沃森	2
詹姆斯	3
丁康鸿	4
希善斯	5

笔者曾经给出了两个索引倒排文件的自动生成实现编程。这里,探讨一下如何通过上面索引倒排文件快速实现数据库查询。SQL Server 2008① 将结构化、半结构化和非结构化文档的数据直接存储到数据库中,可以对数据进行查询和分析的操作,还允许使用 Microsoft. NET 和 Visual Studio 开发的自定义应用程序中使用数据,信息工作人员可以通过日常使用的工具直接访问数据。

例如,查询“索引编制”可以在主题倒排表 thelis 中取出属性值为“索引编制”的首条记录,其包含该编号对应的 booklist 记录就是所求的数据。

以下是用 SQL 代码实现上述的索引数据库检索示例:

```
SELECT * FROM thelis, booklist WHERE ZTid =”索引编制”and MID
(jls, 1,1) =JLH
```

继续进行复杂查询,例如,组合查询“索引编制”和“计算机数据库”。可以在

① 十月 SQL Server2008 亮相[EB]. https://baike. baidu. com/item/sql%20server%202008/369678? fr = aladdin#ref_[1]_1424964. 2017.

主题倒排表中取出属性值为“索引编制”和“计算机数据库”的那些记录，所对应的5个编号集合做“交”运算，最后结果就是我们要找的数据。又如，条件查询主题为“计算机数据库的所有‘煊’姓的数据”，首先找出“计算机数据库”的所有编号集合，然后与作者倒排表中的‘煊包余’那一行的集合做“与”运算，最后联接thelis、aulis和booklist数据库表文件，即可得到正确结果数据。

索引数据库的建设是基于数据库技术开发的一种应用，它随着索引加工技术和数据库信息处理技术的发展而不断发展。运用数据库管理系统创建索引可以大大提高索引编制系统的数据库性能，但增加索引带来新的问题是在建设索引编制系统中所要权衡的。数据库技术发展与索引编制系统建设紧密相关，基于数据库技术形成的智能索引服务，可以为传统索引提供一个更为广阔的数字资源和技术应用环境。

王弘毅　男，1998年生，国际关系学院信息科技学院本科生。兴趣方向：智能信息处理，数据分析，信息安全。

Research on Database Technology Development and Index Compilation System Construction

Wang Hongyi

Abstract: The construction of index database is an application based on database technology. With the development of index processing and database information processing technologies, the application of index database has experienced hierarchical network database, including relational database, network database and large data environment database. Using database management system to create index can greatly improve the performance of index compilation system. But the new problems it brings should be weighed in the construction of index compilation system when adding index. The development of database technology is closely related to the construction of index compiling system. Intelligent index service based on database technology can provide a broader digital resource and technology application environment for traditional index.

Keywords: Database; Index Compilation; Information Technology; Information System

索引编制预处理研究

——以《中国人民解放军政治工作条例》知识图谱分析为例*

吴 彬 王兰成 张思龙

（国防大学政治学院军事信息与网络舆论系 上海 200433）

摘 要 索引编制预处理研究运用知识图谱及其可视化分析工具，将提升索引编制工程的质效。以《中国人民解放军政治工作条例》为例，分别从词频、概略、时序和前沿的视角观察思想政治教育话语的演变过程和发展趋势，并以高频词“军队”为例编制索引，得到查询结果及其索引的段落编号，试图探求索引编制智能预处理研究新形式。

关键词 索引编制 预处理 《中国人民解放军政治工作条例》 知识图谱 可视化分析

一、研究背景

研究发现，文本分析有助于我们鉴别出某一段时期内文章中最热门的词语，通过这种热门词语的变化可以捕捉到潜在的主题变化。① 笔者运用知识图谱分析工具及其可视化系统应用，选取《中国人民解放军政治工作条例》（以下简称《条例》）为特定文本，分析其中热词及主题演变规律，得出思想政治教育话语在一个时期内的发展路径图谱，并将其引入索引编制预处理研究，以提升索引编制工程的质效。

作为我军政治工作基本法规，《条例》见证了我军思想政治教育文本话语从无

* 本文系国家社科基金课题（15BTQ078）、全军军事学研究生2014年科研专项和学院“十三五”科研专项的课题成果之一。

① Hvare S, Hetzler E, Whitney P, et al. Themeriver: Visualizing thematic changes in large document collections. IEEE Transactions on Visualization and Computer Graphics, 2002,8(1): 9-20.

到有的历史轨迹，共颁布 12 版，时间跨度八十余年，①具备分析研究所需的内容空间横向维度和时间跨度纵向维度，符合采用词频分析和社会科学计算方法应用的条件要求。为清晰展示数据分析的过程以揭示话语演变和发展的过程，本文采用了文献计量学热门知识图谱软件 CiteSpaceII② 和社会网络分析工具 Ucinet，以及 python 等程序设计语言，这些工具可以通过思想政治教育话语的发展趋势和过程得出的重要变化，进行可视化的探测和研究。

二、《条例》多维图谱及语汇分析

将《条例》出版发行的年份划分为 12 个时间分区，由人工对每条文献记录进行遴选，将具有代表性的关键词选出，由此完成数据采集，然后借助软件的分析，分别从词频、概略、前沿、时序这四个视角探测思想政治教育话语的演变过程和发展趋势。为了保证数据的准确性和有效性，对数据进行过多次实验，进行了同义词合并、去重等数据清洗工作，最后在 176 条数据中获得 90 个高频关键词（见图 1）。

表 1 《条例》词频统计表

频次	中心度	年份	名称
10	0.2	1954	生命线
9	0.57	1963	中国共产党
8	0	1991	为人民服务
7	0.12	1954	人民军队
6	0	1954	党对军队的绝对领导
6	0.09	1983	中国人民解放军
6	0.17	1978	群众路线
6	0	1991	拥政爱民
5	0	1983	精神文明
5	0	1942	宣传鼓动
2	0	1938	国民革命军
2	0	1991	民主制度建设
2	0	1983	社会主义革命
2	0.06	1938	抗日战争
2	0	2010	党员汇报制度
2	0.02	2003	一国两制
2	0	1938	传单…
2	0	1978	修正主义
2	0	1930	反帝国主义
2	0.04	1963	又红又专
2	0.02	2003	政治工作信息网络
1	0	1978	军事科学研究
1	0	1963	社会主义建设总路线
1	0	2010	科学发展观
1	0	2010	多样化军事任务
1	0	1978	兴无灭资
1	0	1978	党性…
1	0	1942	军人记者
1	0	1933	口号…
1	0	2010	当代革命军人核心价值观

① 《政工条例》颁布时间分别为：1930 年、1933 年、1938 年、1942 年、1954 年、1963 年、1978 年、1983 年、1991 年、1995 年、2003 年、2010 年，共计 12 个版本。

② Chaomei Chen, CiteSpace II: Detecting and Visualizing Emerging Trends and Transient Patterns in Scientific Literature. JOURNAL OF THE AMERICAN SOCIETY FOR INFORMATION SCIENCE AND TECHNOLOGY, 57(3): 359 - 377, 2006.

续表

频次	中心度	年份	名称	频次	中心度	年份	名称	频次	中心度	年份	名称
5	0	1963	政治民主经济民主军事民主	2	0	1983	两用人才	1	0	1963	大跃进…
				2	0	2003	与时俱进	1	0	1954	党的建设
5	0	1978	实事求是	2	0.06	1938	民族解放	1	0	2003	官兵的全面发展
4	0.04	1995	中国共产党中国特色社会主义	2	0	1933	暂行条例	1	0	1963	三视…
4	0.03	1978	爱国主义	2	0	2010	依法治军从严治军	1	0	2010	政治工作的科学性
4	0.18	1963	共产主义青年团	2	0.02	2003	中国特色军事变革	1	0	2010	科技手段
4	0.12	1954	世界和平					1	0	1995	高技术条件下战争
4	0.57	1933	群众工作	2	0	1954	反革命分子	1	0	2010	新型军事人才
4	0	2003	中华人民共和国宪法	2	0	2003	民主生活	1	0	1995	军人职业道德教育
4	0	1995	中国共产党章程	1	0	2010	军营局域网	1	0	2010	忠诚于党热爱人民报效国家献身使命崇尚荣誉
3	0	1983	社会主义建设	1	0	1963	人民公社				
3	0.04	1963	婚姻家庭	1	0	1978	国防科学技术				
3	0	1995	解放思想	1	0	1995	军地两用	1	0	1983	物质文明
3	0.09	1983	社会主义现代化建设	1	0	1991	社会主义制度	1	0	1933	红色战斗员
3	0	1954	三大纪律八项注意	1	0	1930	党务委员会	1	0	1933	游击战争
				1	0	1938	俱乐部…	1	0	1978	无产阶级专政
3	0.02	2003	改革开放	1	0	1930	反军阀…	1	0	1991	政法建设
3	0.16	1991	政治工作的研究工作	1	0	1983	四有三讲两不怕	1	0	1963	活的思想
3	0	1991	有理想有道德有文化有纪律	1	0	1933	土地革命	1	0	1954	社会主义
								1	0	1942	游击队…
2	0.02	2003	三个代表	1	0	1933	秘书处…	1	0	1933	文盲…
2	0.32	1933	识字…	1	0	1954	国家建设	1	0	1954	抗美援朝
				1	0	1978	无产阶级文化大革命				

1. 高频词汇背景简析

第一部《条例》发行于1930年10月，结合历史可以看出，由于尚处在建军初期，条例主要总结了当时中国工农红军政治工作的实践经验，“反军阀、反帝国主义”是当时的主要目标;第二部《条例》修订颁布于1934年,是在总结三年多来特别是红军反“围剿”作战政治工作经验基础上颁布的,“土地革命”“游击战争”是基本任务;第三部《条例》1938年12月颁布,此时全国上下正处于抗日战争初期,我军与国民党军队合作,改编为八路军和新四军之后,亟需建立和发展抗日民族统一战线;第四部《条例》1942年10月颁布,产生于统一战线的背景条件下,首次把“宣传鼓动”“军人记者”等词汇纳入其中;第五部《条例》1954年4月颁布,“党的建设”“社会主义建设”“国家建设”等语汇的出现,标志着军队正式从战争状态转向和平建设状态;第六部《条例》1963年3月颁布,出现“婚姻家庭”“家属”等语汇,说明我军提高和改进了官兵的福利待遇,政治工作开始重视以人为独立个体的目标和愿景;第七部《条例》1978年7月颁布,首次纳入了“国防科学技术”“军事科学研究”等语汇,成为科学建军指导思想、部队战斗力提高的积极要素;第八部《条例》1983年12月颁布,此时正是改革开放之初,全国上下一片新兴气象,政治工作也重新焕发出勃勃生机,“精神文明”“物质文明”和“社会主义现代化建设”等崭新语汇出现在条例中;第九部《条例》1991年10月颁布,我军开始重视制度法规的研究和完善,“政治工作的研究工作”“民主制度建设”“社会主义制度”“政法建设”首次提出;第十部《条例》1995年5月颁布,突出了邓小平建设有中国特色社会主义理论对我军政治工作的指导作用这一重点,出现了“高技术条件下战争”“军人职业道德教育”等贴近时代的新语汇;第十一部《条例》2003年12月颁布,针对新阶段形势任务加入了“政治工作信息网络”“中国特色军事变革”“官兵的全面发展”等符合形势要求的语汇,明确了我军新的历史任务和奋斗目标,反映出思想政治教育紧跟时代发展和进步的要求;第十二部《条例》2010年9月颁布,“党的建设科学化水平”“中国特色社会主义理论体系武装官兵”、“政治工作的科学性”等语汇大量出现,说明科学化发展道路成为我军思想政治工作前进的方向;“学习型党组织”“科技手段”“军营局域网”代表着我军思想政治工作走上了现代媒体化的道路;而“依法治军从严治军”则表明我军法制化规范化发展决心;“当代革命军人核心价值观”已然成为时代主题。

2. 语汇共词概略和时序维度

索引编制的预处理需要对语汇共词概略维度和语汇共词时序维度作出分析。

语汇共词概略维度图主要展示的是一个时间维度内出现的语汇,也可以反映出语汇的总体分布概略,结合图形可以直观得出思想政治教育始终将体现党的意志,视作生命线而放在首位,充满意识形态的宣传和鼓动色彩,代表广大官兵的意志和价值观念。

时序维度图主要是将一个时间维度中的词汇进行归纳,着重归纳此时间段内的语汇主题。其中,圆形节点代表一个关键语汇,节点的大小说明该语汇被引次数的多少;连线代表语汇之间相互的关联程度,被连接的两个语汇代表二者在同一年份共同出现,连线越多表明该语汇与其他语汇间的相关度越高;横向坐标的每一个时间节点上,政治工作的侧重点都有所区别,一直朝着一条逐步规范的路线发展。

3. 语汇演进前沿维度

上述语汇共词概略和时序维度,运用软件以五年为一个时间单位划分,可以发现从1930年到1950年新中国成立前,我军一直围绕着战争主题进行,政治工作的重心主要落在“抗日战争”“民族解放”等主题;从1950年到1980年中,我军越来越强调其生命线地位,“中国共产党”“生命线”等词汇与其他词的关联度非常高;1980年到2000年之间,“为人民服务”“群众路线”“精神文明”等词汇的关联度明显上升,显示出随着物质文明的发展,精神文明也越来越为社会所重视,而“中国特色社会主义”的热度显示我国的改革步伐越来越大,已形成了特色体系;2000年之后,官兵的法制意识逐步加强,“依法治军从严治军”成为共识;随着网络的迅猛发展,“政治工作信息网络”也成为政治工作的重要辅助工具。

语汇演进前沿维度图着重关注词汇的变化和演进,主要反映出一个时间维度中词汇的动态变化和新词的出现状况。《条例》使用的关键词始终落在“中国共产党”这一中心语汇上,党对军队的绝对领导是最重要的中心,这和数年来我军始终坚守的宗旨完全一致。而“战斗力”是我军存在的根本、“三大纪律八项注意”的优良传统则是始终倡导的宝贵传统和始终保持本色的法宝、“宣传鼓动”则充分体现我军政治工作的任务和特色。在这些中心语汇的基础上,每一个历史时期都有其鲜明特色的语汇出现,从中也能找出时代演进的过程。我军文本话语语汇的使用逐步丰富,恰好说明思想政治教育话语随着历史时期的变化处在一个不断发展的过程。

三、面向索引编制预处理的2010版《条例》图谱研究

1. 智能化高频词汇的可视统计

本文对2010年颁布的《条例》索引编制进行预处理,使用python语言作程序开发,获得以下2010版《条例》的高频词汇,其中列出了前30个高频词及其出现

的次数,并采用云图技术显示,使得结果更加直观。如图 1 所示。

工作 340	部队 86	同级 61
党 278	中(略)85	党员 60
委员会 240	书记 81	政策 60
组织 158	代表 74	支部 60
领导 156	制度 72	委员 59
单位 136	全军 71	官兵 57
政治工作 132	政治 71	上级 57
指导 100	教育 65	管理 54
建设 94	军队 64	机关 52
做好 88	设立 62	学习 50

图 1　2010 新版《条例》高频词汇的图谱分析

2. 索引编制预处理的实例分析与实现

基于 2010 新版《条例》WORD 文本,以上面排列 19 位的高频词“军队”(频次

64)为例编制索引,得到以下的查询结果68个,分别指出了“军队”在《条例》中的段落编号。

查询结果有:68个

第1个

段落编号:6

内容:第五条　中国人民解放军的政治工作,是中国共产党在军队中的思想工作和组织工作,是构成军队战斗力的重要因素,是实现党对军队绝对领导和军队履行职能使命的根本保证,是中国人民解放军的生命线。

第2个

段落编号:24

内容:(三)领导部队贯彻执行军队的法规制度,维护军队的纪律,保证部队的集中统一和团结稳定。

第3个

段落编号:35

内容:中国人民解放军中的政治机关是军队政治工作的领导机关,负责管理军队中党的工作,组织进行政治工作。

第4个

段落编号:42

内容:第四章　中国共产党在军队中的组织

第5个

段落编号:56

内容:(九)军事审判、军事检察和司法行政工作。依法代表国家在军队中行使审判权、检察权,组织开展司法行政工作,保证宪法和法律在军队的实施。做好预防职务犯罪工作。运用法律手段维护国防利益和军队、军人、军属的合法权益,为部队和官兵提供法律服务。开展法律战工作。

第6个

段落编号:57

内容:第四章　中国共产党在军队中的组织

第7个

段落编号:96

内容:第五章　中国共产党在军队中的纪律检查机关

第 8 个

段落编号：176

内容：第八章　中国共产主义青年团在军队中的组织

第 9 个

段落编号：243

内容：（十）军事宣传工作。宣传党的理论和路线、方针、政策，宣传中共中央、中央军委的重大决策，宣传军队建设的重大成就和先进典型，宣传部队全面建设的经验成果。坚持正确舆论导向，加强对军队报刊、广播、电视、网络宣传和出版工作的管理。开展舆论战工作。开展军事对外宣传，提升军队软实力。

第 10 个

段落编号：402

内容：……

通过对 2010 版《条例》数据进行索引编制预处理，拓展了索引编制智能预处理研究新形式，也极大方便了我军思想政治教育话语汲取新的话语资源和手段，为我军思想政治教育工作不断探寻科学化发展之路。

参考文献

1. 胡绳. 中国共产党的七十年[M]. 北京：中共党史出版社，2010.
2. [英]詹姆斯·保罗·吉著；杨炳钧译. 话语分析导论[M]. 重庆：重庆大学出版社，2011.
3. Chaomei Chen, CiteSpace II: Detecting and Visualizing Emerging Trends and Transient Patterns in Scientific Literature. JOURNAL OF THE AMERICAN SOCIETY FOR INFORMATION SCIENCE AND TECHNOLOGY, 57(3): 359 - 377, 2006.
4. Hvare S, Hetzler E, Whitney P, et al. Themeriver: Visualizing thematic changes in large document collections. IEEE Transactions on Visualization and Computer Graphics, 2002, 8(1): 9 - 20. Chaomei Chen, CiteSpace II: Detecting and Visualizing Emerging Trends and Transient Patterns in Scientific Literature. JOURNAL OF THE AMERICAN SOCIETY FOR INFORMATION SCIENCE AND TECHNOLOGY, 2006.

吴　彬　国防大学政治学院图书情报与档案管理博士后。研究方向：网络信息管理、政工信息化。

王兰成　国防大学政治学院军事信息与网络舆论系教授，博士后导师。研究方向：智能索引，计算机情报分析。

张思龙　国防大学政治学院军事信息与网络舆论系讲师，博士研究生。研究方向：计算机情报分析、网络舆情监测。

Research on Index Compilation Pretreatment

— Taking the Knowledge Mapping Analysis of *Regulations on Political Work of the Chinese People's Liberation Army* as an Example

Wu Bin　Wang Lancheng　Zhang Silong

Abstract: Research on pretreatment of index compilation by using knowledge map and visualization analysis tool will improve the quality and efficiency of index compilation engineering. Taking the *Regulations on Political Work of the Chinese People's Liberation Army* as an example, this paper observes the evolution and development trend of ideological and political education discourse from the perspectives of frequency, outline, timing and frontier respectively; and taking the high-frequency word "Army" as an example, the index is compiled, and the query results and the paragraph numbers of the index are obtained. This paper attempts to explore a new research form of intelligent pretreatment for index compilation.

Keywords: Index Compilation; Pretreatment; *Regulations on Political Work of the CPLA*; Knowledge Map; Visualization Analysis

索引史话与史料

王宠佑与中国地质文献目录索引*

焦 奇 梁 忠 史 静

（中国地质图书馆 北京 100083）

摘 要 王宠佑是中国早期学习地质学专业的留学生，近代第一批矿冶专家，他在推动中国地质矿产事业的同时，十分关注中国矿产和地质文献的整理和研究，编纂出版了《中国矿产资源与地质文献目录》《锑文献目录》《中国矿产资源文献目录》等中国地质学文献目录索引，促进了中国早期地质事业的发展。

关键词 王宠佑 地质文献 目录索引

一、王宠佑生平

王宠佑（1879～1958），字佐臣，广东东莞人，是我国近代第一批矿冶专家，现代炼锑技术的开拓者，世界最早的锑冶金专家之一。

他出生于香港，1899 年毕业于北洋大学采冶系。1901 年留学美国加利福尼亚读矿物学专业，1902 年转入哥伦比亚大学，主攻矿业学和地质学，1903 年毕业。根据黄汲清先生的文章以及掌握的现有材料，笔者认为王宠佑为中国第一个学习地质学专业并获得硕士学位的留学生。① 1904 年在哥伦比亚大学师从著名的古生物学家葛利普教授，专攻地层学、古生物学，1905 年结业。后到英国、法国、德国深造，获博士学位。1908 年回国后，为中国的矿业新兴做出了卓越的贡献。他为长沙华昌公司建立中国第一个采用近代方法炼锑的锑厂，并开始收集低品位锑矿石提炼纯锑，开创了我国金属锑工业生产的先河。他还曾任大冶铁矿矿长，汉口炼

* 本文系中国地质调查局二级项目“地学情报综合研究与产品开发”（编号：DD20160354）的成果。

① 黄汲清. 我国地质科学工作从萌芽阶段到初步开展阶段中名列第一的先驱学者[M]//王鸿祯主编. 中国地质事业早期史. 北京：北京大学出版社. 1990：19—20.

锑厂顾问、工程师,为中国近代钢铁及有色金属工业的发展作出重要贡献。他在美国曾取得关于锑、钨冶金技术的多项专利。著有《锑》《钨》两部国际名著,影响深远,意义重大。他所著的英文学术专著《锑》(1909 年由英国查尔斯·格里芬出版有限公司出版),[①]是国际上关于锑的第一本专著,被各国冶金界视为锑的权威著作,他也因此被国际上称为"锑王"。王宠佑与华昌公司经理、实业家李国钦博士合著的英文专著《钨》(1943 年由美国雷尔德出版公司出版)也是一本内容丰富、为学术界所瞩目的著作。[②]

鉴于王宠佑在学术上的成就,美国哥伦比亚大学授予他大学奖章,美国矿冶工程师学会授予他荣誉勋章。他还是中国地质学会及中国矿冶工程师学会的创建人之一,先后任中国地质学会评议会评议员、副会长、会长,中国矿冶工程学会副会长,为中国地质学会和中国矿冶工程学会的早期发展和学术活动做出了奠基性的贡献。[③]

二、主要地质矿产文献目录

在出版的《锑》一书中,内容涉及锑的历史、化学、矿物学、地质成因、冶金、制备及应用、分析、生产与评价、主要矿山和冶炼厂九个章节。前八章内容后都编制了文献目录,共计 674 条。他搜集了大量的澳大利亚、俄罗斯、加拿大、西班牙、法、美、德、日、意大利等诸多国家有关锑文献资料。同时,随着晚清时期外国地质地理学者先后到中国考察发表出版的有关中国地质矿产资料的增多,民国成立后的中国地质事业蓬勃发展,尤其是他对祖国的矿冶事业关心和地质矿冶工作的阅历,积累了丰富地质矿产文献资料。他对文献资料经过整理归纳,于 1912、1917、1925、1933 年陆续发表有关中国地质矿产文献的目录索引,分门别类,著录作者、题名、卷期年份、页码和出版商等信息,成为我国地质文献目录索引学的开创者。

---

① Chung Yu Wang. Antimony. LONDON: CHARLES GREIFFIN & CO., LIMINTED; ESETER STREET, STRAND. 1909.

② LiKL, Wangchungyu. Tungsten. 1sted. NewYork: ReinholdPublishingCo., 1943; 2nded. 1947; 3rded. 1955.

③ 李扬. 中国开发矿业的先驱王宠佑[M]//地质学史论丛(3). 武汉. 中国地质大学出版社,1995: 23—25.

1.《中国矿产资源与地质文献目录》①

同1909年出版的《锑》著作一样,该目录1912年在伦敦由英国查尔斯·格里芬出版有限公司出版。是第一部有关中国地质文献的目录。该书序中提到:在中国工业和科学发展中,中国的矿产和地质正在逐渐获得极大的重视。过去几年里,编者一直从事与其有关的工作,并由此编纂了这本目录。在有关中国的题录著作中,编者发现的文献很少。因此,尽管这本书既不完善也不全面,但它对所有对中国的进步有兴趣的人都有价值。

全书分矿产(包括开采与冶炼)、地质两部分。矿产部分由煤、铁、金和银、矿产通论和矿业通论五节组成。地质部分分通论、岩石学、古生物三节。在矿产通论一节中记载《本草纲目》《天工开物》《中国矿产志》三部中文书目,其余均为外文出版物,约计720条。

2.《中国矿产资源与地质文献目录》(1912—1917)②

该目录1917年由上海商务印书馆出版,是作者对1912年在伦敦的查尔斯·格里芬公司出版的《中国矿产资源与地质文献目录》的修订和补充。除了增加1912—1917年间的国外有关中国地质文献资料外,对1912年之前被忽略遗漏的文献也作了完善补充。该目录的分类体例与《中国矿产资源与地质文献目录》一致,计240多条。

3.《锑文献目录(1909—1917)》③、《锑文献目录(1917—1924)》④

这两部目录是作者在1909年伦敦查尔斯·格里芬公司出版的《锑》著作的基础上编纂而成的。为延续《锑》著作的参考书目,整理锑文献目录,弥补遗漏忽略的参考书目,王宠佑先后于1917年和1925年出版了《锑文献目录(1909—1917)》(上海商务印书馆出版)、《锑文献目录(1917—1924)》(《中美工程师协会杂志》1925年第五卷第三期)。分为锑矿的地质成因与开采、锑冶金、合金和锑的用途、锑的生产与评价、锑的分析、锑的化学等、锑的历史共七节,收入国外有关锑的资

① Chung Yu Wang. BIBLIOGRAPHY OF THE MINERAL WEALTH & GEOLOGY OF CHINA. LONDON: CHARLES GREIFFIN & CO., LIMINTED; ESETER STREET, STRAND. 1912.

② Chung Yu Wang. BIBLIOGRAPHY OF THE MINERAL WEALTH AND GEOLOGY OF CHINA FROM 1912 TO 1917. SHANGHAI; PRINTED AT THE COMMERCIAL PRESS. LTD. 1917.

③ Chung Yu Wang. Bibliography of Antimony FROM 1912 TO 1917. SHANGHAI; PRINTED AT THE COMMERCIAL PRESS. LTD. 1917.

④ Chung Yu Wang. Bibliography of Antimony From 1917 to 1924. Reprinted from the JOURNAL OF THE ASSOCIATION OF CHINESE&AMERICAN ENDINEERS VOL. VI. 3, 1925.

料约计430条。

4.《中国矿产资源文献目录(1924—1932)》[①]

该目录没有显示出版相关信息,推测出版于1933年,是作者前几次目录工作的延续和补充。内容主要是矿产部分,由煤、铁、矿产通论和矿业通论四节组成,约计130条。作者在该目录的序提到:"所提供的参考资料来自以外文出版的出版物,而那些日益重要的中文或日文的出版物在这里被省略",所以后来王宠佑在杨遵仪出版的《中国地质文献目录》的序中提到:"我以前对这种工作的尝试主要是为了我自己的使用,因此自然是存在着诸多不足"。并给予了杨遵仪充分的肯定和评价:"我很高兴杨先生完成了编写完整的中国地质文献目录的这项艰巨任务","在某种程度上,我敢说,因为这本书,他可以被认为是中国文献目录领域的先行者,并且在未来几年中,当中国的其他科学和艺术能够像地质学一样发达的时候,类似的目录将会出现,以帮助学者在自己专业分支文献中,查询所需要的信息"。[②] 从中可以看出虽然王宠佑先生很谦虚,但更能表明他是中国最早重视编纂地质文献目录索引并甘做铺路石的开拓者。

三、结　语

由于王宠佑在国外的丰富经历,他的文献目录索引包括其他著作大都用英文写成,很多在国外出版发表,在国内出版的较少,他在学术上的成就,国内的同行了解不多。但这仍掩盖不了他的突出成就和作用,他编著文献目录索引的目的除了为他自己使用外,也为了帮助那些希望获得有关中国采矿业的信息、有关中国地质科学的参考资料的人,帮助学者查询文献信息提供便利。从地质文献索引的发展史看,王宠佑编著的有关地质文献目录索引起到了开创性的作用,丰富和发展了目录索引学的内容,为后来的地质学文献目录索引的编写做了很好的铺垫,并促进了中国早期的地质事业发展。

焦　奇　中国地质图书馆馆员。

梁　忠　中国地质图书馆综合研究室副主任,副研究员。

---

① Chung Yu Wang. BIBLIOGRAPHY OF THE MINERAL WEALTH OF CHINA FROM 1924—1932.

② T. I. Young. BIBLIOGRAPHY OF CHINESE GEOLOGY UP TO 1934. PUBLISHED BY THE NATIONAL ACADEMY OF PEIPING 1935; PREFACE.

史　静　中国地质图书馆研究员。

Chung Yu Wang and China Geological Documents Bibliographic Index

Jiao Qi　Liang Zhong　Shi Jing

Abstract: WANG Chung Yu was an early international student majored in geology in China. He was the first group of experts in mining and metallurgy in modern times. While promoting Chinese geological and mineral undertakings, he paid great attention to the collation and research of China's mineral resources and geological documents. He compiled and published the *Bibliography of the Mineral Wealth & Geology of China*, *Bibliography of Antimony*, *Bibliography of the Mineral Wealth of China* and other Chinese geological Documents Bibliographic index. These books have accelerated the development of early geological undertakings in China.

Keywords: Wang Chung Yu; Geological documents; Bibliographical index

专 题 索 引

《国立兽医学院校刊》篇目索引*

吉顺平　张　宁　刘　静

（甘肃农业大学图书馆　兰州　730070）

摘　要　《国立兽医学院校刊》不惟发布畜牧兽医学术成果，亦报道学校教学研究动态及畜牧兽医界消息，有着重要的学术价值与史料价值。今整理其篇目与著者、卷期、页码等信息，编成此索引，以期为相关研究提供线索。

关键词　《国立兽医学院校刊》　篇目索引　盛彤笙　畜牧兽医教育

说明　国立兽医学院创设于1946年10月1日，由留德医学、兽医学双博士、中央大学教授盛彤笙出任院长，为我国第一所独立设置的国立兽医学院。1949年1月1日，由院长盛彤笙创办的《国立兽医学院校刊》创刊，旨在"发扬本院精神"①、"报道教学研究各项消息，载录我校措施与动向，辄用检讨策励于吾人，并兹乞教就正于高明"，②盛彤笙亲题刊名，共发行了7期。1950年12月8日，学院接奉西北教育部第341号令改为西北兽医学院，于是校刊自第三年第一期（1951年1月1日）起，亦随之改名为《西北兽医学院校刊》，当年发行了4期后即停刊。1953年1月1日复刊，因此时学院已改名为西北畜牧兽医学院，校刊遂改为《西北畜牧兽医学院校刊》，仅出一期，旋即停刊，再未出版。③"校刊"除刊载学院师生

---

* 本文系中国科学技术协会"老科学家学术成长资料采集工程"项目《盛彤笙学术成长资料采集》（项目编号：2014FQXH08）研究成果。

① 本院概况[J]. 国立兽医学院校刊，1950，2（1）：11.

② 盛彤笙. 创刊词[J]. 国立兽医学院校刊，1949，1（1）：2.

③ 1958年，西北畜牧兽医学院与筹建中的甘肃农学院合并，由兰州小西湖西迁武威黄羊镇成立甘肃农业大学。1959年后，随着《甘肃农业大学学报》《甘肃农大报》（后改为《甘肃农业大学报》）等的创办与编辑发行，"校刊"基因得以传承。

及相关学者的研究论著、报告等外,还广泛刊载学校动态及畜牧兽医界消息,具有重要的学术价值与史料价值,于畜牧兽医教育史有特别之意义。因“校刊”尚未数字化,不见于上海图书馆《民国时期期刊全文数据库》、国家图书馆《民国中文期刊数字资源库》、《大成老旧刊全文数据库》等国内大型民国期刊数据库,故笔者全面收录《国立兽医学院校刊》《西北兽医学院校刊》《西北畜牧兽医学院校刊》[①]内所有篇目名称,并著录其作者[②]、卷、期、页码,编成此索引,以便相关研究者翻检。此外,为了方便检索利用,凡散见于刊中之“启事”,则新拟题名为“某某的启事”;其余篇名表达不明了或涉及重要人、事者,于原篇名后〈 〉内加注补充说明文字;篇名后[ ]中为原刊内之专题栏目名称。另二卷四期第26—27页之间插有四页十六幅题名图片,一并录之,题名后以[图片]标示。附录有三,一为年卷期著录对应表,二为著者索引,三为参观演讲人员索引,以期提供更多线索,全面反映校刊价值。

B

① 为便于称谓,先后三易其名的“校刊”在论文题名中统以《国立兽医学院校刊》名之。

② 原题无作者则不注。另:“校闻”“院闻”和“畜牧兽医界消息”刊内题名下未署作者名,但在原刊目录中统一将此栏目署名为“记者”,故本索引在此类条目后不单独标注作者。

30. 本院推派代表参加兰市各界人民代表会议和教育工作者代表会议[院闻]. 西北兽医学院校刊,1951,3(1):12.
31. 本院外科学教学报道[教学经验]. 陈北亨. 西北兽医学院校刊,1951,3(3):18.
32. 本院五零年学生思想鉴定工作总结. 学生会. 西北兽医学院校刊,1951,3(3):21—24.
33. 本院五周年校庆纪念日我们的回忆和前瞻[纪念校庆集体写作]. 工友. 西北兽医学院校刊,1951,3(4):25—26.
34. 本院协助宁夏省防治绵羊寄生虫病[校闻]. 西北畜牧兽医学院校刊,1953(1):19.
35. 本院新获设备一批[校闻]. 国立兽医学院校刊,1949,1(2):5.
36. 本院研究工作继续进行[院闻]. 西北兽医学院校刊,1951,3(2):14.
37. 本院一九五零学年度第二学期工作总结. 西北兽医学院校刊,1951,3(4):27—30.
38. 本院一年来课程和教学方法改革总结报告. 朱宣人. 国立兽医学院校刊,1950,2(4):27—31.
39. 本院与经合总署合作进行兽疫防治工作[校闻]. 国立兽医学院校刊,1949,1(2):6.
40. 本院员工学生积极进行学习[校闻]. 国立兽医学院校刊,1949,1(3):6 页
41. 本院员工援助朝鲜和反美的宣传队[图片]. 国立兽医学院校刊,1950,2(4):26—27.
42. 本院在沪器材已起运兰州[校闻]. 国立兽医学院校刊,1949,1(1):5.
43. 本院整编顺利完成[校闻]. 国立兽医学院校刊,1950,2(3):6.
44. 本院资送出国教员分抵英美[校闻]. 国立兽医学院校刊,1949,1(1):5.
45. 变态反应在细菌传染时的意义. 朱宣人. 西北兽医学院校刊,1951,3(2):4—7.
46. 槟榔对于鸡绦虫 Raillietina tetraona 之疗效. 龙元楼. 西北兽医学院校刊,1951,3(1):4—5.
47. 病理科制作切片[图片]. 国立兽医学院校刊,1950,2(4):26—27.
48. 病例报告. 本院及兰州兽疫防治处合办家畜病院门诊部. 国立兽医学院校刊,1950,2(4):33—34.

49. 病例报告(续1). 本院及兰州兽疫防治处合办家畜病院门诊部. 西北兽医学院校刊,1951,3(1):6—7.
50. 病例报告(续2). 本院及兰州兽疫防治处合办家畜病院门诊部. 西北兽医学院校刊,1951,3(2):13.
51. 病例报告(续3). 本院及畜牧部兰州生物药品制造厂合办家畜病院门诊部. 西北兽医学院校刊,1951,3(3):19—21.
52. 病例报告(续4). 本院及畜牧部兰州生物药品制造厂合办家畜病院门诊部. 西北兽医学院校刊,1951,3(4):32—33.
53. 病例报告(续5). 本院及兰州生物药品制造厂合办家畜病院门诊部. 西北畜牧兽医学院校刊,1953(1):17—18.

C

54. 参加军干校同学来鸿[院闻]. 王继烈. 西北兽医学院校刊,1951,3(2):16—17.
55. 参加军干校运动纪要. 聂士林. 西北兽医学院校刊,1951,3(1):7.
56. 藏胞先后来院参观〈祁连山区藏胞、黄正清率领夏河藏胞〉[校闻]. 国立兽医学院校刊,1950,2(1):12.
57. 常英瑜、任继周、陈士毅先生先后返校[校闻]. 国立兽医学院校刊,1950,2(2):8.
58. 常英瑜教授调任羊毛改进处任副处长[校闻]. 国立兽医学院校刊,1950,2(4):35.
59. 陈北亨先生由美返兰[院闻]. 西北兽医学院校刊,1951,3(1):12.
60. 程绍迥氏赴东非参加世界牛瘟会议[畜牧兽医界消息]. 国立兽医学院校刊,1949,1(1):8.
61. 出版广告〈国立兽医学院丛书第四种:简明牛马解剖图〉. 国立兽医学院校刊,1950,2(4):8.
62. 创刊词. 盛彤笙. 国立兽医学院校刊,1949,1(1):1—2.
63. 丛书第三种出版〈兽医内科诊断学〉[校闻]. 国立兽医学院校刊,1950,2(2):8.
64. 存渝仪器药品即将起运兰州[校闻]. 国立兽医学院校刊,1950,2(3):7.

D

65. 东北兽医研究和教育一瞥[畜牧兽医界消息]. 胡祥璧,孔繁澄. 国立兽医学院校刊,1950,2(1):15.
66. 短期训练班第二期开学[校闻]. 国立兽医学院校刊,1950,2(2):7.
67. 对于今后兽医教育的意见——从速召开全国兽医教育会议. 朱宣人. 国立兽医学院校刊,1949,1(3):3—4.

F

68. 发挥高度热爱祖国精神,十五名同学报名军事干校[院闻]. 西北兽医学院校刊,1951,3(1):13.
69. 防疫人员训练班开学[校闻]. 国立兽医学院校刊,1950,2(1):14.
70. 复刊词. 西北畜牧兽医学院校刊,1953(1):1.
71. 赴朝慰问团代表莅院报告〈周鲸文〉[校闻]. 西北兽医学院校刊,1951,3(4):36.

G

72. 甘肃河西牛瘟防治工作总结. 王尔相,王超人,李学儒,胡思超,秦和生,孙克显,许绥泰,张思敏,杨文瑞,宁浩然,赵纯墉,刘成祥集体创作,许绥泰执笔. 国立兽医学院校刊,1950,2(2):1—5.
73. 甘肃境内发生牛瘟[畜牧兽医界消息]. 国立兽医学院校刊,1949,1(1):8.
74. 甘肃绵羊寄生虫害之鸟瞰[专著]. 许绥泰. 国立兽医学院校刊,1949,1(2):3—5.
75. 羔羊痢疾研究的最近情况[校闻]. 西北畜牧兽医学院校刊,1953(1):19.
76. 各界人士和学生相继来院参观〈青海藏民、常黎夫等〉[院闻]. 西北兽医学院校刊,1951,3(1):12.
77. 各校学生相继来院参观[校闻]. 国立兽医学院校刊,1950,2(3):6.
78. 工会改选〈许绥泰当选主席〉[校闻]. 西北兽医学院校刊,1951,3(4):36.
79. 工会改选执行委员,会员参加团体人寿保险[校闻]. 西北兽医学院校刊,1951,3(3):24—25.

80. 郭晓初同学出席西北学代会[校闻].国立兽医学院校刊,1950,2(3):7.
81. 国立兽医学院出版组广告〈兽医细菌学实习指导、兽医内科诊断学、家畜传染病学〉.国立兽医学院校刊,1950,2(3):5.
82. 国立兽医学院庆祝成立三周年纪念程序[校闻].国立兽医学院校刊,1949,1(3):8.
83. 国立兽医学院校歌歌词.盛彤笙.国立兽医学院校刊,1949,1(2):7.
84. 国立兽医学院信条.国立兽医学院校刊,1949,1(2):2.
85. 国校同庆[校闻].国立兽医学院校刊,1950,2(4):36.

H

86. 和新生谈谈畜牧兽医——兼送兽医系第二届毕业生走上工作岗位.盛彤笙.西北兽医学院校刊,1951,3(3):1—4.
87. 华东兽医工作近况[畜牧兽医界消息].程绍迥.国立兽医学院校刊,1950,2(1):15.
88. 欢天喜地地迎接国庆和校庆[校闻].西北兽医学院校刊,1951,3(4):38.
89. 欢愉的中秋月光晚会[校闻].国立兽医学院校刊,1950,2(1):12.

J

90. 《简明牛马解剖图》出版延期的启事.西北兽医学院出版委员会.西北兽医学院校刊,1951,3(1):9.
91. 几个有趣的尸体剖检.朱宣人,顾恩祥.国立兽医学院校刊,1950,2(3):4—5.
92. 纪念本院成立五周年[纪念校庆集体写作].买永彬,李如鉽,王超人.西北兽医学院校刊,1951,3(4):24—25.
93. 继续努力不断改革校政——本文系于六月十九日在全体员生大会上报告的一部分,整理补充后特发表于此.盛彤笙.国立兽医学院校刊,1950,2(3):1—3.
94. 寄生虫病研究所即将成立,派员先赴定远营研究蝇疫[院闻].西北兽医学院校刊,1951,3(2):16.
95. 寄生虫科的研究室[图片].国立兽医学院校刊,1950,2(4):26—27.
96. 寄生虫研究所奉准不日成立,许绶泰教授假满即将返院[院闻].西北兽医学院校刊,1951,3(1):13.

97. 加强畜牧兽医科学中的爱国主义思想教育——为本院五周年校庆而作. 盛彤笙. 西北兽医学院校刊,1951,3(4):1—4.
98. 家畜病院及诊疗科一九五〇年度第一学期工作报告摘要. 蒋次升. 西北兽医学院校刊,1951,3(2):8—12.
99. 家畜病院即将兴工建筑[校闻]. 国立兽医学院校刊,1950,2(3):6.
100. 家畜病院门诊部开幕[校闻]. 国立兽医学院校刊,1949,1(2):5.
101. 家畜病院试行组织疗法,聘陈北亨先生为副主任[校闻]. 西北兽医学院校刊,1951,3(4):36.
102. 家畜病院兴工[校闻]. 国立兽医学院校刊,1950,2(4):35.
103. 家畜病院业务日渐开展[院闻]. 西北兽医学院校刊,1951,3(1):12.
104. 家畜病院诊疗工作之一[图片]. 国立兽医学院校刊,1950,2(4):26—27.
105. 家畜病院诊疗工作之二[图片]. 国立兽医学院校刊,1950,2(4):26—27.
106. 家畜病院诊务一瞥[校闻]. 国立兽医学院校刊,1950,2(1):14.
107. 家畜病院昼夜治疗伤病马匹[校闻]. 国立兽医学院校刊,1949,1(3):6.
108. 检讨以往策励将来把今年工作提高一步,本院员工学生分别进行工作总结和鉴定[院闻]. 西北兽医学院校刊,1951,3(2):17.
109. 建团消息〈中国新民主主义青年团〉[校闻]. 国立兽医学院校刊,1950,2(2):7.
110. 建院史略. 国立兽医学院校刊,1949,1(1):2.
111. 江西兽医工作近况[畜牧兽医界消息]. 王沚川. 国立兽医学院校刊,1950,2(1):15.
112. 讲师谢铮铭君在英近况[校闻]. 国立兽医学院校刊,1949,1(2):6.
113. 蒋次升、朱晓屏两博士将于暑假来院任教[校闻]. 国立兽医学院校刊,1950,2(2):9.
114. 蒋次升教授返国[校闻]. 国立兽医学院校刊,1949,1(2):5.
115. 蒋次升教授即将首途兰州[校闻]. 国立兽医学院校刊,1950,2(3):6.
116. 蒋次升主任定期返兰[校闻]. 西北畜牧兽医学院校刊,1953(1):19.
117. 蒋官明同志当选为本院劳模[图片]. 国立兽医学院校刊,1950,2(4):26—27.
118. 蒋官明同志当选为本院劳模[校闻]. 国立兽医学院校刊,1950,2(4):36.
119. 教授住宅落成[校闻]. 国立兽医学院校刊,1949,1(1):7.

K

L

M

N

O

P

155. 普及和提高〈畜牧兽医人员训练班招生和再培训〉[院闻]. 西北兽医学院校刊,1951,3(1):12—13.
156. 普及家畜疾病防治常识,家畜病院展开宣传及巡回诊疗[院闻]. 西北兽医学院校刊,1951,3(2):15页
157. 普及畜牧兽医科学知识,本院参加省农业展览会[院闻]. 西北兽医学院校刊,1951,3(2):16.

Q

158. 弃旧迎新——对于校政改革提出一点浅见. 许绶泰. 国立兽医学院校刊,1949,1(3):4—5.
159. 秦和生书籍并非本院所出,购者请与本人接洽的启事. 西北兽医学院出版委员会. 西北兽医学院校刊,1951,3(3):7.
160. 秦和生所编各书非本院出版,函购请与本人接洽的启事. 西北兽医学院出版委员会. 西北兽医学院校刊,1951,3(4):9.
161. 青海马主席捐赠本院木料[校闻]. 国立兽医学院校刊,1949,1(1):7.
162. 请毕业生函知通讯处以便寄送校刊等的启事. 西北畜牧兽医学院. 西北畜牧兽医学院校刊,1953(1):20.
163. 庆祝平壤光复和纪念12.9十五周年宣传报道. 曾文元. 西北兽医学院校刊,1951,3(1):10—11.
164. 庆祝斯大林七十寿诞种种[校闻]. 国立兽医学院校刊,1950,2(1):14.
165. 庆祝中国共产党卅周年[校闻]. 西北兽医学院校刊,1951,3(4):35.
166. 去年校庆纪念大会留影[图片]. 国立兽医学院校刊,1950,2(4):26—27.

R

167. 热烈庆祝十月革命和世界青年日[校闻]. 国立兽医学院校刊,1950,2(1):13.
168. 人民助学金评定总结[院闻]. 西北兽医学院校刊,1951,3(1):13.
169. 乳牛生长标准及其活动和肥度的估计法. 崔堉溪. 国立兽医学院校刊,1950,2

(4):9—26.

S

170. 三年级学生准备毕业论文[校闻].国立兽医学院校刊,1949,1(2):6.
171. 三周年校庆志盛[校闻].国立兽医学院校刊,1950,2(1):12.
172. 生产委员会成立〈常英瑜等十一人为委员〉[校闻].国立兽医学院校刊,1950,2(2):9.
173. 生化科郝逢绣教授进修期满返校授课[校闻].西北兽医学院校刊,1951,3(3):24.
174. 生理学实习[图片].国立兽医学院校刊,1950,2(4):26—27.
175. 生物化学实习[图片].国立兽医学院校刊,1950,2(4):26—27.
176. 盛院长公毕返兰[校闻].国立兽医学院校刊,1950,2(3):6.
177. 盛院长公出,朱教务长代行院务[院闻].西北兽医学院校刊,1951,3(1):12.
178. 盛院长因公赴西安[校闻].国立兽医学院校刊,1950,2(2):9.
179. 师生出动河西防治牛瘟[校闻].国立兽医学院校刊,1950,2(2):7.
180. 释本院信条第十一条——勉全体员工同学.盛彤笙.国立兽医学院校刊,1949,1(2):1—2.
181. 兽医名人小传(一)威廉·蒂克(William Dick)[牧野].罗仲愚.国立兽医学院校刊,1949,1(2):8.
182. 兽医名人小传(二)格司登·雷曼(Gaston Ramon)[牧野].罗仲愚.国立兽医学院校刊,1950,2(2):10.
183. 兽医名人小传(三)伯纳德·赉(Bernhard Bang)[牧野].罗仲愚.西北兽医学院校刊,1951,3(1):14.
184. 兽医名人小传(四)梅野信吉.罗仲愚.西北兽医学院校刊,1951,3(4):33—34.
185. 兽医名人小传(五)格·木·波什扬(г. м. Ъошъян).罗仲愚.西北畜牧兽医学院校刊,1953(1):21.
186. 兽医系第二届毕业典礼学校、工会和同学分别欢送[校闻].西北兽医学院校刊,1951,3(4):38.
187. 兽医系第二届毕业生分别到达工作岗位[校闻].西北兽医学院校刊,1951,3

(4):35.
188. 兽医系三年级学生利用暑假参加防疫[校闻].西北兽医学院校刊,1951,3(4):36.
189. 暑假举行集中学习[校闻].国立兽医学院校刊,1950,2(4):35—36.
190. 暑假里同学们的活动[校闻].西北兽医学院校刊,1951,3(4):37.
191. 四周年纪念的回顾与前瞻.盛彤笙.国立兽医学院校刊,1950,2(4):1—8.
192. 四周年校庆特刊征稿启事.国立兽医学员出版委员会.国立兽医学院校刊,1950,2(3):8.
193. 苏联兽医在有计划的实行防治家畜传染病及寄生虫病上的经验.彭达林可演讲,崔少轩译.西北畜牧兽医学院校刊,1953(1):2—9.
194. 苏联兽医专家彭达林可同志和程司长来院演讲[校闻].西北畜牧兽医学院校刊,1953(1):19.
195. 所谓“驼蝇疫”[校闻].西北畜牧兽医学院校刊,1953(1):19.

T

196. 体育动态〈参加兰州市运动会〉[校闻].国立兽医学院校刊,1949,1(1):7.
197. 同学会编演“牧地春光”[校闻].国立兽医学院校刊,1950,2(2):7.
198. 同学积极参加兰市首届青年节运动大会[校闻].国立兽医学院校刊,1950,2(2):9.
199. 同学民主评定公费[校闻].国立兽医学院校刊,1950,2(2):9.
200. 同学协助夏收[校闻].国立兽医学院校刊,1950,2(3):7.
201. 图书、仪器新到两批[院闻].西北兽医学院校刊,1951,3(2):15.

W

202. 汪次堪(国舆)教授病逝北平[畜牧兽医界消息].国立兽医学院校刊,1949,1(1):8.
203. 王栋教授来兰讲学并赴河西考察草原[校闻].西北兽医学院校刊,1951,3(4):37.
204. 王士奇同学当选省学代[院闻].西北兽医学院校刊,1951,3(1):13.
205. 为了学习苏联先进经验,本院教职员组织俄文班.西北兽医学院校刊,1951,3

(2):17.

206. 韦统纲宋英两同学参加全国排球比赛[校闻].西北兽医学院校刊,1951,3(3):25.

207. 违法失职贪污舞弊,周中规已经依法究办[校闻].西北兽医学院校刊,1951,3(3):25.

208. 我们是怎样学习解剖学的[学习经验].课代表高维垣.西北兽医学院校刊,1951,3(4):34.

209. 五年来的回忆和检讨.赵纯墉,孙克显,张邦杰.西北兽医学院校刊,1951,3(4):26—27.

210. "五一"和"五四"在本院[校闻].工会和学生会.西北兽医学院校刊,1951,3(3):25—26.

X

211. 西北畜牧部张副部长来院视察[校闻].西北兽医学院校刊,1951,3(3):24.

212. 西北畜牧兽医学院出版组售书价目.西北畜牧兽医学院校刊,1953(1):18.

213. 西北家畜及饲料改进协会在本院成立[畜牧兽医界消息].国立兽医学院校刊,1949,1(1):7.

214. 西北农学院赠送本院乳羊七头[校闻].国立兽医学院校刊,1950,2(3):6.

215. 西北农专畜牧科与本院畜牧科合并,本院正式成立畜牧系[校闻].国立兽医学院校刊,1950,2(2):7.

216. 西北区第一届高教会议对本院课程改革的影响[校闻].西北兽医学院校刊,1951,3(4):37.

217. 西北兽医学院出版组售书广告.西北兽医学院校刊,1951,3(2):12.

218. 西北兽医学院丛书出售广告.西北兽医学院校刊,1951,3(4):38.

219. 西北兽医学院丛书第三种罗清生朱宣人合编家畜传染病学(上册)再版预告.西北兽医学院校刊,1951,3(3):7.

220. 西北之草原[专论].王栋.国立兽医学院校刊,1949,1(1):3—4.

221. 习仲勋副主席等莅院视察〈贾拓夫、张稼夫陪同〉[校闻].西北兽医学院校刊,1951,3(4):35.

222. 细菌科准备实习材料[图片].国立兽医学院校刊,1950,2(4):26—27.

223. 响应抗美援朝总会三大号召[校闻]. 西北兽医学院校刊,1951,3(4):37.
224. 响应政府号召,本院重视健康教育[校闻]. 学生会生活部. 西北兽医学院校刊,1951,3(3):26.
225. 校庆筹备工作简述[校闻]. 国立兽医学院校刊,1949,1(3):7.
226. 校政改革讨论热烈开展[校闻]. 国立兽医学院校刊,1949,1(3):6.
227. 校政改革讨论圆满结束[校闻]. 国立兽医学院校刊,1950,2(1):12.
228. 谢铮铭先生今暑返国,杨诗兴先生应聘同来[院闻]. 西北兽医学院校刊,1951,3(1):13.
229. 新疆畜牧厅达夏甫厅长来院参观[校闻]. 国立兽医学院校刊,1950,2(4):35.
230. 新疆省人民政府设立畜牧厅[畜牧兽医界消息]. 国立兽医学院校刊,1950,2(1):15.
231. 新年旧话. 朱宣人. 西北兽医学院校刊,1951,3(1):1.
232. 新聘教授陆续到院〈高行健、周中规、张素我等〉[校闻]. 国立兽医学院校刊,1949,1(1):5.
233. 新聘教员源源回国先后来校〈王雒文、刘文林、张树藩〉[校闻]. 国立兽医学院校刊,1949,1(3):7.
234. 新聘教职员先后到校〈蒋次升、戴重光、马国荣等〉[校闻]. 国立兽医学院校刊,1950,2(4):35.
235. 新时代兽医的认识. 蒋次升. 国立兽医学院校刊,1950,2(4):32—33.
236. 新时代中应有的新努力. 盛彤笙. 国立兽医学院校刊,1949,1(3):1—2.
237. 新西北的畜牧事业和本院的畜牧系. 崔堉溪. 西北兽医学院校刊,1951,3(2):1—3.
238. 许绶泰教授等赴宁夏研究骆驼及绵羊疾病[校闻]. 西北兽医学院校刊,1951,3(3):24.
239. 畜牧、兽医两系新聘教授陆续到校〈黄席群、杨诗兴、周兰等〉[院闻]. 西北兽医学院校刊,1951,3(2):14.
240. 畜牧部拨给研究费一批[校闻]. 国立兽医学院校刊,1950,2(4):35.
241. 畜牧兽医人员训练班第二期学生结业[校闻]. 国立兽医学院校刊,1950,2(3):7.
242. 畜牧兽医人员训练班第一学期毕业典礼[图片]. 国立兽医学院校刊,1950,2

(4):26—27.

243. 畜牧系积极筹设实习牧场,因经费困难将从小规模作起[院闻]. 西北兽医学院校刊,1951,3(2):15.

244. 畜牧系学生实习为犊牛去角[图片]. 国立兽医学院校刊,1950,2(4):26—27.

245. 畜牧系有五位同志公出[校闻]. 西北畜牧兽医学院校刊,1953(1):19.

246. 学好本领献身祖国,调训班及训四期先后结业[院闻]. 西北兽医学院校刊,1951,3(2):16.

247. 学生公费及员工待遇民主评定[校闻]. 国立兽医学院校刊,1950,2(1):13.

248. 学生会改选〈吴友善当选主席〉[校闻]. 国立兽医学院校刊,1950,2(4):36.

249. 学生会改选〈选举产生全部干事,修改章程〉[校闻]. 国立兽医学院校刊,1950,2(2):8.

250. 学生会举行欢送晚会[校闻]. 国立兽医学院校刊,1950,2(3):7.

251. 学生会正式成立〈聂士林为主席〉[校闻]. 国立兽医学院校刊,1950,2(1):12.

252. 学生热烈响应温课运动,保证把业务学习提高一步[院闻]. 西北兽医学院校刊,1951,3(1):13.

253. 学生思想鉴定大部办理完竣[校闻]. 西北兽医学院校刊,1951,3(4):36.

254. 学术讨论会已举行十一次[校闻]. 国立兽医学院校刊,1949,1(1):6.

255. 学习动态〈本届学委会改选,由盛彤笙等十六位先生和同学当选为委员〉[校闻]. 国立兽医学院校刊,1950,2(2):8.

256. 学制、武训传和周中规案的讨论[校闻]. 西北兽医学院校刊,1951,3(4):36.

257. 训练班的近况〈第三期七十一人正在学习,张树藩担任主任〉[校闻]. 国立兽医学院校刊,1950,2(4):36.

Y

258. 严防新的兽疫传入中国[专论]. 盛彤笙. 国立兽医学院校刊,1950,2(1):4—7.

259. 羊蝇幼虫驱除试验. 许绶泰,李如鉽,王尔相,胡思超,秦建雍. 西北畜牧兽医学院校刊,1953(1):10—16.

260. 一九五〇年西北畜牧兽医计划拟定[畜牧兽医界消息]. 国立兽医学院校刊, 1950,2(1): 15.
261. 一九五三年元旦祝词. 朱宣人. 西北畜牧兽医学院校刊,1953(1): 22.
262. 医四同学去青海[校闻]. 西北畜牧兽医学院校刊,1953(1): 19.
263. 以实际行动抗美援朝,医三同学举办妇女儿童识字班[校闻]. 医三. 西北兽医学院校刊,1951,3(3): 26.
264. 迎新大会纪盛〈盛彤笙高歌德国民歌一曲〉[校闻]. 国立兽医学院校刊, 1949,1(1): 7.
265. 用牧草轮作来改进中国的农业[专著]. 任继周. 西北兽医学院校刊,1951,3(3): 8—18.
266. 元旦感言——在本院新年同乐会讲词[牧野]. 盛彤笙. 国立兽医学院校刊, 1950,2(1): 16.
267. 元旦同乐会积极筹备[校闻]. 国立兽医学院校刊,1950,2(1): 14.
268. 员工福利委员会成立〈选举朱宣人为主任委员〉[校闻]. 国立兽医学院校刊, 1949,1(2): 7.
269. 员工福利委员会恢复组织[校闻]. 国立兽医学院校刊,1950,2(1): 13.
270. 员工生筹备晚会,庆祝五一年新年[院闻]. 西北兽医学院校刊,1951,3(1): 13.
271. 员生工踊跃响应和平签名运动[校闻]. 国立兽医学院校刊,1950,2(3): 7.
272. 原色病理标本保存法. 朱宣人. 国立兽医学院校刊,1950,2(3): 8.
273. 月会及演讲〈周中规、戴重光、李化芳演讲〉[校闻]. 国立兽医学院校刊, 1949,1(2): 6.
274. 月会纪略〈许绶泰、盛彤笙演讲〉[校闻]. 国立兽医学院校刊,1949,1(1): 6.

Z

275. 在本院教育工会成立大会上的讲话. 盛彤笙. 西北兽医学院校刊,1951,3(1): 2—3.
276. 在西安北京公毕,盛院长业已返兰[院闻]. 西北兽医学院校刊,1951,3(2): 14.
277. 在学校领导同学努力下寒假工作已经胜利完成[院闻]. 西北兽医学院校刊,

1951,3(2):15—16.

278. 张树藩王万寿两先生参加青海调查工作[校闻]. 国立兽医学院校刊,1950,2(3):7.

279. 张树藩先生赴永昌研究羔羊痢疾[校闻]. 国立兽医学院校刊,1950,2(1):13.

280. 张树藩先生研究羔羊痢疾返院,又随朱副院长赴岷县调查兽疫[校闻]. 西北兽医学院校刊,1951,3(3):24.

281. 张树藩先生研究羔羊痢疾返院[校闻]. 国立兽医学院校刊,1950,2(2):8.

282. 招生和开学的情形[校闻]. 国立兽医学院校刊,1950,2(4):36.

283. 征稿启事. 国立兽医学院校刊,1949,1(1):2.

284. 郑守骏等三工友工作积极受表扬[校闻]. 西北兽医学院校刊,1951,3(4):37.

285. 执行课改决定,提高教学效率[院闻]. 西北兽医学院校刊,1951,3(2):14—15.

286. 中国民主同盟西北畜牧兽医学院小组成立[校闻]. 西北畜牧兽医学院校刊,1953(1):20.

287. 中央人民政府政务院正式任命盛彤笙朱宣人两先生为本院正副院长[院闻]. 西北兽医学院校刊,1951,3(2):14.

288. 周中规教授返院[校闻]. 国立兽医学院校刊,1950,2(4):35.

289. 周中规教授继任总务主任[校闻]. 国立兽医学院校刊,1950,2(1):13.

290. 周中规先生赴渝洽领器材,买永彬、郝逢绣先后晋京进修[校闻]. 国立兽医学院校刊,1950,2(2):8.

291. 朱副院长因公赴西安[校闻]. 西北畜牧兽医学院校刊,1953(1):19.

292. 朱副院长应邀赴东北参加畜牧兽医会议[校闻]. 西北兽医学院校刊,1951,3(4):35.

293. 朱宣人常英瑜两先生分赴京沪[校闻]. 国立兽医学院校刊,1950,2(1):13.

294. 总务处发起节约运动[校闻]. 国立兽医学院校刊,1950,2(1):14.

295. 组织清库小组清查财产[校闻]. 国立兽医学院校刊,1950,2(3):6.

296. 最近来院参观之人士〈王善政、蓝士英等〉[校闻]. 国立兽医学院校刊,1949,1(2):6.

附录

一、年卷期著录对应表

序号	刊名	卷期	时间	著录格式
1	国立兽医学院校刊	第一年第一期	1949.1.1	1949,1(1)
2	国立兽医学院校刊	第一年第二期	1949.5.1	1949,1(2)
3	国立兽医学院校刊	第一年第三期	1949.10.1.	1949,1(3)
4	国立兽医学院校刊	第二年第一期	1950.1.1	1950,2(1)
5	国立兽医学院校刊	第二年第二期	1950.5.1	1950,2(2)
6	国立兽医学院校刊	第二年第三期	1950.7.15	1950,2(3)
7	国立兽医学院校刊	第二年第四期	1950.10.1	1950,2(4)
8	西北兽医学院校刊	第三年第一期	1951.1.1	1951,3(1)
9	西北兽医学院校刊	第三年第二期	1951.4.1	1951,3(2)
10	西北兽医学院校刊	第三年第三期	1951.7.1	1951,3(3)
11	西北兽医学院校刊	第三年第四期	1951.10.1	1951,3(4)
12	西北畜牧兽医学院校刊	1953 年第一期	1953.1.1	1953(1)

二、著者索引

音序	作者	刊名	年、卷、期、页码
C	陈北亨	西北兽医学院校刊	1951,3(3)：18.
	崔堉溪	国立兽医学院校刊	1950,2(4)：9—26.
		西北兽医学院校刊	1951,3(2)：1;1951,3(4)：31.
	崔少轩	西北畜牧兽医学院校刊	1953(1)：2.
G	高维垣	西北兽医学院校刊	1951,3(4)：34.
	耿永鑫	西北兽医学院校刊	1951,3(1)：8.
	工会和学生会	西北兽医学院校刊	1951,3(3)：25.
	工友	西北兽医学院校刊	1951,3(4)：25.
	顾谦吉	国立兽医学院校刊	1951,2(2)：6.

续表

音序	作者	刊名	年、卷、期、页码
	顾恩祥	国立兽医学院校刊	1950,2(3):4.
	国立兽医学员出版委员会	国立兽医学院校刊	1950,2(3):8.
H	胡思超	国立兽医学院校刊	1950,2(2):1.
		西北兽医学院校刊	1951,3(4):10.
		西北畜牧兽医学院校刊	1953(1):10.
	胡祥璧	国立兽医学院校刊	1950,2(1):15.
J	家畜病院门诊部①	国立兽医学院校刊	1950,2(4):33.
		西北兽医学院校刊	1951,3(1):6;1951,3(2):13;1951,3(3):19—21;1951,3(4):32.
		西北畜牧兽医学院校刊	1953(1):17.
	蒋次升	国立兽医学院校刊	1950,2(4):32.
		西北兽医学院校刊	1951,3(2):8;1951,3(4):20.
	教务处	西北兽医学院校刊	1951,3(3):26.
K	孔繁澄	国立兽医学院校刊	1950,2(1):15.
L	李如鉽	西北兽医学院校刊	1951,3(4):24—25.
		西北畜牧兽医学院校刊	1953(1):10.
	李学儒	国立兽医学院校刊	1950,2(2):1.
	廖延雄	西北兽医学院校刊	1951,3(4):5.
	林世流	西北兽医学院校刊	1951,3(4):5.
	刘成祥	国立兽医学院校刊	1950,2(2):1.
	龙元楼	西北兽医学院校刊	1951,3(1):4.
	罗仲愚	国立兽医学院校刊	1949,1(2):8;1950,2(2):10.
		西北兽医学院校刊	1951,3(1):14;1951,3(4):33.
		西北畜牧兽医学院校刊	1953(1):21.
M	买永彬	西北兽医学院校刊	1951,3(4):24.
	秘书室	西北兽医学院校刊	1951,3(3):4.

① 家畜病院门诊部,文中不同时期合作机构变迁故,先后题为“本院及兰州兽疫防治处合办家畜病院门诊部”“本院及兰州兽疫防治处合办家畜病院门诊部”“本院及兰州生物药品制造厂合办家畜病院门诊部”,为图省便,径取不变之“家畜病院门诊部”名之。

续表

音序	作者	刊名	年、卷、期、页码
N	聂士林	西北兽医学院校刊	1951,3(1)：7.
	宁浩然	国立兽医学院校刊	1950,2(2)：1.
P	彭达林可	西北畜牧兽医学院校刊	1953(1)：2.
Q	秦和生	国立兽医学院校刊	1949,1(3)：7;1950,2(2)：1.
	秦建雍	西北畜牧兽医学院校刊	1953(1)：10.
R	任继周	西北兽医学院校刊	1951,3(3)：8.
S	盛彤笙	国立兽医学院校刊	1949,1(1)：1;1949,1(2)：1;1949,1(2)：7;1949,1(3)：1;1950,2(1)：4;1950,2(1)：16;1950,2(3)：1;1950,2(4)：1.
		西北兽医学院校刊	1951,3(1)：2;1951,3(2)：14;1951,3(3)：1;1951,3(4)：1.
	孙克显	国立兽医学院校刊	1950,2(2)：1.
		西北兽医学院校刊	1951,3(4)：25.
W	王超人	国立兽医学院校刊	1950,2(2)：1.
		西北兽医学院校刊	1951,3(4)：24.
	王栋	国立兽医学院校刊	1949,1(1)：3.
	王尔相	国立兽医学院校刊	1950,2(2)：1.
		西北兽医学院校刊	1951,3(4)：10.
		西北畜牧兽医学院校刊	1953(1)：10.
	王继烈	西北兽医学院校刊	1951,3(2)：16.
	王肇西	西北兽医学院校刊	1951,3(4)：10.
	王沚川	国立兽医学院校刊	1950,2(1)：15.
	王志梁	国立兽医学院校刊	1949,1(1)：8.
X	西北畜牧兽医学院	西北畜牧兽医学院校刊	1953(1)：20.
	西北兽医学院出版委员会	西北兽医学院校刊	1951,3(1)：9;1951,3(1)：14;1951,3(3)：7;1951,3(4)：9.
	许绶泰	国立兽医学院校刊	1949,1(2)：3;1949,1(3)：4;1950,2(1)：1;1950,2(2)：1.
		西北兽医学院校刊	1951,3(4)：10.
		西北畜牧兽医学院校刊	1953(1)：10.
	学生会生活部	西北兽医学院校刊	1951,3(3)：26.
	学生会	西北兽医学院校刊	1951,3(3)：21.

续表

音序	作者	刊名	年、卷、期、页码
Y	杨蔚祯	西北兽医学院校刊	1951,3(2):18.
	杨文瑞	国立兽医学院校刊	1950,2(2):1.
	医三	西北兽医学院校刊	1951,3(3):26.
Z	曾文元	西北兽医学院校刊	1951,3(1):10.
	赵纯墉	国立兽医学院校刊	1950,2(2):1.
		西北兽医学院校刊	1951,3(4):26.
	张邦杰	西北兽医学院校刊	1951,3(4):26.
	张思敏	国立兽医学院校刊	1950,2(2):1.
		西北兽医学院校刊	1951,3(4):10.
	朱宣人	国立兽医学院校刊	1949,1(3):3;1950,2(3):4—5;1950,2(3):8;1950,2(4):27.
		西北兽医学院校刊	1951,3(1):1;1951,3(2):4.
		西北畜牧兽医学院校刊	1953(1):22.

三、参观演讲人员索引

音序	人名	时任职务	主要活动	时间	所载篇目	卷期页码
C	蔡子伟	农业部副部长	参观,朱宣人接待陪同	1950.4.24	农业部蔡副部长莅院参观	1950,2(2):9.
	常黎夫	西北军政委员会秘书长	参观,关切本院发展	1950.12.16	各界人士和学生相继来院参观	1951,3(1):12.
	程绍迥	中央农业部畜牧兽医司司长	演讲、座谈	1952.12.16	苏联兽医专家彭达林可同志和程司长来院演讲	1953(1):19
	崔步青	国防部马政司副司长	来兰视察,参观,演讲:《美国之畜牧及马政概况》	1948.6	名人专家相继来院参观讲演	1949,1(1):6.
D	达夏甫	新疆畜牧厅厅长	盛彤笙亲赴机场迎接,交换西北畜牧兽医事业意见	1950.8.8	新疆畜牧厅达夏甫厅长来院参观	1950,2(4):35.

续表

音序	人名	时任职务	主要活动	时间	所载篇目	卷期页码
G	高诚斋	兰州大学秘书长	聘请讲演，师生政治学习	1950.6	教育界先进相继莅院讲演	1950,2(3):6.
	葛古森(Dr. Gregerson)	美国兽医药援华会会长，哥伦比亚大学医学院生理学教授	来兰视察兽医教育，参观	1948.9	名人专家相继来院参观讲演	1949,1(1):6.
H	贺伟烈(Auvynet)	法国驻蓉领事	参观，并拟赠法文兽医书籍杂志	1948.11.15	名人专家相继来院参观讲演	1949,1(1):6.
	黄正清	将军	率领夏河藏胞五十余人参观，盛彤笙接待	1949.10.20	藏胞先后来院参观	1950,2(1):12.
		甘肃省农业厅副厅长	陪同蔡子伟参观	1950.4.24	农业部蔡副部长莅院参观	1950,2(2):9.
J	贾拓夫	西北财经委员会副主任	28日陪同习仲勋视察	1951.8.28	习仲勋副主席等莅院视察	1951,3(4):35.
	金宝善	前卫生次长	来兰视察兽医教育，参观	1948.9	名人专家相继来院参观讲演	1949,1(1):6.
L	蓝士英(J. P. Grant)	美国经济合作总署中国分署专员	参观，协助在沪器材运输	1949.3	最近来院参观之人士	1949,1(2):6.
	劳礼(Dr. Lourie)	博士，世界卫生组织防痨专家	来兰推动防痨工作，参观、座谈，与盛彤笙等讨论家畜结核病	1948.10	名人专家相继来院参观讲演	1949,1(1):6.
	刘瑞恒	前卫生部长	来兰视察兽医教育，参观	1948.9	名人专家相继来院参观讲演	1949,1(1):6.
	陆为公	甘肃省农业厅副厅长	陪同蔡子伟参观	1950.4.24	农业部蔡副部长莅院参观	1950,2(2):9.
M	马丕烈	甘肃省农业厅副厅长	陪同蔡子伟参观	1950.4.24	农业部蔡副部长莅院参观	1950,2(2):9.

续表

音序	人名	时任职务	主要活动	时间	所载篇目	卷期页码
P	彭达林可	苏联兽医专家	座谈、演讲①	1952.12.16	苏联兽医专家彭达林可同志和程司长来院演讲	1953(1):19
S	萨汉民(H. Sarkisian)	美国经济合作总署中国分署西北办事处主任	参观,合作进行定远营、景泰兽疫防治	1949.3	最近来院参观之人士	1949,1(2):6.
	石庭桂	厂长(国防部西北各种马牧场及军牧场)	乘马政会议之便来院参观	1949.3.12	最近来院参观之人士	1949,1(2):6.
T	汤飞凡	博士,卫生部中央防疫实验处处长	来兰筹设兰州分处,参观,演讲:《兽医与人医之关系》	1948.10	名人专家相继来院参观讲演	1949,1(1):6.
W	王栋	南京大学畜牧系主任	讲学、考察	1951. 7.13—8.6	王栋教授来兰讲学并赴河西考察草原	1951,3(4):37.
	王善政	厂长(国防部西北各种马牧场及军牧场)	乘马政会议之便来院参观	1949.3.12	最近来院参观之人士	1949,1(2):6.
	王志匀	青海省文教厅厅长	聘请讲演	1950.5	教育界先进相继莅院讲演	1950,2(3):6.
X	习仲勋	西北军政委员会副主席	8月下旬由西安来兰,28日视察	1951.8.28	习仲勋副主席等莅院视察	1951,3(4):35.
	辛安亭	甘肃省文教厅厅长	聘请讲演	1950.5	教育界先进相继莅院讲演	1950,2(3):6.
Y	尹德华	宁夏口蹄疫防治队队长	作关于宁夏防疫经验的报告	1951.7.20	口蹄疫防治队来院参观	1951,3(4):35.
	尤礼(Col. Yule)	博士,美国军事顾问团上校兽医	来兰视察,参观,演讲:《兽医职业之前途及兽医师应备之条件》	1948.6	名人专家相继来院参观讲演	1949,1(1):6.
	于达新	新疆畜牧厅主任秘书	陪同达夏甫参观	1950.8.8	新疆畜牧厅达夏甫厅长来院参观	1950,2(4):35.

① 校刊当期刊有崔少轩翻译的彭达林可演讲文章:《苏联兽医在有计划的实行防治家畜传染病及寄生虫病上的经验》。

续表

音序	人名	时任职务	主要活动	时间	所载篇目	卷期页码
Z	张稼夫	西北文教委员会副主任	28日陪同习仲勋视察	1951.8.28	习仲勋副主席等莅院视察	1951,3(4):35.
	张养吾	革大第三部主任	聘请讲演	1950.5	教育界先进相继莅院讲演	1950,2(3):6.
	张中	西北畜牧部副部长	来兰检查工作,次日来院视察,6月19日莅院讲话	1951.5.23	西北畜牧部张副部长来院视察	1951,3(3):24.
	郑庆瑞	博士,中央畜牧试验所技正	演讲:《牛瘟之防治》	1948.12.28	名人专家相继来院参观讲演	1949,1(1):6.
	周鲸文	赴朝慰问团第一分团副团长	报告在朝鲜所见英勇抗敌之情况	1951.7.17	赴朝慰问团代表莅院报告	1951,3(4):36.
	朱俊杰	厂长(国防部西北各种马牧场及军牧场)	乘马政会议之便来院参观	1949.3.12	最近来院参观之人士	1949,1(2):6.

吉顺平　1984年生,硕士,甘肃农业大学图书馆馆员,主要从事农史文献研究。

张　宁　1987年生,硕士,甘肃农业大学图书馆馆员。

刘　静　1984年生,硕士,甘肃农业大学图书馆馆员。

The Index of *National Veterinary College Journal*

Ji Shunping　Zhang Ning　Liu Jing

Abstract: *National Veterinary College Journal* has important academic values and historical values. It not only includes academic papers on animals and veterinary studies. There are also reports on teaching and research trends of the college, as well as animal husbandry and veterinary academic news. In order to provide references for relevant researches, we compiled an index by sorting out the titles, authors, volume issues, page numbers and other information on articles in the journals.

Keywords: *National Veterinary College Journal*; Indexing; Sheng Tongsheng; Animal husbandry and veterinary education

索　引

编制说明

一、本索引采用综合性主题索引法编制。正文中有实质检索意义的内容均予以标引,以供检索使用。

二、本索引基本上按汉语拼音音序排列。具体排列规律如下:以阿拉伯数字开头的标目,排在最前面;以英文字母打头的,列于其次;汉字标目按首字的音序、音调依次排列。首字相同时,则以第二个字排序,并依此类推。

三、索引标目后的数字,表示检索内容所在的正文页码。正文中以表格、图片形式反映的内容,则在索引标目后用括号注明(表)(图)字样,以区别于文字标目。

四、为反映索引款目间的逻辑关系,对于二级标目,采取在一级标目下缩二格的形式编排,之下再按数字和字母顺序、汉语拼音音序音调排列。

五、本索引由国家图书馆出版社毋栋编制,北京印刷学院新闻出版学院王彦祥、复旦大学图书馆温国强审校。

A ~ B

C

J

K

L

M

N

O～P

T

X

Y

Z

稿　约

《中国索引》集刊由原《中国索引》(季刊)改刊而来。集刊第一至第六辑已由复旦大学出版社正式出版,目前第七辑及以后各辑的征稿工作已经开始。兹将有关征稿事项胪列如下:

一、集刊宗旨

以促进我国索引和数据库研究和创新,推动索引和数据库事业发展,普及索引和数据库知识,加强索引和数据库领域的国内外交流为宗旨。

二、办刊方针

以文献、信息、数据和知识的检索为核心,全方位刊登索引与数据库研究领域的相关论文和资料,对传统索引与检索工具、文献数据库与计算机检索系统、网络信息检索工具(搜索引擎)的论文及资料,均所欢迎,尤其重视基于实践、善于总结、理论联系实际的来稿。

三、读者对象

以索引与数据库界学术共同体为主,包括但不限于:

(1) 索引和数据库的研究、编制和教学工作者;

(2) 图书情报档案工作的从业者;

(3) 相关专业的研究生、本科生;

(4) 索引和数据库的使用者。

四、主要栏目

(1)学术论坛;(2)索引与数据库事业;(3)索引语言研究与信息组织;(4)信息检索与利用;(5)索引史话与史料;(6)国外业界扫描;(7)专题索引。

每期还根据学会战略目标,组织相应专题。

五、来稿要求

(1) 来稿须为作者原创成果,内容详实,数据准确,表达严谨,形式规范。

(2) 来稿字数一般控制在1万字以内,重要理论问题、重要学术探索,可以超过此限。

(3) 文章结构要素分别为: 中文题名,作者中文姓名,中文摘要,中文关键词,基金项目及编号;正文;注释,参考文献,作者简介及联系方式;英文题名,英文摘要,英文关键词。

(4) 正文一、二、三级标题均单列。一级标题编号采用"一"、"二"、"三"等,二级标题编号采用"1"、"2"、"3"等,三级标题编号采用"(1)"、"(2)"、"(3)"等。三级以下标题编号灵活掌握。

(5) 集刊的参考文献著录格式与国家标准 GB/T7714-2015《信息与文献 参考文献著录规则》保持一致;文中引用的参考文献和注释,以"①""②""③"等标注,并以脚注形式按序排列。参考文献和注释每页重新编号。

(6) 赐稿请注明论文所有作者的姓名、单位、职务、职称等信息。

(7) 来稿请以电子稿形式发至《中国索引》集刊编辑部信箱: xuekan@fudan.edu.cn。(编辑部电话: 021-65642733)

(8) 赐稿一旦刊用,即致样刊。

热诚欢迎广大会员和专家学者踊跃赐稿。

《中国索引》集刊编辑部

2019年9月15日

图书在版编目(CIP)数据

中国索引.第六辑/《中国索引》编辑部编.—上海：复旦大学出版社,2019.9
ISBN 978-7-309-14538-0

Ⅰ.①中… Ⅱ.①中… Ⅲ.①索引-文集 Ⅳ.①G254.97-53

中国版本图书馆 CIP 数据核字(2019)第 166147 号

中国索引.第六辑
《中国索引》编辑部 编
责任编辑/王汝娟

复旦大学出版社有限公司出版发行
上海市国权路 579 号 邮编：200433
网址：fupnet@fudanpress.com http://www.fudanpress.com
门市零售：86-21-65642857 团体订购：86-21-65118853
外埠邮购：86-21-65109143
江苏凤凰数码印务有限公司

开本 787×960 1/16 印张 19.5 字数 312 千
2019 年 9 月第 1 版第 1 次印刷

ISBN 978-7-309-14538-0/G·2015
定价：88.00 元